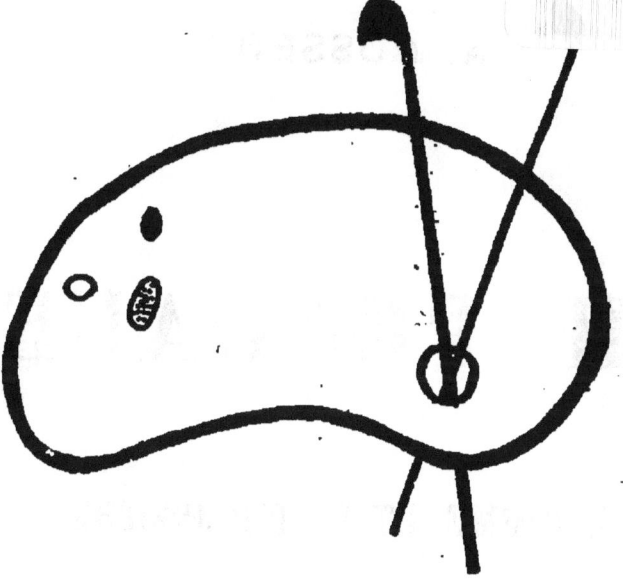

**COUVERTURE SUPERIEURE ET INFERIEURE
EN COULEUR**

A. BOSSERT

SCHOPENHAUER

L'HOMME ET LE PHILOSOPHE

> Il n'y a rien de plus facile,
> mais aussi rien de plus inutile
> que de réfuter un philosophe.
> (SCHOPENHAUER.)

PARIS
LIBRAIRIE HACHETTE ET Cie
79, BOULEVARD SAINT-GERMAIN, 79
1904

Librairie HACHETTE et Cie, boulevard Saint-Germain, 79, à Paris.

BIBLIOTHÈQUE VARIÉE, FORMAT IN-16
A 3 FR. 50 LE VOLUME

PUBLICATIONS PHILOSOPHIQUES

BOUILLIER, de l'Institut : *La vraie conscience*. 1 vol.
— *Études familières de psychologie et de morale*. 1 vol.
— *Nouvelles Études familières de psychologie et de morale*. 1 vol.
— *Questions de morale pratique*. 1 vol.

CARO (É.), de l'Académie française : *Études morales sur le temps présent*; 5e édition. 1 vol.
— *L'idée de Dieu et ses nouveaux critiques*; 9e édition. 1 vol.
Ouvrage couronné par l'Académie française.
— *Le matérialisme et la science*; 5e édition. 1 vol.
— *Problèmes de morale sociale*; 2e édit. 1 vol.
— *Philosophie et philosophes*. 1 vol.

CARRAU (L.), ancien maître de conférences à la Faculté des lettres de Paris : *Étude sur la théorie de l'évolution*. 1 vol.

FOUILLÉE, membre de l'Institut : *L'idée moderne du droit en Allemagne, en Angleterre et en France*; 4e édition. 1 vol.
— *La science sociale contemporaine*; 3e édition. 1 vol.
— *La propriété sociale et la démocratie*. 2e édition. 1 vol.
— *La philosophie de Platon*; 2e édition.
Tome I : Théorie des idées et de l'amour.
Tome II : Esthétique, morale et religion platoniciennes.
Tome III : Histoire du platonisme et de ses rapports avec le christianisme.
Tome IV : Essais de philosophie platonicienne.

FRANCK (Ad.), de l'Institut : *Essais de critique philosophique*. 1 vol.
— *Nouveaux Essais de critique philosophique*. 1 vol.

GARNIER (Ad.) : *Traité des facultés de l'âme*; 4e édition. 3 vol.
Ouvrage couronné par l'Académie française.

GRÉARD (O.), de l'Académie française : *De la morale de Plutarque*; 5e édition. 1 vol.
Ouvrage couronné par l'Académie française.

JOLY, professeur à la Faculté des lettres de Paris : *Psychologie des grands hommes*. 1 vol.
— *Psychologie comparée : l'homme et l'animal*; 3e édition. 1 vol.
Ouvrage couronné par l'Académie des sciences morales et politiques.
— *Le socialisme chrétien*. 1 vol.

JOUFFROY (Th.) : *Cours de droit naturel*; 5e édition. 2 vol.
— *Cours d'esthétique*; 4e édition. 1 vol.
— *Mélanges philosophiques*; 7e édit. 1 vol.
— *Nouveaux Mélanges philosophiques*; 4e édition. 1 vol.

MARTHA (C.), de l'Institut : *Les moralistes sous l'empire romain*; 7e édition. 1 vol.
Ouvrage couronné par l'Académie française.
— *Le poème de Lucrèce*; 5e édition. 1 vol.
Ouvrage couronné par l'Académie française.
— *Études morales sur l'antiquité*; 3e édit. 1 vol.
— *La délicatesse dans l'art*; 3e édit. 1 vol.

PRÉVOST-PARADOL : *Études sur les moralistes français*; 7e édition. 1 vol.

SIMON (Jules), de l'Académie française : *La liberté politique*; 5e édition. 1 vol.
— *La liberté civile*; 5e édition. 1 vol.
— *La liberté de conscience*; 6e édition. 1 vol.
— *Le devoir*; 16e édition. 1 vol.
Ouvrage couronné par l'Académie française.

TAINE : *Les philosophes classiques du XIXe siècle en France*; 8e édition. 1 vol.
— *De l'intelligence*; 9e édition. 2 vol.
— *Philosophie de l'art*; 9e édition. 2 vol.

THAMIN (R.), recteur de l'Académie de Rennes : *Un problème moral dans l'antiquité*. 1 vol.
Ouvrage couronné par l'Académie des sciences morales et politiques.

WORMS (R.) : *La morale de Spinoza*. 1 vol.
Ouvrage couronné par l'Académie des sciences morales et politiques.

SCHOPENHAUER

L'HOMME ET LE PHILOSOPHE

OUVRAGES DU MÊME AUTEUR

PUBLIÉS PAR LA LIBRAIRIE HACHETTE ET Cⁱᵉ

(BIBLIOTHÈQUE VARIÉE)

La Littérature allemande au moyen âge et les origines de l'épopée germanique. 3ᵉ édit. Un vol. in-16, broché . 3 fr. 50

Gœthe, ses précurseurs et ses contemporains. Klopstock, Lessing, Herder, Wieland, Lavater, la jeunesse de Gœthe. 4ᵉ édit. Un vol. in-16, broché. . . . . 3 fr. 50

Gœthe et Schiller. La littérature allemande à Weimar, la jeunesse de Schiller, l'union de Gœthe et Schiller, la vieillesse de Gœthe. 5ᵉ édit. Un vol. in-16, broché. . . . . . . 3 fr. 50

La Légende chevaleresque de Tristan et Iseult. Essai de littérature comparée. Un vol. in-16, broché. . . . . 3 fr. 50

Schopenhauer, l'homme et le philosophe. Un vol. in-16, broché . . . . 3 fr. 50

Histoire de la littérature allemande, depuis les origines jusqu'à nos jours. Un fort vol. de 1100 pages, broché. 5 fr. »
Cartonné toile. 5 fr. 50

Histoire abrégée de la littérature allemande, depuis les origines jusqu'en 1870, avec un choix de morceaux traduits, des notes et des analyses. Un vol. in-16, cartonné toile. 4 fr. »

A. BOSSERT

SCHOPENHAUER

L'HOMME ET LE PHILOSOPHE

> Il n'y a rien de plus facile,
> mais aussi rien de plus inutile
> que de réfuter un philosophe.
> (SCHOPENHAUER.)

PARIS

LIBRAIRIE HACHETTE ET Cie

79, BOULEVARD SAINT-GERMAIN, 79

1904

PRÉFACE

Un système de philosophie peut être considéré à deux points de vue : il est à la fois la conséquence des systèmes qui l'ont précédé et le produit du génie particulier d'un philosophe. Il semble au premier abord que les systèmes procèdent l'un de l'autre par une sorte de développement organique et presque fatal. Mais ici pas plus qu'ailleurs la liberté humaine n'abdique ses droits. Schopenhauer ne serait pas ce qu'il est, s'il n'était venu après Kant; mais sa doctrine ne s'expliquerait pas davantage sans la nature de son esprit et les circonstances de sa vie. Il n'y a, sous ce rapport, aucune différence entre l'histoire de la philosophie et l'histoire littéraire.

La vie de Schopenhauer a été racontée par Wilhelm Gwinner et par Édouard Grisebach. La biographie de Gwinner est l'œuvre d'un ami qui a une grande admiration pour le génie du maître, tout en faisant ses réserves sur la doctrine; elle est précieuse par les documents qu'elle renferme et par les renseignements intimes que possédait l'auteur [1]. Le livre plus succinct de Grisebach est un modèle de précision et d'exactitude; il est le résultat de longues et

---

1. Wilhelm Gwinner, *Arthur Schopenhauer aus persönlichem Umgange dargestellt*, Leipzig, 1862; 2ᵉ édition, refondue et considérablement augmentée, sous le titre de *Schopenhauers Leben*, Leipzig, 1878.

minutieuses recherches, et il est fait avec une chaleur de conviction qui perce à travers la brièveté du récit [1]. Les deux ouvrages se complètent réciproquement ; le second, tout en s'appuyant sur le premier, sert souvent à le rectifier.

Schopenhauer, qui est arrivé tard à la renommée, n'a pas vécu assez pour donner une édition complète de ses œuvres. Cependant il s'inquiétait beaucoup de la forme sous laquelle la postérité le connaîtrait. Il était né écrivain, et une pensée, pour lui, n'était achevée que du moment où elle avait trouvé son expression dans le langage. Il avait indiqué l'ordre dans lequel ses écrits devaient être classés. Il corrigeait et complétait sans cesse, par des notes marginales, les exemplaires dont il se servait. Dans son testament, il institua son disciple Frauenstædt dans tous ses droits d'auteur pour les éditions futures ; il lui légua en même temps ses manuscrits. Dans une des dernières feuilles sorties de sa main, il disait : « Rempli d'indignation par la honteuse mutilation que des milliers d'écrivains sans jugement font subir à la langue allemande, je me vois contraint à la déclaration suivante : Maudit soit tout homme qui, dans les futures réimpressions de mes ouvrages, y aura changé sciemment quoi que ce soit, ou une phrase, ou seulement un mot, une syllabe, une lettre, un signe de ponctuation ! » Frauenstædt publia, en 1873-1874, la première édition des œuvres de Schopenhauer [2]. On ne peut pas dire qu'il ait complètement réussi à détourner de sa tête la malédiction posthume de son maître. Une édition

---

1. Eduard Grisebach, *Schopenhauer, Geschichte seines Lebens* (dans la collection : *Geisteshelden*), Berlin, 1897.

2. *Arthur Schopenhauers sämmtliche Werke*, 6 vol., Leipzig, 1873-1874 ; 2ᵉ éd., 1877. — Frauenstædt avait publié précédemment : *Aus Schopenhauers handschriftlichem Nachlass* ; *Abhandlungen, Anmerkungen, Aphorismen und Fragmente*, Leipzig, 1864.

plus fidèle aux intentions de l'auteur a été donnée par Grisebach [1].

La philosophie de Schopenhauer a été l'objet d'une étude détaillée et critique dans l'*Histoire de la philosophie moderne* de Kuno Fischer [2]. En France, elle a été d'abord jugée au point de vue de l'éclectisme spiritualiste qui régnait encore au milieu du siècle ; en même temps, la *Revue Germanique* apportait quelques fragments de traduction. Enfin, en 1870, Challemel-Lacour, qui avait vu Schopenhauer à Francfort, fixa définitivement l'attention sur lui par un article éloquent et qui pénétrait au cœur de la doctrine [3]. Quelques années après parut le livre court et substantiel de M. Ribot [4]. Plus récemment, M. Brunetière a consacré à Schopenhauer deux articles où il considérait surtout l'influence morale du pessimisme [5].

Schopenhauer a peu écrit ; il se vantait d'être un *oligographe*. Même sa correspondance est peu étendue ; elle est formée en partie d'instructions données à ses disciples. Les publications partielles, qui ont commencé presque aussitôt après sa mort, se sont condensées dans deux recueils principaux, dont aucun n'est complet en lui-même, mais qui

---

1. *Arthur Schopenhauers sämmtliche Werke*, 6 vol. ; *Handschriftlicher Nachlass*, 4 vol. ; Leipzig (Reclam). — L'édition de R. Steiner (12 vol., Stuttgart) est faite d'après celle de Grisebach, mais les œuvres sont disposées dans un ordre différent. — Des traductions ont été données par J.-A. Cantacuzène, A. Burdeau et S. Reinach ; un recueil de *Pensées et Fragments*, par J. Bourdeau.

2. Kuno Fischer, *Geschichte der neuern Philosophie*, 8e vol. : *Arthur Schopenhauer*, Heidelberg, 1893.

3. *Un Bouddhiste contemporain en Allemagne* (*Revue des Deux Mondes*, 15 mars 1876) ; article reproduit dans les *Études et Réflexions d'un pessimiste*, Paris, 1901.

4. Th. Ribot, *la Philosophie de Schopenhauer*, Paris, 1874 ; 9e éd., 1903.

5. *La Philosophie de Schopenhauer* (*Revue des Deux Mondes*, 1er octobre 1886) ; *la Philosophie de Schopenhauer et les conséquences du pessimisme* (*Revue des Deux Mondes*, 1er novembre 1890) ; articles reproduits dans les *Questions de critique* et dans les *Essais sur la littérature contemporaine*.

se complètent l'un l'autre, ceux de Schemann et de Grisebach[1]. Cette correspondance éclaire et anime l'œuvre philosophique de Schopenhauer, lui donne la vie concrète et active, la montre en contact avec les hommes. Elle nous fait connaître en même temps la personne du philosophe, avec ses petites faiblesses, d'autant plus pardonnables qu'il ne cherchait pas à les dissimuler, mais aussi avec cette profonde véracité qui était la règle de sa vie et le trait dominant de son caractère.

1. Ludwig Schemann, *Schopenhauer-Briefe*, Leipzig 1893. — Eduard Grisebach, *Schopenhauers Briefe*, Leipzig (Reclam). — Grisebach a publié aussi un recueil de conversations : *Schopenhauers Gespräche und Selbstgespräche*, Berlin, 1898.

SCHOPENHAUER

I

LES PARENTS

Il y a, dans le principal ouvrage de Schopenhauer, un long chapitre sur l'hérédité morale. Que les caractères physiques des individus, aussi bien que des espèces, soient héréditaires, aucun philosophe, aucun naturaliste n'en a jamais douté, et l'expérience de tous les jours le prouve. Mais en est-il de même des penchants, des aptitudes, de tout ce qui ne tient pas essentiellement à la forme du corps ? Peut-on dire d'une manière absolue que bon chien chasse de race, et que tel père, tel fils ? Non seulement Schopenhauer l'affirme, mais il prétend déterminer, dans la transmission des qualités morales, la part de chacun des deux parents. Le père fournit l'élément primordial et fondamental de tout être vivant, le besoin d'agir, la volonté ; de la mère dérive l'intelligence, faculté secondaire. Schopenhauer n'a pas de peine à trouver, dans l'histoire, des faits qui justifient sa théorie, et il écarte simplement ceux qui la contredisent. Que, par exemple, Domitien ait été le vrai frère de Titus, « c'est ce que je ne croirai jamais, dit-il, et j'incline à mettre Vespasien au nombre des maris trompés ».

Mais il ne pensait sans doute qu'à lui-même quand il disait : « Que chacun commence par s'observer, qu'il reconnaisse ses penchants et ses passions, ses défauts de caractère et ses faiblesses, ses vices, aussi bien que ses mérites et ses vertus, s'il en a ; qu'il se reporte ensuite en arrière et qu'il pense à son père : il ne manquera pas de retrouver en lui tous ces mêmes traits de caractère [1]. » Les ascendants paternels de Schopenhauer, aussi loin qu'on peut suivre sa généalogie, étaient des hommes de forte volonté, avec un penchant à la bizarrerie. La famille était d'origine hollandaise. Le grand-père était un propriétaire campagnard des environs de Dantzig ; il eut des revers de fortune, dus en partie aux révolutions politiques qui firent passer l'ancienne ville hanséatique de la suzeraineté des rois de Pologne sous le gouvernement de la Prusse. La grand'mère, devenue veuve, fut déclarée folle, et il fallut lui donner un conseil judiciaire. De leurs quatre fils, l'aîné était faible d'esprit ; le second le devint, par suite d'excès. Le quatrième, Henri-Floris, le père du philosophe, s'associa avec son troisième frère pour fonder à Dantzig une maison de commerce, qui fut bientôt très florissante. C'était un homme grand et fort ; il avait la bouche large, le nez retroussé, le menton saillant, l'oreille dure. Lorsqu'il entra dans son comptoir, dans l'après-midi du 22 février 1788, pour annoncer à ses commis la naissance d'un fils, son teneur de livres, confiant en sa surdité, le complimenta en ces mots : « S'il ressemble à son père, ce doit être un beau babouin. »

Deux qualités qu'on ne peut refuser à Henri Schopenhauer, ce sont une volonté droite et ferme, qui ne rejetait pas la discussion, mais qui finissait toujours

---

[1]. *Die Welt als Wille und Vorstellung*, suppléments au quatrième livre, chap. XLIII. — Les citations sont faites d'après l'édition de Grisebach.

par s'imposer, et cette largeur d'idées que donne facilement le grand commerce maritime. Il avait fait son apprentissage à Bordeaux, et avait ensuite voyagé en France et en Angleterre. Il était cosmopolite ; mais s'il avait eu à choisir une nationalité, il se serait fait Anglais ; il lisait chaque jour le *Times*. Avant que son fils fût né, il avait déclaré qu'il en ferait un commerçant et qu'il l'appellerait Arthur, ce nom étant le même dans toutes les langues. Il avait assisté, au cours de ses voyages, à une revue de Frédéric II à Postdam, et il avait attiré l'attention du roi par son air de gentilhomme. Frédéric l'avait fait venir au château, avait eu avec lui une conversation qui dura deux heures, et lui avait accordé, par diplôme spécial, l'autorisation de s'établir dans ses États avec toutes sortes de franchises. Il n'usa jamais de ce privilège, et lorsqu'en 1793 la ville de Dantzig fut incorporée au royaume de Prusse, il transporta le siège de sa maison à Hambourg. Il resta toute sa vie fidèle à sa devise : « Point de bonheur sans liberté. »

Il avait épousé, en 1785, Johanna-Henriette Trosiener, fille d'un conseiller de Dantzig. Il avait alors trente-huit ans ; elle en avait dix-neuf : c'est à peu près la différence qui existait entre les deux parents de Gœthe. Johanna, telle qu'on nous la dépeint, était plutôt gracieuse que belle ; elle était de petite taille, avait les cheveux bruns, les yeux bleus, et dans sa physionomie une expression de vivacité affable et prévenante ; elle aimait le monde, et causait à merveille. Elle venait d'avoir son rêve de jeunesse, un amour déçu ; et quand le riche commerçant demanda sa main, elle l'accepta sans hésiter. « Je ne pris même pas, dit-elle, les trois jours de réflexion que, selon l'usage du temps, les jeunes filles se réservaient. De telles simagrées ont toujours répugné à mon sens droit, et je gagnai ainsi, dès le premier instant et sans le savoir, l'estime de l'homme le plus libre de préjugés que j'aie jamais connu. » Johanna Schopenhauer devint plus tard célèbre par ses romans. Pour le moment, elle ne pensa qu'à jouir de l'aisance que lui procura son époux, à satisfaire les besoins d'élégance et de luxe qui étaient dans sa nature. Elle s'établit dans une spacieuse villa, ayant vue sur la mer et adossée à des forêts. « Que ne possédais-je pas ! le superbe jardin disposé en terrasses, le jet d'eau, l'étang avec sa gondole peinte qui venait d'Arkhangel, si légère qu'un enfant de six ans l'aurait dirigée, des chevaux, deux petits chiens d'Espagne, huit agneaux blancs comme neige, avec des clochettes au cou, dont la sonnerie argentine formait une octave complète, ensuite le poulailler avec des espèces rares, enfin les grosses carpes dans l'étang, qui ouvraient leurs grandes bouches dès qu'elles entendaient ma voix, et se disputaient les miettes que je leur jetais de ma gondole. » Quoiqu'elle n'aimât pas les « simagrées » dans la vie ordinaire, elle ne manquait pas d'une certaine teinte romanesque. Elle se souvient avec émotion des « courtes et tièdes nuits d'été du Nord, où le soleil se cache pendant quelques heures seulement, comme pour narguer les hommes, et où la raie de pourpre du couchant n'est pas encore éteinte, quand déjà les feux d'un jour nouveau montent à l'orient [1] ».

1. *Jugendleben und Wanderbilder*, Brunswick, 1839.

II

L'ÉDUCATION

Arthur avait cinq ans quand la famille, fuyant devant l'occupation prussienne, s'établit dans la ville libre de Hambourg. Son unique sœur, Adèle, naquit quatre ans après, en 1797. La même année, son père commença à s'occuper de son éducation. Henri Schopenhauer voulait faire de son fils un gentilhomme comme lui, ayant l'œil ouvert et le sens droit, jugeant de tout par lui-même et sachant se retourner dans le monde. S'il préférait la carrière commerciale à toute autre, ce n'était point par habitude ou par préjugé, mais pour des raisons précises, à cause de l'aisance et de la liberté qu'elle procure, et de l'exercice qu'elle donne à toutes les facultés. Il y avait deux moyens de s'y préparer, l'étude des langues et les voyages : aussi c'étaient là, selon lui, les deux fondements de toute éducation personnelle et libérale. « Il faut que mon fils, disait-il, apprenne à lire dans le livre du monde. »

En 1797, Arthur Schopenhauer fut placé chez un correspondant de son père, au Havre. Il resta là deux ans ; il apprit le français, si bien qu'à son retour il ne pouvait plus s'habituer, dit-il, aux dures consonances de la langue allemande. Plus tard, étant à Amsterdam, il se félicitait encore d'avoir pu passer une soirée entière dans une société où l'on ne parlait que français. A Hambourg, il commença ses études, ou plutôt sa préparation à la carrière commerciale, dans un institut qui n'était fréquenté que par les enfants des familles patriciennes. Mais, toutes les fois que l'occasion s'en présentait, son père l'emmenait au loin, et on le trouve tour à tour à Hanovre, à Cassel, à Weimar, à Prague, à Dresde, à Leipzig, à Berlin.

Arthur Schopenhauer s'est sans doute souvenu des leçons et des expériences de sa jeunesse, quand plus tard il a tracé ce parallèle entre l'éducation naturelle et l'éducation artificielle :

« D'après la nature de notre intelligence, nos idées abstraites doivent naître de nos perceptions ; celles-ci doivent donc précéder celles-là. Quand l'éducation suit cette marche, comme c'est le cas chez celui qui n'a eu d'autre précepteur et d'autre livre que sa propre expérience, l'homme sait parfaitement quelles sont les perceptions que chacune de ses idées présuppose et qu'elle représente ; il connaît exactement les unes et les autres, et il les applique avec justesse à tout ce qui se présente devant ses yeux. C'est la marche de l'éducation naturelle.

« Au contraire, dans l'éducation artificielle, qui consiste à faire dire, à faire apprendre, à faire lire, la tête de l'élève est bourrée d'idées, avant qu'il ait été mis en contact avec le monde. On espère ensuite que l'expérience suppléera les perceptions qui doivent confirmer ces idées. Mais avant qu'elle ait pu le faire, les idées sont appliquées à faux, les choses et les hommes sont mal jugés, vus de travers, maniés à contresens. L'éducation produit ainsi des têtes mal faites. Le jeune homme, après avoir beaucoup appris et beaucoup lu, entre dans le monde comme un enfant perdu, tantôt sottement inquiet, tantôt follement présomptueux. Il a la tête pleine d'idées qu'il s'efforce d'appliquer, mais qu'il applique presque toujours maladroitement. C'est le résultat d'une éducation qui met la conséquence devant le principe, c'est-à-dire qui suit une marche contraire à celle du développement naturel de notre esprit [1]. »

Arthur Schopenhauer, tout en jouissant de ses jeunes expériences et de ce premier regard qu'il lui était donné de jeter sur le monde, commençait à manifester du goût pour les études littéraires. Il aimait à lire les poètes ; il s'appliquait au latin, autant que le lui permettait le peu de temps que le programme de l'école consacrait aux langues anciennes. Ses maîtres le déclaraient unanimement fait pour la carrière des lettres. Henri Schopenhauer, d'abord étonné, puis contrarié, n'aurait peut-être pas résisté au désir de son fils, « si, dans son esprit, l'idée de la vie littéraire n'avait été indissolublement unie à celle de pauvreté [2] ». Il songea d'abord à lui acheter un canonicat, et, comme la négociation traînait, il lui laissa l'alternative ou d'entrer immédiatement au gymnase, ou de faire avec ses parents un long voyage à travers l'Europe, après lequel il retournerait au comptoir. « On me prit par la ruse, dit Arthur Schopenhauer ; on savait que je ne demandais qu'à voir du pays. » On fit briller devant son imagination « les royaumes de ce monde » ; il se laissa tenter, et, au mois de mai 1803, il prit avec ses parents la route d'Amsterdam, où l'on devait s'embarquer pour Londres.

Nous avons sur ce voyage trois sources de renseignements : d'abord les *Souvenirs* de la mère [3], écrits

1. *Parerga und Paralipomena*, deuxième partie, § 372.
2. *Vitæ curriculum*, notice autobiographique qu'Arthur Schopenhauer remit à la Faculté philosophique de l'université de Berlin, le 31 décembre 1819, lorsqu'il demanda l'autorisation d'enseigner.
3. *Erinnerungen von einer Reise in den Jahren 1803, 1804 und 1805*; 3 parties, Rudolstadt, 1813, 1814 et 1817.

sur le ton du roman, et où elle ne manque aucune occasion d'intercaler une anecdote plaisante, vraie ou inventée ; ensuite le Journal qu'Arthur rédige sur la demande de ses parents ; enfin les lettres que la mère écrit à son fils quand les voyageurs se séparent. Ils passent six mois dans la Grande-Bretagne, et, pendant que les parents vont faire une excursion dans la région des lacs et en Écosse, le fils est laissé dans une pension à Wimbleton près de Londres, pour apprendre l'anglais ; il arrive, en effet, à le parler assez couramment pour faire illusion sur sa nationalité. Mais ce qui le choque, lui qui avait été habitué à l'urbanité des mœurs françaises, c'est le formalisme anglais et surtout « l'infâme bigoterie ». Sa mère le redresse là-dessus. Le 19 juillet 1803, elle lui écrit : « Il faut que tu sois plus accueillant que tu n'as l'habitude de l'être. Toutes les fois que deux hommes se rapprochent, il faut que l'un ou l'autre fasse le premier pas ; et pourquoi ne serait-ce pas toi, qui, quoique le plus jeune, as sur l'autre l'avantage d'avoir été mêlé de bonne heure et souvent à des étrangers, et par conséquent de n'être retenu par aucune espèce de timidité ? J'admets que le ton cérémonieux te frappe, mais il est nécessaire à l'ordre social. Quoique je tienne peu à la froide étiquette, j'aime encore moins les façons rudes des gens qui ne cherchent qu'à se complaire à eux-mêmes. Tu as une propension à cela, comme je l'ai souvent remarqué avec peine, et je ne suis pas fâchée que tu te trouves maintenant avec des gens d'un autre acabit, quoiqu'ils penchent peut-être un peu trop du côté opposé. Je serai satisfaite, si je puis voir, à mon retour, que tu as pris quelque chose de ce ton complimenteur, comme tu l'appelles ; car je ne crains en aucune façon que tu en prennes trop. »

Une autre fois elle lui recommande de ne pas trop

s'en tenir aux poètes dans ses lectures : « Tu as maintenant quinze ans, et tu as déjà lu et étudié les meilleurs poètes allemands, français et même anglais, et, à l'exception de ce que tu as dû lire en classe, tu n'as lu aucun ouvrage en prose, si ce n'est quelques romans, ni aucun livre d'histoire. Cela n'est pas bien. Tu sais que j'ai le sentiment du beau, et je suis heureuse de penser que tu l'as hérité de moi. Mais tu dois bien te dire que ce sentiment ne peut pas nous servir de guide dans le monde, tel qu'il est. L'utile passe avant tout, et rien ne pourrait me déplaire autant que de te voir devenir ce qu'on appelle un bel esprit. » Quant à la « bigoterie », elle l'engage seulement à ne pas se livrer là-dessus à des déclamations de mauvais goût, et elle lui rappelle en plaisantant que, tout petit, il demandait instamment à ne rien faire le dimanche, parce que c'était « le jour du repos ».

De Londres, le voyage se continue, au mois de novembre 1803, par Rotterdam, Anvers et Bruxelles, sur Paris. Ici, les voyageurs trouvèrent un guide excellent dans Mercier, l'auteur du *Tableau de Paris*, un polygraphe s'il en fut jamais, qui s'intitulait lui-même le plus grand *livrier* de France, et dont l'esprit paradoxal ne devait pas déplaire au jeune Schopenhauer. Celui-ci se répandait beaucoup, s'orientait partout. Il passait de longues heures dans la galerie des antiques du Louvre. Il visitait les théâtres ; de tous les genres dramatiques, c'étaient le vaudeville et l'opéra-comique qui lui paraissaient les plus conformes à l'esprit français et les plus parfaits en leur genre. Il ne pouvait s'habituer, dit-il, à la déclamation tragique, même dans la bouche d'un Talma. Vers la fin de janvier 1804, on gagna le midi de la France, et de là, par Lyon, la Savoie et la Suisse. Le retour se fit par la Souabe, la Bavière et l'Autriche, et, au mois de septembre, les voyageurs arrivèrent à Berlin.

Les impressions d'Arthur Schopenhauer pendant la dernière partie du voyage sont de deux sortes. Il est sensible aux beautés de la nature ; il les considère en artiste et en philosophe ; il cherche volontiers un sens symbolique aux grands phénomènes qui se présentent devant ses yeux. D'un autre côté, un penchant inné l'attire vers le spectacle des misères humaines. A Saint-Ferréol, dans la montagne Noire, la gorge obscure au fond de laquelle gronde le flot qui alimente le canal du Midi lui donne pour la première fois, dit-il, la sensation du sublime. La cime du mont Blanc représente à ses yeux l'isolement du génie. « L'humeur sombre qu'on remarque souvent chez les esprits éminents, écrit-il plus tard, a son image sensible dans le mont Blanc. La cime est le plus souvent voilée ; mais quand parfois, surtout à l'aube, le voile se déchire, quand la montagne rougie par le soleil et dressée vers le ciel au-dessus des nuages regarde sur Chamonix, chacun sent son cœur s'épanouir au plus profond de son être. Ainsi l'homme de génie, habituellement porté à la mélancolie, montre par intervalles cette sérénité particulière qui n'est possible qu'à lui, qui plane sur son front comme un rayon de lumière, et qui tient à ce que son esprit sait s'identifier complètement avec le monde extérieur [1]. » Ailleurs la vue d'un beau paysage, dont sa mère ferait volontiers le cadre d'une idylle, lui est gâtée par quelques pauvres masures qui bordent la route et où végètent des êtres rabougris. A Toulon, il visite le bagne, et il écrit : « C'est une chose

---

1. *Die Welt als Wille und Vorstellung,* suppléments au troisième livre, chap. XXXI.

terrible de se dire que la vie de ces misérables esclaves est sans aucune joie, et, chez ceux dont les souffrances ne finiront même pas après vingt-cinq ans de détention, sans aucun espoir. Que peuvent éprouver ces malheureux, attachés à un banc dont la mort seule les séparera ? » A Lyon, il trouve encore les traces de la Révolution. « Cette grande et magnifique ville a été le théâtre d'horribles exploits. Il n'est presque pas une famille qui n'ait perdu quelques-uns de ses membres ou même son chef ; et les survivants se promènent maintenant sur cette même place où leurs parents et leurs amis ont été mitraillés en masse. Croirait-on qu'ils peuvent vous raconter de sang-froid l'exécution des leurs ? On ne comprend pas que le temps efface si vite les impressions les plus vives et les plus terribles [1]. »

A Berlin, au mois de septembre, les voyageurs se séparent encore une fois. Le père prend le chemin de Hambourg. Arthur se rend, avec sa mère, à Dantzig, où il doit recevoir la confirmation protestante. Dans les lettres que Henri Schopenhauer écrit à son fils à Dantzig, il lui recommande d'avoir de l'ordre dans ses affaires grandes et petites, dans son habillement, dans son linge de corps, dans son mobilier, dans ses papiers, de s'appliquer à la correspondance française et anglaise, de soigner son écriture, « les lettres d'un négociant étant faites pour être lues », d'être affable et prévenant dans les rapports journaliers, enfin de se tenir toujours droit, même en mangeant et en écrivant : « un homme qui fait le gros dos devant une table ou devant un bureau ressemble à un savetier déguisé ». Qu'il engage même ses amis à lui donner une tape, toutes les fois qu'il se tiendra mal ! « Tel fils de prince a eu recours à ce moyen, et a

---

1. *Tagebuch*, extraits dans Gwinner, *Schopenhauers Leben*.

préféré l'ennui d'une humiliation passagère à la honte de passer pour un lourdaud toute sa vie. » Ainsi cette éducation, qui avait pour but de faire du fils un négociant gentilhomme comme l'était le père, se continuait à distance. Au mois de décembre, Arthur Schopenhauer quitta Dantzig, pour n'y plus revenir, et, au commencement de l'année suivante, fidèle à sa promesse, il entra dans la grande maison du sénateur Jénisch, à Hambourg, afin d'achever sous une direction étrangère l'apprentissage qu'il avait commencé sous la tutelle paternelle.

Quand plus tard, ayant déjà changé de carrière, il se rappelait ses années de voyage, sa première initiation à la vie, il écrivait : « Il est évident que deux années de ma jeunesse ont été entièrement perdues pour les disciplines scolaires, et cependant ne m'ont-elles pas apporté des fruits d'autre sorte, qui ont largement compensé cette perte ? A l'âge où l'intelligence s'éveille et s'ouvre aux impressions du dehors, où le jeune homme est avide de comprendre et de savoir, on ne m'a pas, selon l'usage, rempli la mémoire de formules, mal appropriées à des objets dont je ne pouvais avoir aucune connaissance exacte. Au contraire, je me suis nourri de la vision des choses ; j'ai appris ce qu'elles étaient, avant de m'exercer à raisonner sur elles, et je me suis habitué de bonne heure à me défier des formules et à ne pas prendre les mots pour les choses [1]. »

---

1. *Vitæ curriculum*, 1819.

III

LE COMPTOIR

Arthur Schopenhauer assure — et on peut le croire sur parole — qu'il n'y eut jamais au monde un plus mauvais employé de commerce que lui. Tout prétexte lui était bon pour se soustraire à un travail qui lui répugnait. La seule chose qui l'intéressât durant les derniers mois d'hiver de 1805, ce furent les conférences que le docteur Gall vint faire à Hambourg sur la phrénologie. Il était décidé à garder l'engagement qu'il avait pris vis-à-vis de son père, et pourtant la pensée de sa carrière manquée le rongeait comme un remords. Il s'en prenait aux autres de sa propre infortune, se confirmait dans son humeur sarcastique et frondeuse, et, généralisant le mal dont il souffrait, il trouvait de plus en plus que le monde était l'œuvre d'un génie malfaisant et hostile à l'humanité.

Son père mourut le 20 avril, étant tombé ou s'étant jeté d'un grenier dans le canal qui passait derrière la maison. Les circonstances de cette mort n'ont jamais été bien éclaircies. Arthur, dans son autobiographie latine, l'attribue à un accident [1] ; mais, dans un document académique et officiel, il n'était pas tenu à plus de détails, ni, en pareille circonstance, à plus de

---

1. *Pater optimus carissimusque subito, fortuito, cruento mortis genere repente abreptus est.* (*Vitæ curriculum*, 1819.)

franchise. Dans le public, on croyait à un suicide. Gwinner, l'un des biographes les mieux informés de Schopenhauer, dit : « Des déclarations qui me sont parvenues indirectement, provenant de la mère et du fils, auquel, du reste, je me suis abstenu de poser aucune question à ce sujet, m'autorisent à penser que le bruit public était fondé. » Grisebach, au contraire, se fait un devoir d'ignorer ces renseignements « indirects ». Ce qui est certain, c'est qu'on remarquait depuis quelque temps chez Henri Schopenhauer une singulière défaillance de la mémoire ; il ne reconnaissait plus ses amis, leur parlait comme à des étrangers. Peut-être Arthur Schopenhauer a-t-il pensé à son père, lorsqu'il a écrit ces mots dans un chapitre de son grand ouvrage, où il traite du génie et de la folie : « Le plus souvent, les fous ne se trompent point dans la connaissance de ce qui est immédiatement présent ; leurs divagations se rapportent toujours à des choses absentes ou passées, et indirectement à la liaison de ces choses avec le présent : en conséquence, leur maladie me paraît affecter surtout la mémoire [1]. » Si la mort de Henri Schopenhauer a été due à un suicide, c'est un trait de plus à ajouter aux annales pathologiques de la famille.

Arthur pouvait se croire libre ; il porta sa chaîne encore deux ans, pour des raisons qu'il indique. Le ressort de sa volonté était brisé ; une tristesse morne le paralysait ; enfin la promesse qu'il avait faite à son père lui paraissait d'autant plus sacrée que celui-ci n'était plus là pour l'en délier. Sa mère, pour l'arrangement de sa vie à elle, se montra moins hésitante. Elle procéda d'abord à la liquidation du fonds de com-

---

1. *Die Welt als Wille und Vorstellung*, livre III, § 36.

merce, puis elle songea à s'établir dans une ville où elle pût se livrer à ses goûts littéraires. Son choix se porta naturellement sur Weimar, le séjour des Muses, comme on disait alors. Elle y fit un voyage de reconnaissance, avec sa fille Adèle, au mois de mai 1806, et, à son arrivée, elle écrivit : « Je crois, mon cher Arthur, que je dresserai ici ma tente. Les relations y sont agréables, et l'on y vit à bon marché. Je pourrai, avec peu de peine et encore moins de frais, réunir au moins une fois par semaine les plus fortes têtes de la ville et peut-être de l'Allemagne. » Elle se lia dès lors avec le bibliothécaire de la duchesse Amélie, Fernow, qui devait bientôt avoir une influence décisive sur la vie d'Arthur Schopenhauer ; et elle était déjà en relation avec Bertuch, le collaborateur de Wieland au *Mercure allemand* et l'un des fondateurs de la *Gazette littéraire d'Iéna*. Elle se fixa définitivement à Weimar dans les derniers jours de septembre. Peut-être eût-elle été moins prompte à quitter Hambourg, si elle avait prévu l'orage qui s'approchait ; car on était à la veille de la bataille d'Iéna. Mais elle était plus au courant de la littérature que de la politique. Au reste, elle n'eut pas à se repentir de son imprudence. Sa maison fut épargnée dans le pillage de la ville. Ensuite elle se fit un devoir d'adoucir chez les autres des souffrances qui lui avaient été épargnées à elle-même ; elle institua à ses frais une ambulance, où elle recevait une cinquantaine de blessés. Ils mouraient presque tous entre ses mains, dit-elle, mais ils étaient vite remplacés, car chaque soir on amenait au moins trois cents. Le 19 octobre, elle écrivait à son fils : « En dix jours, on a appris à me connaître ici, mieux qu'en d'autres circonstances on ne l'aurait fait en dix ans. Gœthe m'a dit aujourd'hui que le baptême du feu m'avait faite Weimarienne, et il a bien raison. Il m'a dit aussi que, puisque l'hiver s'annonçait plus tristement que d'ordinaire, il fallait nous rapprocher, nous alléger réciproquement le poids des mauvais jours. Je fais ce que je peux pour m'entretenir en belle humeur et ne pas me décourager. Tous les soirs je réunis chez moi les personnes que je connais. Je leur offre le thé avec des tartines de beurre, dans la plus stricte acception du mot. On n'allume pas une bougie de plus. Cependant tous reviennent, et se trouvent bien chez moi. Meyer et sa femme [1], Fernow, parfois Gœthe, sont du nombre. D'autres, que je ne connais pas encore, demandent à être introduits. Ainsi tout ce que je souhaitais autrefois se trouve de soi-même, et je ne le dois qu'au bonheur que j'ai eu de garder ma demeure intacte, de pouvoir me montrer telle que j'étais, de pouvoir conserver toute ma sérénité d'esprit, ayant été la seule parmi des milliers qui n'ait éprouvé aucune perte sensible, et qui n'ait eu à déplorer que le malheur public. Cette pensée est très égoïste, je le sais ; mais c'est là précisément le côté le plus affligeant de notre détresse, l'égoïsme qui envahit et déprime les meilleurs d'entre nous [2]. »

Conserver la sérénité de l'esprit, sur cette règle de conduite Johanna Schopenhauer pouvait s'entendre avec Gœthe. Celui-ci eut bientôt une autre raison de se rapprocher d'elle. Il venait de faire consacrer par l'Église son union avec Christiane Vulpius, et, tandis que la société aristocratique de Weimar faisait grise mine à la roturière, Johanna l'accueillit avec son

---

1. Jean-Henri Meyer, professeur à l'Académie de peinture de Weimar, dont il fut plus tard directeur ; collaborateur de Schiller dans *les Heures* et de Gœthe dans *les Propylées* et dans *l'Art et l'Antiquité*.

2. Schemann, *Schopenhauer-Briefe*.

affabilité ordinaire. « Quand Gœthe lui donne son nom, disait-elle, nous pouvons bien lui offrir une tasse de thé. » Elle-même, du reste, n'avait d'autre titre à faire valoir auprès de la petite cour ducale que celui de conseiller aulique que son mari avait reçu du dernier roi de Pologne et qu'il n'avait jamais voulu porter.

Elle continua de recevoir ses amis deux fois par semaine, et toujours avec la même simplicité. Ses « thés littéraires » alternaient avec le théâtre, et Gœthe finit par y être très assidu. Johanna Schopenhauer a pour Gœthe une admiration qui s'exalte parfois, mais qui n'exclut pas le jugement et qui n'est pas banale dans l'expression ; on sent qu'il y a entre eux, toute proportion gardée entre l'homme de génie et la femme du monde, une affinité de nature. « Le cercle qui se forme autour de moi le dimanche et le jeudi, écrit-elle à son fils le 28 novembre, n'a probablement pas son pareil dans toute l'Allemagne. Que ne puis-je, une fois seulement, d'un coup de baguette, te transporter ici ! Gœthe se sent bien chez moi et vient souvent. Il a sa table à lui dans un coin, avec tout ce qu'il faut pour dessiner [1]. C'est Meyer qui m'a donné cette idée. Il s'installe là, quand il en a envie, et improvise de petits paysages à l'encre de Chine, légèrement esquissés, mais vivants et vrais, comme lui-même, et comme tout ce qu'il fait. C'est un être à part, grand et bon. Comme son arrivée n'est jamais annoncée, je suis toujours saisie quand il entre. Il faut bien qu'il soit d'une nature supérieure, puisqu'il produit la même impression sur ceux qui le

---

1. Gœthe aimait à dessiner, tout en causant. Dans les salons qu'il fréquentait le plus, celui de la duchesse Amélie, celui du libraire Frommann, il avait sa place à lui, avec une table où on lui mettait ses dessins.

connaissent depuis plus longtemps et de plus près. Lui-même reste d'abord muet pendant quelques instants, et presque embarrassé, jusqu'à ce qu'il ait bien considéré la société. Ensuite il s'assied près de moi, un peu en arrière, en s'appuyant sur le dossier de ma chaise. Je me mets à causer, il s'anime, et il devient très aimable. C'est l'être le plus parfait que je connaisse, même dans son extérieur : une belle taille, droite et haute ; beaucoup de soin dans son habillement, toujours noir ou bleu foncé ; les cheveux arrangés avec goût et d'une manière conforme à son âge ; enfin une figure expressive, avec des yeux bruns, à la fois doux et pénétrants. Il embellit beaucoup quand il parle, et alors on ne peut assez le regarder. Il cause de tout, a toujours quelque anecdote à raconter, et n'impose nullement par sa grandeur ; il est sans prétention, comme un enfant. » Gœthe faisait souvent la lecture ; *le Prince Constant*, de Calderon, occupa plusieurs soirées. « Il nous ravit tous, écrit Johanna Schopenhauer à son fils (le 23 mai 1807), quoiqu'il ne lise pas selon les règles de l'art. Il s'anime trop, il déclame, et dans les scènes de combat c'est un tapage comme à Drury-Lane. Il joue chaque rôle, quand le rôle lui plaît, aussi bien qu'il est possible de le jouer en étant assis. Les beaux passages lui font à lui-même une très vive impression ; alors il les explique, les relit, y ajoute mille choses encore plus belles. Bref, c'est un être unique, et malheur à qui voudrait l'imiter ! Mais il est impossible de le voir et de l'entendre sans l'admirer. Et comme tout cela va bien à sa figure et à toute sa manière d'être ! Avec quelle grâce supérieure il s'en acquitte ! Il a quelque chose de si simple, de si enfantin ! Ce qui le frappe, il le voit aussitôt devant lui ; à chaque scène il ajoute le décor. Bref, je souhaiterais que tu puisses l'entendre une fois [1] ! »

Ce que ces jugements de Johanna Schopenhauer sur Gœthe ont d'intéressant, c'est le trait caractéristique sur lequel elle insiste en toute circonstance, la simplicité, la naïveté *enfantine*, qui nous font voir un Gœthe intime, tout différent de l'Olympien qu'on se représente d'ordinaire. Mais ce qu'elle ne savait pas, c'est qu'en parlant ainsi elle était la plus imprudente des mères. Arthur Schopenhauer n'avait pas besoin qu'on lui fît la peinture des délices de Weimar pour prendre de plus en plus le négoce en aversion. Irrésolu comme il était, il souffrait sans pouvoir s'arrêter à un parti, et il se résignait en maugréant. Il avait dix-neuf ans : se mettrait-il encore sur les bancs du gymnase ? Le 28 mars 1807, il écrivit une lettre plus pressante à sa mère, où il lui exprimait ses inquiétudes [2]. Elle y répondit le 28 avril suivant, après avoir pris conseil de son ami Fernow, qui pouvait d'autant mieux l'éclairer qu'il s'était trouvé dans une situation semblable à celle du jeune Schopenhauer. Fils d'un paysan de la marche de Brandebourg, Fernow avait déjà été clerc de notaire et apprenti pharmacien, lorsqu'il connut à Lubeck, à l'âge de vingt-trois ans, le peintre Carstens, qui le tourna vers les études artistiques, et avec lequel il vécut plusieurs années à Rome. Il enseigna plus tard l'histoire de l'art

1. Düntzer, *Gœthes Beziehung zu Johanna Schopenhauer und ihren Kindern*, dans : *Abhandlungen zu Gœthes Leben und Werken*, 2 vol., Leipzig, 1885 ; au 1ᵉʳ vol.

2. Cette lettre est perdue, comme toutes celles que Schopenhauer écrivit à sa mère ; elle-même les détruisit. Quant aux lettres qu'elle lui adressa, elle les lui redemanda, lorsqu'en 1837 elle commença la rédaction de ses *Souvenirs* ; ce qui en a été conservé se trouve dans la succession du professeur Düntzer, mort le 16 décembre 1901.

à l'université d'Iéna, et il publia, avec Meyer et Schulze, la première édition complète des œuvres de Winckelmann. Fernow avaiteu à lutter contre un obstacle de plus que Schopenhauer, la pauvreté; Johanna le recueillit chez elle pendant sa dernière maladie, en 1808. Le 28 avril, Arthur reçut une longue lettre de sa mère, contenant une note presque aussi longue de Fernow [1]. « Je me suis réservé cette journée, disait-elle, pour pouvoir répondre en détail à tes plaintes et à tes désirs. A moi aussi, mon cher Arthur, la chose me tient à cœur; j'y ai beaucoup réfléchi, et cependant je ne suis arrivée à aucun résultat satisfaisant, tant il est difficile de se mettre par la pensée dans la situation d'un autre, là surtout où il y a différence de caractère. Tu es irrésolu par nature, moi trop prompte peut-être et trop portée à choisir, entre deux issues, celle qui paraît la plus étrange : c'est ce que j'ai fait en venant m'établir à Weimar, où j'étais une étrangère, au lieu de retourner, comme la plupart des femmes l'auraient fait à ma place, dans ma ville natale, où j'aurais retrouvé des parents et des amis... Je savais depuis longtemps que tu étais mécontent de ta situation, mais je n'en étais pas inquiète, car j'attribuais ton mécontentement à d'autres causes. Je sais trop bien, du reste, que la joyeuse humeur de la jeunesse ne t'a pas été donnée en partage,

---

1. On a reproché à tort à Johanna Schopenhauer d'avoir fait attendre un mois sa réponse à son fils. Dès le 13 avril, elle lui avait écrit une lettre, où elle lui apprenait la mort de la duchesse Amélie, et qui commençait par ces mots : « J'ai à répondre à deux de tes lettres, l'une très longue, et sérieuse, et qui mérite une réponse sérieuse... J'y répondrai en détail : cela te prouvera une fois de plus que je t'aime, et que j'ai du moins le désir de contribuer à ton bonheur, si je n'en ai pas le pouvoir... » Cette lettre, dont Düntzer n'avait donné que des fragments, a été publiée pour la première fois en entier dans le *Journal de Francfort* du 9 avril 1902.

et que tu as malheureusement hérité de ton père un penchant à la réflexion mélancolique. Cela m'a souvent attristée, mais je n'y pouvais rien, et j'ai dû en prendre mon parti, espérant que le temps, qui change tant de choses, te changerait peut-être aussi. Là-dessus est venue ta lettre. Ce ton sérieux et calme, venant de l'âme et allant à l'âme, m'a tirée de mon repos. Serait-il possible que tu eusses manqué ta vocation ? Il faut, dans ce cas, que je mette tout en œuvre pour te sauver : je sais ce que c'est que de vivre contrairement à ses goûts... »

Elle lui montre ensuite les deux routes qui s'ouvrent devant lui : d'un côté, une vie aisée et considérée dans une grande ville, avec des relations dans tous les grands ports de l'Europe ; de l'autre, un effort surhumain pour rattraper le temps perdu, et, au bout, une existence laborieuse, simple et retirée, avec l'estime de quelques-uns et la satisfaction que donne la noblesse du but poursuivi. « Considère tout cela, ajoute-t-elle, et choisis. Mais, ton choix fait, n'hésite plus et ne faiblis pas, et tu atteindras sûrement le but que tu te seras proposé, quel qu'il soit. Je ne te dis pas de ne pas me tromper, car je connais ta pure et profonde loyauté ; mais, je t'en conjure les larmes aux yeux, ne te trompe pas toi-même. Entre en conseil avec toi, sérieusement et honnêtement : il s'agit du bonheur de ta vie et de la joie de mes vieux jours, car ce n'est que de toi et de ta sœur que je puis attendre encore une compensation pour ma jeunesse perdue. Je ne supporterais pas de te savoir malheureux, surtout si je devais me reprocher d'avoir causé ton malheur par trop de condescendance... »

C'est en cette circonstance que Johanna Schopenhauer se montre sous son meilleur jour. Elle marque bien, dans sa lettre, ce qui la distingue de son fils, et ce qui bientôt les séparera. Elle avait cette mobilité d'esprit, cette faculté d'adaptation rapide qui fait les natures heureuses, parce qu'elle leur permet de prendre toujours leur part, grande ou petite, des jouissances présentes. Ses enfants ont pu lui reprocher plus tard un défaut d'économie, de prévoyance, un peu d'égoïsme dans la recherche de ces plaisirs de l'esprit dont elle n'entendait plus désormais être sevrée, peut-être même une certaine ingratitude envers l'homme qui, en l'enrichissant, lui avait donné les moyens de se les procurer. Mais, au moment où la carrière de son fils se décide, elle n'écoute que son cœur maternel. Un reproche plus grave que la postérité sera toujours en droit de lui adresser, c'est de nous avoir dérobé les lettres de jeunesse du futur philosophe. On aimerait à observer en lui et à l'aide de ses propres confidences la genèse de son pessimisme. Il avait dans le sang un fonds d'humeur noire. Ce fonds premier et héréditaire n'a pu que s'accroître dans la gêne de sa vie de comptoir. Il se défiait de tout le monde, et, à force de se défier des autres, il en était venu à se défier de lui-même : de là son irrésolution. Et, comme pour se dédommager de son incertitude dans l'action, il était devenu de plus en plus tranchant et amer dans ses jugements. Ce qui augmentait son trouble intérieur, c'est qu'il sentait en lui la vocation philosophique, assez forte déjà pour lui donner des tentations de révolte, mais assez vague encore pour qu'il n'osât pas s'y livrer sans réserve. Dans un aphorisme qui date de 1807, il dit : « On a peine à concevoir comment l'âme immortelle, exilée dans le corps, peut être arrachée de son *apathie sublime* et ravalée dans la petitesse de l'existence terrestre, au point de désapprendre complètement son état antérieur et de s'identifier avec une manière d'être qui, de son point de vue élevé, devrait lui paraître infiniment mesquine... L'homme passe sur un pont dont il ne connaît pas les fondements ; il suit son petit sentier, sans penser d'où il vient, ni où il va, et ne considérant toujours que le pas prochain. » D'autres indications précieuses devaient être contenues dans ses lettres ; nous n'en avons que le reflet dans les réponses de sa mère.

IV

LES ÉTUDES CLASSIQUES

Fernow calculait que, avec la connaissance qu'il avait des langues modernes, avec l'expérience qu'il avait acquise dans ses voyages, Schopenhauer aurait besoin de quatre ans pour accomplir le stage des études classiques. Il ne songeait pas que rien n'égale l'énergie du rêveur qui est sorti de son rêve, ou de l'irrésolu qui a trouvé sa voie. Schopenhauer ne prit que deux années ; encore furent-elles traversées par un incident dû à son humeur caustique. Il était entré au gymnase de Gotha, où enseignait alors l'helléniste Jacobs, auquel il a toujours gardé un souvenir reconnaissant. Il suivait à la fois les cours appropriés au degré de son instruction générale, et, pour l'allemand, le cours supérieur, appelé la *Selecta*, sans compter les leçons particulières qu'il recevait du directeur, Frédéric-Guillaume Dœring. Un des professeurs du gymnase ayant plaisanté inconsidérément la *Selecta* dans une feuille publique, Arthur crut devoir venger ses camarades dans une épigramme très mordante, qui circula de main en main. Il dut quitter l'établissement. Mais tout d'abord il reçut une vive semonce de sa mère. « Si tu pouvais seulement finir par comprendre, lui disait-elle, ce que tu cries par-dessus les toits ! Tu répètes à tort et à travers la sentence de Gœthe : « Tenez donc les fous pour des

« fous, comme cela doit être [1]. » Mais est-ce les tenir pour ce qu'ils sont que de vouloir les corriger ? C'est, au contraire, se mettre à leur niveau. La sagesse consiste à les abandonner à eux-mêmes, à profiter de leur folie ou à s'en divertir à l'occasion, surtout à ne pas les heurter, de peur de faire du simple fou un fou furieux ; et c'est ce que Goethe a voulu dire. Tu n'es pas méchant, tu as de l'esprit, de la culture, tout ce qui pourrait faire de toi un ornement de la société ; je connais ton cœur, il n'en est pas de meilleur ; et, avec cela, tu es à charge et insupportable, et j'estime qu'il est très difficile de vivre avec toi. Toutes tes bonnes qualités sont gâtées et obscurcies par ta *supersagesse*, par la fureur qui te possède de vouloir tout savoir mieux que tout le monde, de voir partout des défauts, excepté en toi-même, de prétendre tout corriger et gouverner. Tu aigris ainsi les hommes contre toi. Personne ne veut se laisser corriger et éclairer si violemment, surtout par un individu aussi peu important que tu l'es encore... Je te dis cela, non pour te faire des reproches, mais pour essayer une fois de te montrer à tes propres yeux tel que le monde te voit. tel que moi, ta mère, qui t'ai donné tant de preuves de mon affection, je suis obligée de te voir. Maintenant, c'est à toi de conclure. »

Elle lui laissait le choix ou de continuer ses études à Altenbourg, ou de prendre des leçons particulières à Weimar : cette ville possédait bien un gymnase, mais trop peu important pour donner un enseignement com-

---

1. « C'est folie d'espérer que les fous se corrigeront. Enfants de la sagesse, tenez donc les fous pour des fous, comme cela doit être. » Tel est le refrain d'une *chanson cophte* qui se trouve parmi les *Lieder* de Goethe ; cette chanson devait figurer dans la pièce intitulée *le Grand Cophte*, dont Goethe voulait d'abord faire un opéra.

plet. Arthur se décida pour Weimar ; sa mère aurait préféré l'autre solution. Johanna Schopenhauer sentait qu'avec la différence de leurs natures ils ne pouvaient s'entendre qu'à la condition de ne pas vivre trop près l'un de l'autre ; elle prévoyait qu'un contact trop fréquent et trop immédiat amènerait inévitablement un choc, et c'est en effet ce qui arriva. Elle déclara d'abord qu'Arthur ne demeurerait pas chez elle, qu'il ne viendrait la voir qu'à de certains jours et à de certaines heures, en un mot, qu'il garderait sa liberté et qu'il ne gênerait pas celle de sa mère. La lettre qu'elle lui écrivit, à la date du 13 décembre 1807, lorsqu'il était encore à Gotha, commence, comme beaucoup d'autres, par des protestations de tendresse maternelle ; elle n'en est pas moins explicite dans son contenu : « Tu ne doutes pas de mon affection ; je t'en ai donné des preuves toute ma vie. Il est nécessaire à mon bonheur de te savoir heureux, mais de ne pas en être témoin. Je t'ai toujours dit qu'il était difficile de vivre avec toi, et, à mesure que je te connais davantage, cette difficulté me paraît augmenter, du moins quant à moi. Je ne te le cache pas, aussi longtemps que tu seras tel que tu es, je consentirais à tous les sacrifices, plutôt qu'à la vie commune. Je ne méconnais pas ce que tu as de bon : aussi, ce qui m'éloigne de toi ne réside pas dans ton cœur et dans ton âme, mais dans ta manière d'être extérieure, dans tes opinions, dans tes jugements, dans tes habitudes. Bref, je ne puis m'accorder avec toi sur rien de ce qui concerne la vie extérieure. Ton humeur chagrine aussi m'est à charge et trouble ma gaieté habituelle, sans profit pour toi. Rappelle-toi, mon cher Arthur, les visites passagères que tu m'as faites : il en est résulté chaque fois des scènes vives pour des riens, et je ne respirais librement qu'après ton départ. Tes doléances sur des choses inévitables, tes mines farouches, tes jugements bizarres, qui tombaient de ta bouche comme des oracles et qui ne souffraient point de réplique, tout cela me pesait, sans parler de l'effort que je faisais sur moi-même pour ne pas te répondre et pour éviter les occasions de dispute. Je vis maintenant très tranquille. Voilà longtemps que je n'ai eu un moment désagréable, excepté avec toi. Rien ne me dérange, personne ne me contredit, et je ne contredis personne. Jamais, autour de moi, un mot ne se dit plus haut que l'autre. Tout va son train uniforme, je suis mon chemin de mon côté, et l'on remarque à peine, dans la maison, qui commande et qui obéit. Chacun fait ce qui est de son devoir, et les jours glissent l'un après l'autre sans qu'on s'en aperçoive. Tel est le genre de vie qui me convient, et auquel tu ne dois rien changer, si la tranquillité et le bonheur des années qui me restent à vivre te tiennent à cœur. Plus tard, mon cher Arthur, quand l'âge t'aura fait voir plus nettement certaines choses, nous nous entendrons mieux, et peut-être aurai-je alors mon meilleur temps dans ta maison, au milieu de tes enfants, comme il convient à une vieille grand'mère... En attendant, voici sur quel pied nous devons vivre ensemble. Dans ton logis, tu es chez toi ; dans le mien, tu es un hôte, un hôte bienvenu, toujours bien accueilli, mais qui ne se mêlera de rien... A mes jours de réception, tu dîneras chez moi, si tu veux réprimer ta fâcheuse envie de disputer, qui me contrarie, et t'abstenir de tes éternelles lamentations sur la sottise humaine et les misères de ce monde, qui me donnent de mauvais rêves et m'empêchent de dormir [1]. »

Arthur accepta tout. Son unique pensée était de

---

1. Gwinner, *Schopenhauers Leben*.

s'instruire, et il était décidé à s'y employer avec acharnement. Il avait l'ambition de figurer un jour avec honneur dans ce groupe illustre où il n'apparaissait encore que comme un original. Ses premiers rapports avec Gœthe furent tout extérieurs. Lui-même n'était pas homme à faire des avances, même à plus grand que lui, et Gœthe, dit-il, « ne lui adressait pas habituellement la parole [1] ». Il eut pour principal directeur à Weimar, comme à Gotha, un helléniste : c'était Franz Passow, seulement de deux ans et demi plus âgé que lui, plus tard professeur à l'université de Breslau, et qui remania et compléta le Dictionnaire grec-allemand de Schneider. Schopenhauer devint un classique déterminé, nourri des poètes grecs et latins. Il écrivit alors sur la première page de son Homère cette oraison dominicale en hexamètres, qui rappelle la *Prière sur l'Acropole* de Renan :

« Notre Père Homère, toi qui maintenant, avec le noble Achille, — te promènes dans les bosquets de l'Élysée, que ton nom soit sanctifié ! — Que souvent ton esprit nous visite, et, comme au pays des ombres — ta lyre se fait entendre, qu'ainsi elle retentisse jusque sur la terre, — elle dont les accords chassent de nos âmes le souci du pain quotidien, — et qui, charme merveilleux de l'oreille, réconcilierait les Centaures avec les Lapithes ! — Cependant, que jamais ton génie ne nous induise à la tentation d'une lutte inégale ! — Mais délivre-nous seulement pour quelques instants de la destinée de ce monde ! — Car à toi appartient la force d'émouvoir les cœurs, à toi le laurier, — ô saint Père, aux siècles des siècles ! Amen. »

Les dernières lignes contiennent en germe tout un

---

1. *Non me alloqui solebat.* (*Vitæ curriculum*, 1819.)

côté de la philosophie de Schopenhauer. Ce sera plus tard une de ses règles de conduite de chercher dans la poésie et dans les arts une consolation et un refuge, un contrepoids au spectacle des misères humaines qu'un penchant inné le portait à scruter sans cesse.

V

L'UNIVERSITÉ

Au commencement du mois d'octobre 1809, il se rendit à Gœttingue. Les études classiques l'avaient familiarisé avec l'antiquité, l'université devait l'orienter dans les sciences de la nature. Il se fit inscrire à la faculté de médecine. L'université de Gœttingue, la *Georgia Augusta*, qui avait été fondée au siècle précédent pour opposer une digue au dogmatisme théologique, était restée un asile de la libre recherche. Elle comptait alors parmi ses professeurs le naturaliste Blumenbach, l'historien Heeren, le philosophe Gottlob-Ernest Schulze. Celui-ci dans son premier ouvrage, intitulé *Énésidème*, avait produit, sous le masque du sceptique alexandrin, ses scrupules sur l'idéalisme transcendental, qu'il craignait de voir dégénérer en idéalisme absolu ; et déjà, en effet, cette évolution s'opérait entre les mains de Fichte. Schulze voulait qu'on appelât sa propre philosophie non pas un scepticisme, mais un antidogmatisme. Sceptique seulement à l'endroit des théories métaphysiques sur l'origine de nos connaissances, il était disposé à admettre comme vrai tout ce que l'expérience raisonnée nous donne comme tel. Schulze fut le premier directeur philosophique de Schopenhauer ; il lui conseilla d'étudier d'abord Kant et Platon et d'y joindre ensuite

Aristote et Spinosa, réunissant ainsi dans une double synthèse, qui comprenait chaque fois un ancien et un moderne, ce qu'il considérait comme le fonds acquis et la matière indispensable du travail philosophique.

A ce moment, Schopenhauer montrait encore plus de goût pour Platon que pour Kant, dont la rigoureuse analyse lui semblait décolorer le monde extérieur. Dans une de ces nombreuses notes qu'il prenait au cours de ses lectures, il disait : « Si Gœthe n'avait été envoyé dans ce monde en même temps que Kant, comme pour lui faire contrepoids dans l'esprit du siècle, Kant aurait pesé sur les âmes comme un cauchemar, il les aurait écrasées et endolories. Maintenant qu'ils agissent tous deux dans des directions contraires, leur action combinée est bienfaisante et élèvera peut-être l'Allemagne à une hauteur où l'antiquité elle-même n'a pu atteindre. » Si Schopenhauer éprouve encore, devant l'austère critique de Kant, une sorte d'effroi dont il triomphera bientôt, par contre il est séduit dès l'abord par la théorie des Idées platoniciennes, types immortels des choses périssables, et Platon restera toujours pour lui le divin Platon. « Les Idées, dit-il dans une autre note, sont des réalités qui existent en Dieu. Le monde des corps est comme un verre concave qui disperse les rayons émanés des Idées ; la raison humaine est un verre convexe qui les réunit de nouveau et qui rétablit l'image primitive, quoique troublée par ce détour. » Les Idées les plus hautes, continue-t-il, nous sont communiquées directement par Dieu ; mais comme elles ne correspondent à aucun objet sensible, comme d'un autre côté nous éprouvons le besoin de leur donner une expression, nous essayons de les traduire au moyen des formes et des images que nous fournit la nature : « ces essais, nécessairement imparfaits, sont la philosophie, la poésie et les arts ». Ainsi Platon est associé à Kant, et prend même le pas sur lui, dans la première conception de la philosophie de Schopenhauer. En général, on remarque chez lui, pendant toute la durée de ses années d'études, à côté de sa tendance innée à l'observation pessimiste, un besoin de contemplation idéale, auquel plus tard il donnera satisfaction par sa théorie des arts.

Il continuait de lire les poètes. Parmi les anciens, c'étaient surtout les tragiques grecs ; parmi les modernes, c'était, de préférence à tous, Gœthe. Il prenait des leçons de musique. Tout jeune, il avait joué de la flûte ; à Gœttingue, il apprit la guitare. Au reste, son pessimisme n'était pas de ceux qui se plaisent dans la solitude ; il conversait volontiers avec ses semblables, à condition d'exercer librement sur eux, à l'occasion, sa mauvaise humeur. Il persistait dans cette manie de disputer que sa mère lui reprochait, et il perdait, dit-on, force paris pour vouloir soutenir son opinion contre toute vraisemblance. Parmi les hommes qui formaient alors sa société, on cite l'humaniste Thiersch, le jeune poète Ernest Schulze, le philologue Lachmann, surtout Karl-Josias Bunsen, qui s'appela plus tard le chevalier Bunsen, et qui fut ambassadeur de Prusse à Rome et à Londres. Schopenhauer, ayant amené Bunsen à Weimar en 1811, pendant les vacances de Pâques, le mit en rapport avec Gœthe. Il eut à la même époque une conversation avec Wieland, à la suite de laquelle celui-ci dit à Johanna Schopenhauer : « Je viens de faire la connaissance d'un jeune homme qui sera un jour un grand philosophe. »

La carrière universitaire de Schopenhauer se termina par trois semestres passés à Berlin (octobre 1811 à mai 1813). Ce qui l'attirait surtout dans cette ville, c'était le désir d'entendre Fichte, pour lequel il avait conçu à distance « une admiration *a priori* », qui ne résista pas à l'épreuve. Plus tard, il aimait encore à parodier « le petit homme à la face rougeaude, au regard perçant et aux cheveux hérissés », jouant devant ses auditeurs la comédie du moi et du non-moi. En réalité, ce qui l'éloignait de Fichte, c'était le dogmatisme du fond et le caractère oratoire de la forme. Le cours de Schleiermacher sur l'histoire de la philosophie au moyen âge le laissa indifférent. Mais il se passionna pour les leçons de Bœckh sur Platon, et plus encore pour celles de Wolf sur Aristophane et sur Horace ; le poète latin devint un de ses auteurs favoris. Au printemps de l'année 1813, il quitta Berlin, jugeant son instruction universitaire suffisante, et il commença à s'occuper de sa thèse de doctorat, qui fut son premier ouvrage important.

Schopenhauer a vingt-cinq ans. Ses années d'apprentissage sont finies, « des années d'apprentissage qui, chose peu ordinaire, viennent après les années de voyage [1] ». Sa jeunesse a été longue, sa maturité tardive. Tout son développement a été marqué par un effort continu, âpre et persistant, qui est empreint sur ses traits. On a deux portraits de Schopenhauer, du temps de sa jeunesse. L'un est un pastel attribué à Gerhard de Kügelgen, un ami de Fernow ; il date de 1809. L'autre, de 1814, est un portrait à l'huile, fait par Louis-Sigismond Ruhl, un élève de l'Académie des beaux-arts de Dresde, plus tard conservateur du musée de Cassel [2]. Les deux portraits s'accordent assez, ce qui est une garantie d'exactitude. Les yeux sont brillants,

---

1. Kuno Fischer, *Geschichte der neueren Philosophie*, t. VIII.
2. Le premier sert de frontispice à la biographie de Gwinner, le second aux *Schopenhauer-Briefe* de Schemann.

bleus comme ceux de Johanna Schopenhauer, profondément encaissés et très espacés. Le nez est finement tracé vers le haut, élargi aux ailes. La bouche est petite, un peu charnue. Les cheveux sont blonds et frisés ; une boucle descend sur le front, selon la mode du temps. Le front est plutôt large que haut. Schopenhauer avait la petite taille de sa mère, la poitrine bombée, les épaules larges, la voix forte, la parole incisive. Il était soigneux de sa mise, et il a toujours gardé, selon la recommandation de son père, sa tenue de gentilhomme. On disait qu'il ressemblait à Voltaire quand il parlait, et à Beethoven quand il se taisait [1].

Schopenhauer, à l'âge de vingt-cinq ans, n'a encore rien publié ; il n'a fait que prendre des notes sur ses lectures. Mais dès maintenant on peut déterminer les éléments dont se composera sa philosophie. Sa vocation s'est décidée pendant l'enseignement qu'il a reçu de Schulze, un kantien prudent et sagace, se défiant des conséquences qu'on commençait à tirer de la doctrine du maître. Ses observations personnelles se portent principalement, par suite d'une disposition innée, sur les côtés tristes de la destinée humaine. « La vie, disait-il à Wieland, est un dur problème à résoudre ; j'ai consacré la mienne à y réfléchir. » Ses réflexions se coordonnent à la lecture de Kant et de Platon. Il

---

[1]. Le portrait de Schopenhauer qui a été le plus souven reproduit est celui d'Angilbert Gœbel ; il a été fait en 1859. Schopenhauer, alors âgé de soixante et onze ans, le trouvait « ressemblant, très bon, mais sans aucune idéalité ». Les traits sont devenus durs, le front s'est dégarni, la bouche s'est élargie par la chute des dents, mais le regard a gardé tout son feu. C'est ce portrait qui semble avoir servi de modèle à celui de Lenbach, fait pour la Villa Wagner à Bayreuth. Lenbach y a mis « l'idéalité », mais il a noyé les traits dans les tons neutres et affaibli l'expression. Le portrait de Gœbel est reproduit dans Gwinner (p. 582), celui de Lenbach dans Schemann (p. 510).

empruntera au premier sa théorie de la connaissance, en la modifiant dans les termes plutôt que dans le fond ; au second, sa vision sublime des Idées, dans lesquelles il trouvera l'inspiration et la règle de la poésie et des arts. Il composera ainsi un pessimisme d'une espèce particulière, qui n'abdiquera d'un côté que pour se reprendre de l'autre, et qui se relèvera du spectacle déprimant de la réalité par la contemplation idéale.

VI

LA THÈSE DE DOCTORAT

SCHOPENHAUER avait reçu une éducation cosmopolite. « L'Allemagne, dit-il dans un de ses aphorismes, n'a pas élevé en moi un patriote. » Il n'avait eu pour patrie que deux villes libres, qui l'une et l'autre avaient perdu leur liberté. Aussi s'était-il habitué à considérer les événements avec une indifférence philosophique : c'était un des rares points sur lesquels il s'entendait avec son grand ennemi Hegel. Celui-ci n'avait vu dans la campagne d'Iéna que le triomphe d'une civilisation supérieure et d'un courage trempé par la Révolution, et il n'avait songé qu'à livrer de son côté sa première bataille philosophique, qui était *la Phénoménologie de l'esprit*. Schopenhauer, en 1813, pendant que Napoléon disputait pour la dernière fois la Saxe aux souverains et aux peuples alliés, fit quelque chose de plus que Hegel : il acheta un beau sabre, dont il fit présent à un étudiant pauvre, et il prit part à la collecte pour les volontaires. Puis il chercha une retraite où il pût méditer à son aise sur *la Quadruple Racine du principe de la raison suffisante* : c'était le titre de sa thèse de doctorat [1]. Il prit le chemin de Dresde, fut mêlé aux

---

[1]. *Ueber die vierfache Wurzel des Satzes vom zureichenden Grunde.*

mouvements des troupes allemandes et françaises, servit même quelque temps d'interprète, et s'arrêta enfin dans la petite ville de Rudolstadt, où il passa tout l'été. Son travail terminé, il l'envoya à l'université d'Iéna, qui lui conféra par correspondance le titre de docteur : c'était une promotion *in absentia*. La lettre latine qu'il adressa au doyen débute par une longue période cicéronienne, où il dit : « Lorsqu'au commencement de cet été le bruit de la guerre chassa les Muses de l'université de Berlin, où j'étudiais la philosophie, comme le palais qui leur est consacré ne retentissait plus de la voix des maîtres, moi aussi, qui n'avais jamais servi que sous leurs enseignes, je m'éloignai avec elles, non seulement parce qu'un concours particulier de circonstances avait fait de moi un étranger partout, mais parce que j'étais profondément convaincu que ma destinée m'appelait à servir l'humanité plutôt par la tête que par le bras et que ma patrie était plus grande que l'Allemagne. »

Le *principe de la raison suffisante*, dont Schopenhauer faisait l'objet de son premier travail, n'est, au fond, que la règle la plus générale de la construction philosophique. Appliqué au monde extérieur, il se confond avec le *principe de la causalité*. Aucun fait ne se produit dans le monde, sans qu'il y ait une raison suffisante pour qu'il se produise, et c'est en recherchant cette raison que l'on arrive à comprendre le fait. Et, dans la sphère de nos connaissances théoriques, aucune affirmation n'est légitime que si elle contient en elle-même plus de chances de vérité que l'affirmation contraire. C'est un principe aussi ancien que la philosophie, dont les Grecs et les Latins ont déjà usé, tout en l'exprimant diversement, et qui a été repris par les dialecticiens du moyen âge. Leibnitz et Wolf le formulèrent d'abord avec précision. « Nos raisonnements, dit Leibnitz, sont fondés sur deux grands principes : celui *de la contradiction*, en vertu duquel nous jugeons faux ce qui en enveloppe, et vrai ce qui est opposé ou contradictoire ou faux ; et celui *de la raison suffisante*, en vertu duquel nous considérons qu'aucun fait ne saurait se trouver vrai ou existant, aucune énonciation véritable, sans qu'il y ait une raison suffisante pour qu'il en soit ainsi et non pas autrement [1]. » Au premier principe, Leibnitz ramène les vérités nécessaires et absolues ; au second, les vérités contingentes, qui dépendent d'autres vérités. Sur le premier, il fonde les sciences exactes ; sur le second, les sciences morales et philosophiques.

Le principe de la raison suffisante ne sert pas seulement à fonder les propositions philosophiques, mais encore à les relier entre elles, et, à ce point de vue, il se confond avec le *principe de la continuité*. « Car, dit Schopenhauer, on entend par science un système de connaissances, c'est-à-dire un ensemble composé de connaissances qui s'enchaînent les unes aux autres, par opposition à un simple agrégat. Ce qui distingue précisément toute science d'un simple agrégat, c'est que chaque connaissance y dérive d'une connaissance antérieure comme de son principe. » Et il cite, à ce propos, une parole de Platon : « Les opinions vraies sont chose belle et avantageuse, tant qu'elles demeurent. Mais elles ne consentent guère à demeurer longtemps, et elles s'échappent de l'esprit de l'homme : en sorte qu'elles ne sont d'un grand prix que si on les lie par un raisonnement allant de la cause à l'effet. Les opinions ainsi liées deviennent science [2]. »

---

1. *Monadologie*, 31, 32.
2. *Ménon ou de la Vertu*.

Schopenhauer, par une métaphore plus poétique que philosophique, donne au principe de la raison suffisante une quadruple racine, c'est-à-dire qu'il le ramène à quatre lois, ou qu'il l'applique à quatre séries de faits. A la loi de causalité, ou au *principe du devenir*, ayant pour objet les changements qui se produisent dans le temps et qui se déterminent l'un l'autre, se rattache la loi de motivation ou le *principe de la raison suffisante d'agir*, qui explique toute la série des actes réfléchis, accomplis avec la claire conscience d'un but poursuivi et des moyens employés pour l'atteindre. La *cause*, dans le sens restreint du mot, produit les changements dans le règne inorganique, les effets qu'étudient la mécanique, la physique, la chimie [1]. Un degré plus élevé de causalité, c'est *l'irritabilité*, qui régit la vie des plantes et la partie végétative, par conséquent inconsciente, de la vie animale. Le *motif* dirige la vie animale propre, c'est-à-dire les actes procédant d'une intelligence plus ou moins développée. Schopenhauer définit l'animal : *ce qui connaît*; c'est la seule définition qui lui semble assez générale pour être à l'abri de toutes les objections. Ce qui distingue l'homme parmi les animaux, c'est la raison, c'est-à-dire la faculté de l'abstraction, qui amène avec elle le don du langage.

A la loi de causalité et à celle de motivation s'oppose la simple loi de succession dans le temps ou de juxtaposition dans l'espace, ou *la raison suffisante d'être*. Chaque instant de la durée a pour condition un autre

---

1. La cause, selon Schopenhauer, ne produit pas seulement un changement, elle est elle-même un changement. La série des causes est indéfinie. C'est par une supposition gratuite qu'on l'arrête à une cause suprême, qui n'aurait elle-même aucune cause. Schopenhauer se montre le disciple de Kant, en affirmant que Dieu ne se *démontre* pas.

instant qui s'est écoulé avant lui ; chaque nombre suppose la série des nombres qui le précèdent. Mais il n'y a, entre ces instants et ces nombres, aucun rapport de causalité. De même, les figures qui remplissent l'espace se limitent l'une l'autre, mais aucune n'agit sur l'autre à la manière d'une cause. « Quand je demande : Pourquoi, dans ce triangle, les trois côtés sont-ils égaux ? la réponse est : Parce que les trois angles le sont. L'égalité des angles est-elle la cause de l'égalité des côtés ? Non, car il ne s'agit ici d'aucun changement, par conséquent d'aucun effet produit par une cause. » Les rapports entre les nombres et les figures tiennent à leur essence même, et sont d'autant plus clairs et infaillibles. Les sciences qui reposent sur ces rapports sont l'arithmétique et la géométrie. Ainsi s'explique la marche droite et sûre de ces sciences ; elles n'enveloppent aucun mystère [1].

S'il fallait ranger dans un ordre systématique ces principes et les sciences qui trouvent en eux leur fondement, on mettrait en tête le plus simple, le principe d'être, dans son application au temps et à l'espace ; ensuite le principe du devenir, ou la loi de causalité ; puis le principe de la motivation, ou la raison d'agir ; et tout à la fin le *principe de la connaissance*, qui suppose et embrasse les précédents.

Connaître, c'est se donner une représentation des choses. « Outre les représentations sensibles, que l'homme partage avec les animaux, il peut loger encore dans son cerveau, que pour cela surtout il a d'un volume supérieur, des représentations abstraites, c'est-à-dire

---

1. Schopenhauer, en parlant de la géométrie (§ 39), donne des exemples de démonstrations directes, fondées sur la *raison d'être*, et qu'il oppose aux démonstrations par la réduction à l'absurde, fondées sur le principe de la contradiction.

déduites des précédentes. On a nommé ces représentations des *concepts*, parce que chacune d'elles comprend en elle, ou plutôt sous elle, d'innombrables individus dont elle est la *conception collective* [1]. On peut aussi les définir *des représentations extraites de représentations*. Pour les former, notre faculté d'abstraction décompose les représentations complètes, c'est-à-dire sensibles, en leurs éléments, afin de pouvoir considérer ceux-ci séparément par la pensée, comme les différentes propriétés ou les différents rapports des choses. Mais, par cette opération, les représentations perdent forcément ce qui les rendait perceptibles aux sens, de même que l'eau, décomposée en ses éléments, perd sa fluidité et son apparence visible. Car toute propriété ainsi séparée ou abstraite peut bien être pensée pour elle-même, mais non perçue pour elle-même. En général, pour former un concept, on abandonne un grand nombre des éléments dont se compose une perception, afin de penser séparément les éléments qui restent... Plus on s'élève dans l'abstraction, plus on abandonne d'éléments, et par conséquent moins il en reste pour la pensée. Les concepts les plus élevés, les plus généraux, sont les plus vides et les plus pauvres ; ce ne sont plus à la fin que des enveloppes sans consistance, comme l'être, l'essence, la chose, le devenir. Et, pour le dire en passant, à quoi peuvent servir des systèmes philosophiques qui composent leur fragile tissu avec des notions de ce genre, et dont toute la substance est dans ces futiles enveloppes d'idées ? Ces systèmes ne peuvent être qu'infiniment vides et pauvres, et ennuyeux à suffoquer [2]. »

1. Concept, *Begriff*; conception, *Inbegriff*.
2. § 26.

Schopenhauer poursuit de ses incessantes épigrammes l'idéalisme absolu et le panthéisme. Mais, fidèle à son maître Kant, il s'oppose non moins énergiquement au matérialisme pur. La connaissance, même sensible, est, pour lui, avant tout, l'œuvre de l'intelligence, à laquelle les sens ne font que servir d'instruments. « Il faut que l'entendement crée d'abord lui-même le monde objectif. Ce n'est pas le monde qui entre [1] tout fait dans notre tête par la porte des sens et par les ouvertures de leurs organes. Les sens ne fournissent rien de plus que la matière brute, que l'entendement transforme d'abord, au moyen des formes simples de l'espace, du temps et de la causalité, en perception objective d'un monde matériel réglé par des lois. Par suite, notre perception journalière, notre perception empirique, est une perception intellectuelle [2]. »

Kant aurait pu signer ce passage. La doctrine du premier ouvrage de Schopenhauer n'était, en somme, malgré quelques réserves de détail, que le pur kantisme; et ce fut peut-être une des causes de son peu de succès. Johanna Schopenhauer fut la première à se divertir de *la Quadruple Racine* de son fils. « C'est sans doute quelque chose pour les pharmaciens », disait-elle. Mais le titre n'aurait pas suffi pour éloigner les lecteurs ; l'ouvrage contenait en lui-même des causes d'insuccès. Après que Fichte et Schelling avaient déjà formulé leurs systèmes, quand Hegel avait déjà publié sa *Phénoménologie* et commencé la publication de la *Logique*, la théorie de la connaissance de Schopenhauer pouvait paraître un kantisme arriéré. Lui-même, du reste, ignorait de parti pris tout le mouvement philosophique qui s'était accompli

---

1. *Hineinspaziert.*
2. § 21.

depuis Kant. Il ne se donnait même pas la peine de réfuter sérieusement ni Fichte, ni Schelling, ni Hegel ; il se contentait de ne pas les lire. Un mois après la soutenance de sa thèse, il écrivait au libraire Frommann à Iéna : « En vous envoyant un exemplaire de ma dissertation, je vous retourne en même temps la *Logique* de Hegel ; je ne l'aurais pas gardée si longtemps, si je n'avais su que vous la lisez aussi peu que moi [1]. »

La première édition ne se vendit pas. En 1847, Schopenhauer en fit une nouvelle, fortement remaniée, la seule qui soit restée dans le recueil de ses œuvres complètes. Il disait dans la préface : « J'ai corrigé, autant que faire se pouvait, le présent travail de ma jeunesse, et, vu la brièveté et l'incertitude de la vie, je dois m'estimer particulièrement heureux qu'il m'ait été donné de reviser dans ma soixantième année ce que j'avais écrit dans ma vingt-sixième. J'ai voulu néanmoins être très indulgent pour mon jeune homme et, autant que possible, lui laisser la parole et même lui laisser tout dire. Cependant, quand il avance quelque chose d'inexact ou de superflu, ou bien encore quand il omet ce qu'il y avait de meilleur à dire, j'ai bien été obligé de lui couper la parole, et cela est arrivé assez fréquemment ; tellement que plus d'un lecteur éprouvera le même sentiment que si un vieillard lisait à haute voix le livre d'un jeune homme, en s'interrompant souvent pour émettre ses propres considérations sur le sujet... Certes, il y a loin du ton doux et modeste du jeune homme qui expose ses idées avec confiance, étant assez simple pour croire très sérieusement que tous ceux qui s'occupent de philosophie ne poursuivent que la vérité, et qu'en conséquence qui-

1. Schemann, *Schopenhauer-Briefe*.

conque travaille à faire progresser celle-ci ne peut qu'être le bienvenu auprès d'eux ; il y a loin, dis-je, de ce ton à la voix décidée, mais parfois aussi quelque peu rude, du vieillard qui a bien dû finir par comprendre dans quelle noble compagnie de chevaliers d'industrie et de plats courtisans il s'est fourvoyé [1]. »

On aurait souhaité que le vieillard, aigri par un injuste oubli, interrompît moins souvent le jeune homme, qui pourtant, lui aussi, n'était pas si simple ni si confiant. En tout cas, ce n'est pas le jeune homme qui, au cours d'une dissertation académique, aurait enveloppé dans un même mépris et Fichte [2] et Schleiermacher et Schelling et Herbart, et Hegel, « l'écrivailleur d'absurdités, le détraqueur de cervelles ». Il est permis de ne pas lire un écrivain, quand il est illisible ; il n'est pas permis de l'accabler d'invectives, quand on ne l'a pas lu.

1. Traduction de J.-A. Cantacuzène, Paris, 1882.
2. La *Doctrine de la science* (*Wissenschaftslehre*) de Fichte est appelée par Schopenhauer *Wissenschaftsleere* (*le Vide de science*).

VII

SCHOPENHAUER ET GŒTHE

La *Quadruple Racine* trouva cependant quelques juges bienveillants. Schulze-Énésidème, dans une lettre à l'auteur, et ensuite dans un article des *Annonces littéraires de Gœttingue*, loua la sagacité du philosophe et le talent de l'écrivain. Un éloge qui fut plus sensible encore à Schopenhauer, ce fut celui de Gœthe. Il aimait à raconter, dans sa vieillesse, que, le 6 novembre 1813, lorsqu'il reparut dans le salon de sa mère, « le grand homme se leva soudain et, se frayant un chemin à travers un groupe d'assistants, s'avança vers le docteur Schopenhauer, lui serra les mains et le félicita hautement [1] ». Il s'ensuivit une conversation, dont le principal objet fut la théorie des couleurs, qui était alors la grande occupation de Gœthe. Le Journal de Gœthe mentionne encore plusieurs entretiens qu'il eut avec Schopenhauer dans le courant du mois, et, le 24, il écrivit à Knebel : « J'ai trouvé dans le jeune Schopenhauer un homme remarquable et intéressant.

---

1. D. Ascher, *Ein Besuch bei Arthur Schopenhauer*, dans les *Unterhaltungen am häuslichen Herd* de Gutzkow, 1854, III. — On sait par Frauenstædt qu'un des détails du livre qui intéressaient particulièrement Gœthe, c'étaient les démonstrations directes que Schopenhauer donnait de certains théorèmes de géométrie, et qu'il opposait aux démonstrations ordinaires par la réduction à l'absurde. (Voir une lettre du 10 juin 1852.)

Il a juré de tenir en échec tous nos philosophes actuels. Il faudra voir si ces messieurs voudront l'admettre dans leur corporation. Pour moi, je lui trouve de l'esprit ; le reste ne me regarde pas. »

Gœthe, alors, était tout Weimar. Herder et Schiller étaient morts. Wieland ne faisait plus que traduire, et il était devenu très bourgeois : les qualités légères de l'esprit durent moins que les autres, elles s'évaporent lentement avec la jeunesse. Non seulement Gœthe représentait alors à lui seul toute l'ancienne école, mais il avait mis son empreinte sur toute la société mondaine. Jouir noblement et délicatement de la vie, se développer en tous sens, se sentir croître et mûrir, soit par ce qu'on tirait de soi-même, soit par ce qu'on empruntait aux autres, goûter les œuvres du génie, les voir naître à côté de soi, se produire soi-même à l'occasion dans quelque entreprise poétique, enfin donner au monde extérieur ce degré d'attention qui occupe l'esprit sans troubler l'âme, telle était la règle universelle. Les femmes surtout se modelaient sur le grand homme ; elles l'attiraient chez elles, lui faisaient un auditoire ; elles tâchaient aussi de reproduire en petit cet idéal de curiosité artistique et d'équilibre intellectuel auquel il avait donné une si haute et si complète expression dans sa personne. Les lettres de Johanna Schopenhauer abondent en tirades morales qu'on dirait tombées de la bouche de Gœthe.

Cependant, pour un écrivain qui commençait à prendre conscience de sa personnalité, Weimar était déjà un passé. « Pendant tout cet hiver (1813-1814), dit Schopenhauer, le grand homme m'appelait souvent auprès de lui, et nos conversations ne se bornaient pas à la théorie des couleurs ; elles portaient sur les questions les plus variées de la philosophie et duraient souvent de longues heures [1]. » Mais ils s'aperçurent bientôt que, même sur la théorie des couleurs, leur point de vue n'était pas le même. Schopenhauer, disciple de Kant, était pénétré d'idéalisme transcendental ; il rapportait tout au monde intérieur ; il cherchait la couleur dans la sensation colorée, produite au fond de l'œil. Gœthe, au contraire, sans être matérialiste, était ce qu'on a appelé d'après lui un esprit objectif ; il s'identifiait par la pensée avec le fait extérieur ; il le considérait avec la satisfaction de l'artiste, il l'analysait avec la patience du savant, et il se plaisait surtout à le décrire. Un échange d'idées entre ces deux hommes ne pouvait être qu'intéressant pour l'un et pour l'autre, et devait surtout profiter au plus jeune. Mais déjà celui-ci jugeait, en même temps qu'il s'instruisait, et il faisait ses réserves. Au cours même de leurs entretiens, Gœthe avait des mouvements de dépit, qui ne duraient pas, mais que, selon son habitude de tout généraliser, il fixait dans de courtes sentences. Un jour, au mois de janvier 1814, il écrivait :

« On voudrait bien nourrir quelque bonne pensée, — si l'on pouvait la transfuser dans un autre sang pareil. — Mais ta bonne pensée, coulée dans une veine étrangère, — se mettra en dispute avec toi-même.

« Volontiers je m'imposerais encore la charge du maître, — si les élèves ne devenaient pas des maîtres du premier coup [2]. »

L'école de Weimar ne compte qu'une seule génération d'écrivains. Si, au premier groupe très éclatant, celui de Wieland, de Gœthe, de Herder, de Schiller, un second groupe avait succédé, renouvelant sans les alté-

---

1. *Vitæ curriculum*, 1819.
2. *Epigrammatisch* : *Lähmung*, dans les poésies de Gœthe.

rer les traditions du premier, Schopenhauer aurait peut-être figuré dans ce renouveau littéraire. Ne se trouvant pas complètement à l'unisson avec son entourage, il fit ce qu'avaient fait les romantiques : il chercha des relations nouvelles, sans rompre tout à fait les anciennes.

Il avait d'autres raisons, toutes personnelles, pour ne pas prolonger son séjour à Weimar. Il s'entendait de moins en moins avec sa mère, et, dans ce conflit qu'on s'est trop souvent borné à mettre sur le compte de son pessimisme, les plus grands torts ne paraissent pas avoir été de son côté. Au reste, Johanna Schopenhauer, en détruisant les lettres de son fils, a donné de fortes présomptions contre elle : on ne supprime pas les pièces d'un procès, lorsqu'on ne se sent pas coupable.

Il ressort de toute la correspondance de Johanna Schopenhauer qu'elle n'a jamais aimé son mari. Arthur, au contraire, quoiqu'il ait été méconnu par son père, lui a toujours gardé une vénération profonde; il trouvait en lui quelques-unes des vertus qu'il prisait le plus, la personnalité du jugement, la franchise de la parole, l'esprit de droiture et d'indépendance. Il devait lui en coûter d'entendre sans cesse dire à sa mère qu'elle avait perdu sa jeunesse, qu'elle n'avait été heureuse que depuis son arrivée à Weimar. Ne se montrait-elle pas ingrate envers l'homme qui lui avait donné sinon la richesse, du moins une aisance très suffisante pour satisfaire ses goûts littéraires et artistiques ? Au reste, la mère pas plus que le père ne se doutait de la valeur intellectuelle d'Arthur, et Johanna Schopenhauer aurait été fort étonnée si l'on avait osé comparer le moindre de ses romans aux productions philosophiques de son fils. Elle avait pris, en arrivant à Weimar, une maison sur l'Esplanade, à côté du théâtre, et elle y avait apporté le confort de la grande ville commerciale de Hambourg ; elle s'aperçut même plus tard que ce confort passait ses ressources. Riemer, le familier de Gœthe, écrit, dans une lettre au libraire Frommann, du 29 novembre 1806 : « L'étage inférieur, formé de trois pièces communicantes, est meublé avec beaucoup d'élégance et de goût. De chauds tapis couvrent le parquet, des rideaux de soie garnissent les fenêtres, de grandes glaces occupent les panneaux, et l'on voit partout des meubles en acajou. Cela frappe d'autant plus, qu'on trouve ici peu d'ameublements élégants et à la mode. On entre par la pièce du milieu ; le thé est servi à droite ; à gauche et au milieu se tiennent les hommes ; les dames sont réunies autour de la table à thé. On se communique les nouvelles, on parle politique et littérature, on joue du clavecin, on chante. On arrive à six heures, et l'on se retire à huit [1]. »

La maison était un nid de bas-bleus ; elle appartenait à la veuve du conseiller aulique Ludécus. La conseillère Ludécus se mêlait aussi d'écrire ; elle avait fait deux volumes sur le sujet de *Louise ou les suites fâcheuses de la légèreté,* et Kotzebue avait accompagné le roman d'une préface. Mais ce que tout le monde reconnaissait à Johanna Schopenhauer, c'était l'esprit de conversation. Un des hommes qui lui sont le moins favorables, le jurisconsulte Anselme de Feuerbach, le père du philosophe, trace d'elle ce portrait : « La conseillère Schopenhauer : veuve riche ; fait profession de science ; femme auteur ; parle beaucoup et bien ; intelligente ; sans cœur ni âme ; suffisante, avide de succès, et se souriant à elle-même. Dieu nous préserve des femmes qui n'ont poussé qu'en intelligence ! Le siège de la belle culture féminine n'est

---

1. Lettre citée par Düntzer (*Gœthes Beziehung zu Johanna Schopenhauer und ihren Kindern,* dans *Abhandlungen zu Gœthes Leben und Werken,* au 1ᵉʳ vol.).

autre que le cœur de la femme. Et la petite oie, sa fille, dit : « J'ai un talent tout particulier pour la peinture « de fleurs [1]. » Schopenhauer, à qui Frauenstædt communiqua ce passage dans une lettre, répondit : « Ce n'est que trop bien caractérisé, et, Dieu me le pardonne ! j'ai bien ri. Cependant ma sœur peignait réellement très bien les fleurs et de petites figures [2]. » Adèle Schopenhauer, en 1814, avait dix-sept ans ; c'était une personne grande et mince, avec des épaules tombantes et des yeux bleus à fleur de tête ; elle conçut une passion malheureuse pour un ancien condisciple de son frère, Frédéric Osann, plus tard professeur à Iéna et à Giessen, et finit par rester fille.

Les mœurs de Weimar n'étaient ni légères ni sévères, mais il était entendu que chacun y vivrait à sa guise. La modicité des revenus, même chez les grands seigneurs, était une garantie contre les excès. Les habitudes étaient, en général, très simples, et l'on pratiquait très bourgeoisement toutes les libertés sociales. Johanna Schopenhauer, tout en ayant déjà une grande fille, était encore d'âge à rattraper en partie ce qu'elle appelait sa jeunesse perdue. Le 23 mars 1807, elle écrivait à son fils : « Je ne manque pas d'adorateurs, mais ne t'en inquiète pas. Un négociant de Francfort, riche, comme je le crois, qui a passé ici quelques semaines pour une affaire d'héritage, a très sérieusement demandé ma main, et, tout aussi sérieusement, je l'ai renvoyé chez lui. Il y a ensuite un chambellan de la grande-duchesse, qui voudrait bien m'anoblir, un parfait imbécile, mais qui a eu une femme spirituelle, et qui en cherche une autre pareille ; tout le monde sait qu'il m'adore, mais

---

1. *Anselm Ritter von Feuerbachs Leben aus Tagebüchern*, Leipzig, 1852.
2. Lettre du 12 juillet 1852.

je ne peux pas le refuser, parce qu'il l'a dit à tout le monde excepté à moi ; il nous divertit beaucoup avec son bel uniforme, son grand panache et sa clef d'or [1]. » Voulant garder sa liberté, elle s'en tint à son *sigisbée*, comme elle l'appelait, le conseiller Conta, qui demeurait dans la même maison qu'elle, mais qui fut bientôt envoyé en mission diplomatique. « Quand je voulais sortir, j'avais son bras. Quand je voulais jouer aux échecs, il jouait ; et quand je voulais qu'on me fît la lecture, il lisait. Quand je voulais entendre de la musique, il chantait en s'accompagnant de la guitare ; et quand je voulais jouer à quatre mains, il se mettait au piano. Quand je voulais peindre, il posait ; et quand je voulais être seule, il s'en allait. Je ne trouverai plus jamais un sigisbée comme lui [2]. » Le départ de Conta lui laissa un vide, qui fut quelque temps rempli par Fernow ; mais Fernow mourut au mois de décembre 1808.

Lorsque Schopenhauer, au mois de mai 1813, passa par Weimar pour se rendre à Rudolstadt, il trouva un fade bel esprit installé dans la maison de sa mère et à sa table. C'était Frédéric Müller, dit de Gerstenbergk, attaché, avec le titre de conseiller de gouvernement, aux archives secrètes de Weimar. Il était fils d'un conseiller de justice du duché de Saxe-Altenbourg, et avait alors trente-trois ans ; il avait été adopté et anobli par un oncle maternel. C'était un de ces hommes qui s'insinuent dans la familiarité des écrivains, colportent les petites nouvelles littéraires, dépensent la moitié de leur esprit dans les salons et l'autre moitié dans les gazettes. Johanna Schopenhauer a inséré des poésies de lui dans son premier roman, *Gabrielle*, qu'elle publia

---

1. Schemann, *Schopenhauer-Briefe*.
2. Düntzer, ouvrage cité.

en 1819. Il se disait l'ami de Gœthe, qui ne le cite nulle part, ni dans son Journal, ni dans sa correspondance [1]. Schopenhauer, ne devant rester alors que peu de temps à Weimar, supporta sa présence. Mais lorsqu'il revint, au mois de novembre, et qu'il retrouva l'étranger en face de lui, lui qui n'avait pas l'habitude de céder le pas à un autre et qui n'avait jamais cessé de se considérer comme « le représentant moral » de son père, il éprouva quelque chose de ce que Hamlet exprime dans la scène terrible où il dit à sa mère : « Voyez cet homme, et puis celui-là... Avez-vous des yeux ? Quel est le démon qui vous a dupée ainsi ? » Il y eut des scènes violentes. Bientôt on ne correspondit plus que par lettres d'un étage à l'autre. C'était la mère qui l'avait voulu ainsi. Au mois d'avril 1814, elle écrivait: « Depuis notre dernier et fâcheux entretien, j'ai résolu que nous ne traiterions plus verbalement aucune affaire agréable ou désagréable, parce que ma santé en souffre. » Une autre lettre du même mois, très longue, une réponse à une lettre perdue d'Arthur, montre que celui-ci l'avait mise en demeure de choisir entre Müller et lui. Johanna Schopenhauer dit à la fin : « Je ne comprends pas pourquoi notre lien de famille serait brisé. Que l'occasion vienne, et tu trouveras encore de la sympathie auprès de moi et auprès d'Adèle. Mais si je consentais à te sacrifier mon ami, j'agirais mal envers lui et envers moi. Tu m'as dit justement, en d'autres circonstances : « Toi et moi nous sommes deux. » Et il faut qu'il en soit ainsi. Cela suffit. J'ai fait en sorte que vous ne vous rencontriez jamais, voyant qu'il est

---

1. L'historien Gœdeke, par une étrange erreur, le confond avec le chancelier Frédéric de Müller, auteur d'ouvrages intéressants sur Gœthe, et dont on a publié, après sa mort, des *Conversations avec Gœthe*, Stuttgart, 1870.

impossible que vous vous rendiez justice. Moi, je vous connais l'un et l'autre ; chacun m'est cher à sa manière ; aucun, dans mon esprit, ne porte préjudice à l'autre ; je ne sacrifierai aucun des deux à l'autre. Je savais, avant de connaître Müller, que toi et moi nous ne pourrions jamais vivre ensemble à la longue ; je sais aussi que toi-même tu ne l'as jamais désiré : pourquoi donc m'arracherais-je à un ami qui m'est fidèle et secourable, qui me rend l'existence agréable, et dont beaucoup de gens dignes d'estime reconnaissent, comme moi, les bonnes qualités ? Uniquement parce que, dans un emportement de colère, dans la surexcitation de l'amour-propre, il s'est mal comporté envers toi, qui, du reste, n'étais pas aimable envers lui ? Je mets cela sur le compte de l'antipathie naturelle qui existe entre vous et contre laquelle vous-mêmes vous ne pouvez rien. En agissant autrement, je serais injuste envers lui et moi. Laisse-le où il est, il ne te fait point de tort. Sois bon, doux, sympathique envers moi et envers Adèle, ne t'érige pas toujours en juge vis-à-vis de nous, et tu verras si nous t'aimons. Ne me réponds pas, c'est inutile. Quand tu auras décidé ton départ, dis-le-moi, mais ne te presse pas : je n'ai pas besoin de le savoir longtemps à l'avance [1]. »

Arthur Schopenhauer quitta Weimar, le mois suivant, pour se rendre à Dresde. Quatre ans après, Johanna fit, avec Müller et Adèle, un séjour aux eaux de Bade. En 1829, ayant à chercher un climat favorable pour la santé de sa fille, elle se décida pour Bonn. La même année, Müller fut nommé chancelier à Eisenach. En 1837, cédant, dit-elle, aux instances du duc de Saxe-Weimar, Johanna Schopenhauer revint dans le pays de

---

1. Gwinner, *Schopenhauers Leben.*

son premier choix ; elle mourut à Iéna, le 17 avril de l'année suivante. La mère et le fils, depuis leur séparation à Weimar en 1814, ne se revirent jamais.

Le meilleur de ce que Schopenhauer apportait de Weimar à Dresde, c'étaient le souvenir de ses entretiens avec Gœthe et les éléments de sa philosophie qui se coordonnaient dans sa tête. Il écrivit d'abord son traité *De la Vision et des Couleurs*. Le premier mot du titre indiquait le complément qu'il voulait donner à la théorie et la base psychologique sur laquelle il prétendait l'élever. « Les couleurs sont dans l'œil », ce principe devait se présenter désormais comme une vérité évidente. Au mois de juillet 1815, il envoya le manuscrit à Gœthe avec la prière « d'y mettre son enseigne », c'est-à-dire de s'inscrire sur le titre comme éditeur. Gœthe était alors à Francfort, cueillant les roses de son *Divan oriental-occidental* avec Marianne Villemer ; il demanda à Schopenhauer de lui laisser le manuscrit jusqu'à son retour à Weimar. Le 23 octobre, il répondit, louant la sincérité et l'originalité du travail, mais ajoutant : « Lorsque, faisant abstraction de votre personnalité, je cherche à m'approprier vos idées, je trouve bien des choses que, de mon point de vue déterminé, j'exprimerais de même. Mais ensuite, lorsque j'arrive aux points sur lesquels nous différons, je sens très vivement que je suis devenu étranger à ces études, et qu'il m'est difficile, et même impossible, de recevoir en moi une contradiction, soit pour m'y accommoder, soit pour la résoudre. »

Évidemment, il répugnait à Gœthe de reprendre, même avec un adversaire très déférent, une discussion qu'il considérait comme close, et qui ne pouvait que les confirmer chacun dans son point de vue. Schopenhauer insista, lui adressa une nouvelle lettre, très longue, mais dont le ton très personnel, quoique très respectueux, n'était pas fait pour le faire revenir sur sa détermination. Tantôt Schopenhauer insinuait que Gœthe, en prenant le travail de son disciple sous son patronage, « en tenant l'enfant sur les fonts de baptême », trouverait l'occasion de rectifier lui-même, de sa pleine initiative et avec la vraie conscience du savant, des erreurs que ses adversaires ne manqueraient pas tôt ou tard de lui reprocher; tantôt, avec une franchise un peu outrecuidante, il semblait faire de Gœthe un précurseur qui lui avait préparé les voies :

« Je sais avec une entière certitude que c'est moi qui ai donné la première théorie vraie de la couleur, la première aussi loin qu'on peut remonter dans l'histoire de la science ; je sais aussi que cette théorie sera un jour universellement admise et qu'elle sera enseignée aux enfants des écoles, que l'honneur de la découverte me revienne à moi ou à un autre qui l'aura faite de son côté ou qui me l'aura dérobée. Mais je sais non moins certainement que je n'aurais rien fait sans vos travaux antérieurs et plus considérables. Je crois que cette conviction ressort du ton général et de chaque ligne de mon ouvrage : je ne suis que votre champion... Votre théorie est une pyramide dont la mienne est le sommet ; la pyramide entière suppose le sommet, mais vous m'avez laissé le soin de le poser... Vous avez fait le siège en règle de la vieille forteresse ; tout homme expert la voit chanceler et sait qu'elle ne peut manquer de s'écrouler. Mais les invalides qui la gardent refusent de capituler, et braillent à tous les vents leur fade *Te Deum*. J'ai suivi vos tranchées et creusé une mine qui fera tout sauter d'un seul coup [1]... »

1. Schemann, ouvrage cité.

Gœthe, qui acceptait la critique, lorsqu'elle était sérieuse, pour ses ouvrages littéraires, supportait mal la contradiction quand il s'agissait de sa théorie des couleurs. Il croyait bien, du reste, malgré l'avis de Schopenhauer, avoir élevé sa pyramide jusqu'au sommet. Un jour, bien plus tard, Eckermann ayant risqué devant lui une objection sur un point de détail, il lui répondit : « Il se passe pour ma théorie des couleurs ce qui s'est passé pour la doctrine chrétienne. On croit quelque temps avoir des disciples fidèles, et, avant qu'on s'en doute, ils se séparent de vous et forment une secte. Vous êtes un hérétique, comme les autres ; car vous n'êtes pas le premier qui m'ait abandonné. Je me suis séparé des hommes les meilleurs, pour des divergences sur quelques points de ma théorie des couleurs. » Eckermann ajoute : « Il me cita des noms connus [1]. »

L'un de ces noms était sans doute celui de Schopenhauer. Gœthe lui renvoya son manuscrit, sur sa demande, le 23 janvier 1816, en l'accompagnant d'une lettre où il disait : « Tenez-moi au courant de vos occupations, auxquelles je ne manquerai jamais de m'intéresser. Je suis trop vieux pour m'approprier les manières de voir des autres ; mais j'aime bien m'instruire, historiquement et dans la mesure du possible, de ce qu'ils ont pensé et de ce qu'ils pensent encore. » Le traité de Schopenhauer parut quatre mois après, et, dès le 4 mai, Gœthe en recevait le premier exemplaire.

Plus tard, rédigeant ses *Annales*, et rappelant ses souvenirs de 1816, Gœthe disait : « Dans la discussion sur les couleurs, le docteur Schopenhauer se rangea de mon côté comme un ami bienveillant. Nous traitâmes différentes questions en commun, mais enfin nous

---

1. *Conversations* d'Eckermann, 19 février 1829.

ne pûmes empêcher certaines divergences. Ainsi deux amis peuvent marcher longtemps ensemble, en se donnant la main ; puis l'un se sent attiré vers le nord, l'autre vers le midi, et ils finissent par se perdre de vue. » Gœthe et Schopenhauer ne se perdirent pas tout à fait de vue. Schopenhauer ne cessa de glorifier le génie de Gœthe, en associant son nom aux plus grands noms de la littérature moderne, et Gœthe continua de suivre la carrière de son ami avec sa bienveillance accoutumée.

VIII

LA THÉORIE DES COULEURS

La couleur, la manifestation la plus expressive de la vie dans la nature, la couleur qui anime l'œil de l'homme, qui rayonne à la surface des plantes et des minéraux, et qui se joue en mille manières dans les espaces du ciel, est un des phénomènes qui ont attiré le plus anciennement l'attention des penseurs et des poètes. On voulait connaître sa nature propre, son rapport avec la lumière, son mode de transmission à la vue. Mais aussi longtemps que la science resta confondue avec la philosophie, l'observation scientifique ou prétendue telle ne consista guère qu'à recueillir et à comparer les impressions que l'homme recevait directement de la nature ; et ces impressions dépendaient nécessairement du caractère de l'observateur, de même que les conclusions qu'il en tirait tenaient à l'ensemble de son système. L'observation manquait de suite et même d'impartialité; elle était trop mêlée d'éléments subjectifs. Elle tournait dans un cercle, au lieu d'avancer en ligne droite et d'enregistrer un fait après l'autre, en l'analysant et en le contrôlant suivant les lois d'une expérimentation rigoureuse.

Aussi, dans les sciences physiques et en particulier dans la théorie des couleurs, depuis Aristote jusqu'à la fin du moyen âge, le progrès n'est guère sensible.

Aristote, qui a vu dans la nature tout ce qu'un homme peut y voir avec le seul secours des sens, semble même avoir pressenti certaines découvertes qui n'ont été possibles qu'avec les procédés d'expérimentation de la science moderne. Il assimile déjà la sensation de la couleur à un mouvement qui part de l'objet coloré et se communique à l'organe. « La couleur, dit-il, est ce qui met en mouvement *l'espace diaphane* [1]. » On pourrait traduire, en langage moderne : « La sensation de la couleur est due aux oscillations de l'éther. » Aristote ajoute que la couleur est « sur les choses visibles », sans s'expliquer davantage sur la nature de cette sorte de superposition. Ailleurs, se rencontrant avec Gœthe, il explique la production de la couleur par un mélange de clair et d'obscur : « ainsi le soleil, blanc par lui-même, paraît rouge, vu à travers un brouillard ou une fumée [2] ». De même, le père Kircher, dont Gœthe analyse l'ouvrage avec complaisance, et dont les idées ont en effet beaucoup de rapport avec les siennes, disait encore au dix-septième siècle : « Il est certain que, sur toute l'étendue de notre globe, il n'existe aucun corps tellement transparent qu'il ne s'y mêle quelque obscurité. Il s'ensuit que, s'il n'y avait au monde aucun corps obscur, ni aucune réflexion de la lumière, ni aucune réfraction par les milieux qu'elle traverse, nous ne verrions aucune couleur, excepté celle qui est inhérente à la lumière même. Mais si l'on enlève la couleur, on enlève du même coup toute vision des choses, car toute chose visible n'est vue que par le moyen de la surface colorée... La lumière et l'ombre concourent de telle sorte à l'ornement de ce monde,

---

1. *Traité de l'âme*, II, 7.
2. *De la sensation*, chap. III.

que, si l'un ou l'autre de ces éléments était supprimé, le monde ne pourrait plus être appelé Cosmos, et la merveilleuse beauté de la nature ne pourrait plus se représenter à notre vue. Tout ce qui est visible dans le monde ne l'est que par une lumière ombrée ou une ombre éclairée. La couleur est donc la propriété d'un corps obscurci, ou, comme disent quelques-uns, une lumière mêlée d'ombre, un produit de la lumière et des ténèbres [1]. » Ici le père Kircher parle en poète; ailleurs il parle en théologien, et il explique la production de la couleur par des fins téléologiques. Si la voûte du ciel nous apparaît bleue, cela tient, dit-il, à ce que la sage nature, pour empêcher que notre regard ne se perde dans les abîmes de l'immensité ténébreuse, a voulu limiter le champ de notre vue par une surface qui ne fût ni trop éclatante ni trop sombre; elle a choisi le bleu, couleur moyenne, faite d'un mélange de lumière et d'ombre, qui, sans fatiguer ni blesser notre œil, nous permet d'admirer à notre aise la splendeur des espaces célestes.

Descartes ne s'est occupé qu'accidentellement des couleurs, à propos de ses recherches sur l'arc-en-ciel. Gœthe lui reproche de manquer d'imagination, ou plutôt — à propos de ses tourbillons — de ne trouver que des symboles grossiers pour faire comprendre ce qui est incompréhensible. Descartes attribue aux globules ou aux *petites boules* qui, selon lui, constituent la lumière, outre leur mouvement rectiligne, un mouvement de rotation autour de leur axe; et c'est la différence de vitesse de cette rotation qui détermine, selon lui, la variété des couleurs [2]. Mais qu'est-ce qui

---

1. *Ars magna lucis et umbræ*, 2 vol., Rome, 1646; Préface.
2. *Les Météores*, discours huitième.

détermine la vitesse différente de cette rotation elle-même et le double mouvement des globules lumineux? Gœthe a raison de dire que le grand philosophe complique parfois inutilement les problèmes simples.

Malebranche simplifie la théorie de Descartes et lui donne en même temps une forme plus acceptable. Il remarque que la transmission de la lumière a de l'analogie avec celle du son. Il distingue, dans la lumière comme dans le son, une tonalité, qui est précisément la couleur, et une intensité, qui ne dépend que de la force de l'impression produite.

« Il est certain, dit-il, que les couleurs dépendent naturellement de l'ébranlement de l'organe de la vision. Or, cet ébranlement ne peut être que fort et faible, ou que prompt et lent. Mais l'expérience apprend que le plus et le moins de la force ou de la faiblesse de l'ébranlement du nerf optique ne change point l'espèce de la couleur, puisque le plus et le moins de jour, dont dépend le plus et le moins de cette force, ne fait point voir ordinairement les couleurs d'une espèce différente et tout opposée. Il est donc nécessaire de conclure que c'est le plus et le moins de promptitude dans les vibrations du nerf optique qui change les espèces des couleurs, et par conséquent que la cause de ces sensations vient primitivement des *vibrations plus ou moins promptes de la matière subtile* qui compriment la rétine.

« Ainsi il en est de la lumière et des diverses couleurs comme du son et des différents tons. La *grandeur* du son vient du plus et du moins de *force* des vibrations de l'air grossier, et la *diversité des tons* du plus et du moins de *promptitude* de ces mêmes vibrations, comme tout le monde en convient. La *force* ou l'éclat des couleurs vient donc aussi du plus et du moins de *force* des vibrations, non de l'air, mais de la matière subtile, et les *différentes espèces de couleurs* du plus et du moins de *promptitude* de ces mêmes vibrations. »

Malebranche ajoute : « Mais il faudrait voir sur cela les expériences qu'on trouvera dans l'excellent ouvrage de M. Newton [1]. »

La théorie de Newton est connue ; elle a été complétée après lui, et modifiée dans certains détails ; mais elle subsiste dans ses points principaux. La lumière n'est pas une, elle est multiple. Elle se compose de rayons diversement réfrangibles, et qui, selon leur degré de réfrangibilité, constituent la gamme des couleurs. Les rayons colorés se propagent par des oscillations de longueur et de vitesse différentes. La couleur la moins réfrangible, le rouge, est celle qui a les oscillations les plus longues et les plus lentes. Le violet, la couleur la plus réfrangible, a les oscillations les plus courtes et les plus rapides. Entre les deux extrêmes de l'échelle chromatique se placent, avec des longueurs et des vitesses d'onde proportionnelles, en partant du rouge, l'orangé, le jaune, le vert, le bleu et l'indigo. Les rayons qui se trouvent au delà de ces deux extrêmes ne sont plus perceptibles à notre œil. Les oscillations, en se communiquant à la rétine, produisent l'image colorée. Mais le phénomène de la vision est tout subjectif. La couleur n'est qu'une variété de la lumière, et ce que nous appelons lumière n'est autre chose que la sensation lumineuse que nous projetons, pour ainsi dire, au dehors de nous, et à laquelle nous attribuons une existence réelle.

Gœthe, au moment de formuler sa théorie, qui dans sa pensée devait renverser celle de Newton, n'avait

---

1. Voir : *Histoire de l'Académie royale des sciences*, année 1599 ; et Malebranche, *De la Recherche de la Vérité*, seizième éclaircissement.

contrôlé ni l'une ni l'autre par une expérimentation rigoureuse. Il avoue lui-même que jusqu'à ce moment son éducation scientifique avait été fort incomplète : « J'avais suivi à l'université, comme les autres élèves, le cours de physique, et j'avais assisté aux expériences. Mais je ne me souviens pas d'avoir jamais vu faire les expériences au moyen desquelles on prétendait démontrer la théorie newtonienne. On réservait d'ordinaire ces sortes d'expériences pour les jours où par hasard le soleil se montrait; elles étaient en dehors de l'enseignement courant [1]. » Un professeur de l'université d'Iéna lui avait prêté ses appareils : distrait par d'autres occupations, il différa de s'en servir, jusqu'au jour où ils lui furent redemandés. « Déjà, dit-il, j'avais retiré de dessous une table la caisse qui les contenait, pour la remettre au messager, quand l'idée me vint de regarder un instant à travers un prisme, ce que je n'avais jamais fait depuis ma première jeunesse. Je me souvenais bien que tout devait paraître diversement coloré ; mais comment, c'est ce que j'avais oublié. Je me trouvais dans une chambre entièrement blanchie. Je m'attendais, en portant le prisme devant mes yeux et me rappelant la théorie de Newton, à voir toute la paroi blanche présenter une série de teintes différentes, et la lumière renvoyée à mon œil se diviser en autant de rayons colorés. Mais quel fut mon étonnement, quand la paroi blanche vue à travers le prisme m'apparut aussi blanche qu'auparavant ! » Gœthe conclut aussitôt que la théorie de Newton était fausse, sans se demander si lui-même ne se trompait pas dans l'application qu'il en faisait. Il

---

1. *Confession de l'auteur*, à la fin de la *Partie historique* de la *Théorie des couleurs*.

oubliait que la paroi blanche ne produisait pas un spectre unique, mais une série de spectres dont la superposition reconstituait la lumière blanche.

Rien n'eût été plus facile à Gœthe que d'appeler sur ses recherches le contrôle d'un spécialiste. Mais, en poète qu'il était, il avait le dédain de l'appareil scientifique. Il pensait, comme il le dit quelque part, « que la nature n'a pas de secret qu'elle ne révèle à l'observateur attentif [1] ». Il ne voulait pas voir que la nature ne nous donne que le phénomène, ou plutôt la face extérieure du phénomène ; que le phénomène lui-même recèle des forces qui en sont la condition nécessaire, et qui peut-être à leur tour supposent d'autres forces ; que l'expérimentation scientifique n'est qu'une analyse, une simplification progressive, qui, par une série d'éliminations, cherche à atteindre la cause première dont le dernier effet seulement arrive à nos sens. « Pour le physicien, dit Helmholtz, un phénomène n'est pas complètement expliqué, aussi longtemps qu'on ne l'a pas ramené aux forces les plus reculées dont il est la manifestation sensible. Nous ne voyons jamais les forces, mais seulement leurs effets. Il faut donc, pour expliquer ces effets, c'est-à-dire les phénomènes, que nous quittions le domaine de la sensation pure. Le poète hésite à franchir ce pas. Dans ses créations artistiques, il produit du même coup et par une intuition immédiate le contenu idéal et la forme qui en est le vêtement ; il n'a recours à aucun intermédiaire. Son succès est même d'autant plus complet que l'intuition est plus vive et plus immédiate. Il s'imagine que c'est par le même procédé qu'on s'empare de la nature. Le physicien lui fait voir alors un monde d'atomes

---

1. *Annales*, 1790.

imperceptibles, de forces qui s'attirent et se repoussent, un labyrinthe qui paraît inextricable et qui pourtant est soumis à des lois. Pour le physicien, l'impression sensible n'offre aucune garantie absolue ; il se demande si ce que les sens lui donnent comme semblable ou dissemblable est réellement tel, et souvent sa réponse est négative [1]. »

C'est une idée et presque une fantaisie d'artiste qui sert de base à la théorie de Gœthe. Pendant son séjour à Rome, il conversa beaucoup avec les peintres, il assista à la composition de leurs tableaux, il chercha à se rendre compte de leurs procédés. Il remarqua que, pour tout ce qui tenait à l'invention, au groupement des figures, à la disposition des plans, leurs idées étaient très nettes. Mais pour la distribution des couleurs, chacun s'en rapportait à son goût personnel. « J'entendais bien parler d'un coloris chaud ou froid, de couleurs qui se font ressortir l'une l'autre, et d'autres choses pareilles ; mais, pour tout cela, on ne faisait que tourner dans un cercle, sans aucun principe net, aucun point de vue général... Enfin, pour ranimer la conversation et redonner quelque intérêt à une matière rebattue, j'eus recours au paradoxe. J'avais très vivement ressenti *l'impuissance du bleu* et sa parenté immédiate avec le noir. Je m'avisai donc de soutenir que le bleu n'était pas une couleur, et je recueillis une désapprobation unanime !... Que rien ne fût décidé par là, que tout tournât au contraire en plaisanterie, quoi de plus naturel ! Mais en même temps je ne manquais pas de considérer la splendeur des couleurs atmosphériques. La perspective aérienne m'offrait les gradations les plus nettes ; le bleu des horizons lointains, aussi bien que des ombres rapprochées, mit

---

1. *Ueber Gœthe's naturwissenschaftliche Arbeiten*, dans *Populäre wissenschaftliche Vorträge*, Brunswick, 1865.

frappait. Le ciel obscurci par le sirocco, les nuages empourprés par le soleil couchant, faisaient apparaître les plus belles ombres vert de mer ; et ces spectacles captivaient d'autant plus mon attention que, dans ma jeunesse, quand je travaillais au lever du jour, et que les premières lueurs du ciel se mêlaient à la lumière de ma bougie, j'avais déjà admiré le même phénomène. »

Le bleu parent du noir, le jaune et le rouge voisins du blanc, le bleu une ombre mêlée de lumière, le jaune et le rouge une lumière obscurcie ou troublée, ce sont des métaphores qui personnifient la sensation colorée, mais qui ne l'expliquent pas. C'est pourtant sur cette base que s'édifie la théorie de Gœthe. Les spectacles qui attirent de préférence son attention, tels qu'un soleil couchant, un ciel nuageux, un horizon lointain, sont ceux où un milieu trouble, plus ou moins transparent, s'interpose entre la source de lumière et l'œil de l'observateur. La lumière, en traversant ce milieu, subit des modifications, des obscurcissements, dont les degrés correspondent, selon Gœthe, à l'échelle des couleurs. Le milieu peut aussi être plus clair que la surface observée : dans ce cas, le fond obscur deviendra bleu ou violet.

« Le soleil, vu à travers un léger voile de vapeurs, se montre entouré d'une auréole jaunâtre. Souvent le disque central est encore d'un jaune éblouissant, quand déjà les bords se teignent en rouge. Par un brouillard sec, ou quand le sirocco souffle sur les régions méridionales, le soleil paraît d'un rouge rubis, avec tous les nuages qui, dans ce dernier cas, l'environnent, et qui alors reflètent cette couleur.

« Les lueurs rouges du matin et du soir n'ont pas d'autre cause. Le soleil s'annonce par une teinte rouge, en rayonnant à travers une masse épaisse de vapeurs. Plus il monte, plus l'éclat devient jaune et clair.

« Si l'obscurité de l'espace sans limites est vue à travers les couches atmosphériques éclairées par la lumière du jour, la couleur bleue apparaîtra. Observée des hautes montagnes pendant le jour, la teinte du ciel paraît d'un bleu intense, parce que l'espace sombre et sans limites n'est recouvert que de vapeurs fines et légères. Dès que l'on descend au fond des vallées, le bleu devient plus clair, jusqu'à ce qu'enfin, dans certaines régions, à mesure que les vapeurs s'épaississent, il passe au bleu blanchâtre [1]. »

Ainsi la couleur est tour à tour de la lumière obscurcie ou de l'ombre éclairée. Mais comment s'opère la transformation du rayon lumineux, passant par un milieu trouble, puisque, selon Gœthe, tous les rayons sont également réfrangibles, et qu'il ne fait nulle distinction entre leurs vitesses ? « Gœthe nous apprend bien, dit encore Helmholtz, que le milieu trouble communique à la lumière l'ombre nécessaire pour la formation de la couleur, mais il n'entre pas dans plus de détails pour nous expliquer comment il comprend cet effet. Il est impossible qu'il ait voulu dire que la lumière entraîne quelques particules des corps qu'elle traverse, et cependant, s'il avait eu l'intention de donner une explication physique, c'est la seule signification qu'on pourrait attribuer à ses paroles [2]. »

La théorie de Gœthe, méditée et approfondie durant des années, avait pris à ses yeux un tel caractère de certitude, qu'il ne croyait pas nécessaire de la justifier dans les détails. Il ne pouvait pas manquer cependant de l'appliquer aux couleurs prismatiques et de refaire pour son compte l'expérience qui formait la pierre

---

1. *Théorie des couleurs, Partie didactique*, 154, 155.
2. *Optique physiologique*, deuxième partie, § 19.

angulaire du système de Newton. Le prisme n'est, pour lui, qu'un milieu trouble ; il produit, par la réfraction, non pas une image, mais deux images superposées, l'une claire, l'autre obscure, semblables à l'image nette et aux images vagues que renvoient la face étamée et la face polie d'un miroir. Là où l'image claire empiète sur l'image obscure, se produit le bleu ; là, au contraire, où l'image obscure empiète sur l'image claire, c'est le jaune qui se produit. Mais, si les deux images sont également réfractées, comment peuvent-elles empiéter inégalement l'une sur l'autre ? Comment, surtout, des images qui n'ont aucune réalité objective peuvent-elles produire les effets physiques d'un milieu trouble ? C'est ce qui n'apparaît pas clairement dans l'exposition de Gœthe [1].

Il faut toujours se souvenir que Gœthe, primitivement, parle à des artistes, et non à des physiciens. Lui-même, il est vrai, ne s'en souvient pas toujours, notamment dans sa polémique contre Newton ; mais il le dit encore à la fin de sa *Partie didactique* : « Les besoins du peintre, qui ne trouvait aucun secours dans les théories antérieures, qui n'avait d'autre guide dans l'emploi des couleurs que son goût personnel et une tradition incertaine, dont la pratique ne reposait par conséquent sur aucune base théorique, ce sont ces besoins qui ont d'abord déterminé l'auteur à reprendre à nouveau le problème de la couleur. » Si Gœthe s'en était tenu à ce premier point de vue, son ouvrage serait inattaquable ; il aurait trouvé dans sa riche expérience une somme d'observations des plus suggestives et dont les artistes de son temps auraient pu profiter. Sa doctrine scientifique, où il croyait innover, n'était,

---

1. Voir la *Partie didactique*, §§ 220-230.

au fond, qu'un retour à d'anciens aperçus, qu'une expérimentation rigoureuse avait déjà condamnés comme insuffisants. Ce qui reste de son traité, c'est la partie psychologique et morale. Ce qu'il dit de l'influence du caractère, de l'âge, du sexe, du climat sur le sens des couleurs, et réciproquement de l'influence des couleurs sur les mouvements de l'âme, des impressions de joie ou de tristesse qu'elles excitent en nous, des teintes qui s'harmonisent ou qui se heurtent, soit dans l'agencement d'un tableau, soit dans la décoration d'un appartement, tout cela est d'un poète philosophe, habitué de longue date à interpréter la nature et à trouver un sens caché au moindre comme au plus grand de ses phénomènes. La doctrine de Gœthe est une sorte de symbolisme des couleurs, et, à ce titre, elle offre souvent un commentaire curieux de ses ouvrages littéraires.

Elle n'a pu s'introduire dans la science, n'étant pas scientifique. Mais, par la même raison, elle a séduit les philosophes, dans un temps où la philosophie se croyait supérieure à la science, où elle se croyait autorisée à trancher par le raisonnement abstrait des problèmes que la science n'entendait soumettre qu'à l'expérimentation, sauf à en ajourner la solution tant que l'expérimentation ne serait pas complète. Hegel, à la suite de Gœthe, qualifie la théorie de Newton d'absurde, d'erreur énorme. « Actuellement, dit-il, on se représente les couleurs de deux manières. D'après la première, qui est la nôtre, la lumière est simple. La seconde, qui fait de la lumière un composé, est contraire à toute notion ; c'est la métaphysique la plus grossière... La philosophie n'a jamais affaire à des composés. Son objet est la notion, l'unité dans la différence... La lumière est en dehors de la sphère des déterminations physiques. Le clair fixé sur un corps, c'est le blanc, qui n'est pas encore une couleur. L'obscur, matérialisé et spécifié, c'est le noir. Entre les deux extrêmes se place la couleur ; c'est la liaison entre la lumière et l'obscurité, et c'est cette liaison, spécifiée, qui donne seulement la couleur[1]. » Ainsi c'est la *notion*, une entité abstraite, qui détermine la solution d'un problème scientifique. Ne faut-il pas que la nature entre dans les compartiments que le philosophe lui présente? Au reste, la lumière, l'obscurité et la couleur, c'étaient l'affirmation, la négation et la conciliation, la thèse, l'antithèse et la synthèse, c'est-à-dire une de ces trilogies sur lesquelles Hegel édifiait son système, et qui se portaient l'une l'autre comme les arcs superposés d'une façade gothique.

Schopenhauer est, lui aussi, partisan convaincu de la théorie de Gœthe. Lorsqu'il republia et remania, en 1854, son traité *De la Vision et des Couleurs*, il écrivit dans la préface [2] : « Les occasions ne m'ont pas manqué, depuis quarante ans, pour vérifier ma théorie, et je n'ai jamais douté un seul instant de son absolue vérité. De même, la théorie de Gœthe me paraît encore aussi évidemment juste qu'à l'époque où il faisait devant moi ses expériences. Je puis donc admettre que l'esprit de vérité, qui dans des matières plus importantes a reposé sur moi, ne m'a pas abandonné dans ces questions d'ordre secondaire. Cela tient à ce qu'il est apparenté à l'esprit d'honnêteté, et qu'il fait

---

1. *Philosophie de la nature*, 2ᵉ section, § 320.
2. L'édition de 1854 était la troisième forme du traité ; la seconde était une traduction latine, que Schopenhauer avait faite, en 1830, sous le titre de *Theoria colorum physiologica eademque primaria*, pour la collection des *Scriptores ophthalmologici minores* de Justus Radius.

son choix de quelques têtes sûres, qui lui sont assez dévouées pour ne tenir compte ni des besoins ni des préventions du public, et pour proclamer la doctrine de Gœthe devant les disciples de Newton, aussi bien que la morale ascétique devant les protestants de nos jours, devant les juifs et les optimistes. » N'en déplaise à Schopenhauer, on peut avoir l'esprit d'honnêteté en soi et se tromper sur la nature des couleurs, surtout quand on ne l'a expérimentée qu'à demi. Lui-même en est une preuve, après Gœthe.

Schopenhauer n'entend ni justifier la théorie de Gœthe, — il l'admettait de prime abord comme évidente, — ni réfuter celle de Newton : Gœthe s'en était chargé. Il veut seulement compléter l'œuvre de Gœthe, faire un pas de plus dans l'explication du phénomène, chercher comment la sensation de la couleur naît dans l'organe de la vue, en d'autres termes, faire du fait objectif un fait subjectif. Gœthe, après avoir montré à sa manière comment le rayon lumineux se modifie par l'interposition d'un milieu trouble, s'arrête là. La couleur se manifeste : c'est, pour lui, le phénomène primitif (*das Urpähnomen*), qu'il suffit de constater, et qui s'explique par lui-même. « Chacun a les défauts de ses qualités, dit à ce propos Schopenhauer : c'est précisément l'étonnante *objectivité* de l'esprit de Gœthe, laquelle imprime à toutes ses œuvres le sceau du génie, c'est cette qualité qui l'empêche ici de remonter jusqu'au *sujet*, c'est-à-dire jusqu'à l'œil qui voit, et d'y saisir les derniers fils qui relient tout le vaste ensemble des phénomènes de la couleur ; tandis que moi, ajoute-t-il, sortant de l'école de Kant, j'étais tout préparé à entreprendre cette dernière tâche [1]. » Le phénomène

---

1. *Parerga und Paralipomena*, deuxième partie, § 103.

primitif, selon Schopenhauer, celui au delà duquel on ne peut plus remonter, ce n'est pas l'apparition de la couleur en dehors de nous, mais l'impression produite sur la rétine de notre œil, et la perception qui s'ensuit.

L'idée de Schopenhauer n'était pas neuve. Locke avait déjà rangé les couleurs parmi les *qualités secondaires*, c'est-à-dire qui n'appartiennent pas aux objets, mais à nos sens et à leurs organes [1]. Et, dans le compte rendu d'un mémoire présenté par Buffon à l'Académie des sciences, on lisait : « Ce que je vois en regardant cette prairie éclairée du soleil, ce que j'entends dans l'air ému par les frémissements de cette cloche, ces modifications de mon être en tant que sensible, que je qualifie de lumière, de couleur et de son dans les objets qui en excitent chez moi la sensation, ne leur appartiennent certainement pas davantage que la douleur ou la piqûre que je sens à ma main, lorsqu'on en divise les fibres, appartient au fer qui me blesse... Ces impressions légères, ces perceptions qui ne semblent affecter nos sens d'aucune trace corporelle, nous les répandons volontiers sur les corps qui nous environnent ; mais la douleur ou un plaisir vif nous rappellent trop fortement à nous-mêmes, pour nous laisser ignorer que ce qui se passe alors en nous est uniquement à nous et ne saurait appartenir aux objets extérieurs : là on ne croit qu'agir, apercevoir, juger ; ici l'on ne peut se cacher que l'on sent. Les qualités sensibles des corps, et, pour ne parler que de celles dont il s'agit ici, les couleurs ne sont donc en un sens qu'apparence et illusion, et n'existent réellement, dans les corps qu'on nomme colorés, que par l'espèce de lumière qu'ils sont capables de réfléchir

---

1. *An Essay concerning Human Understanding*, livre II, chap. VIII, § 13.

vers nous, et qui constitue telle ou telle couleur, ou enfin par les vibrations communiquées par eux au milieu propre de la lumière, et portées jusqu'au fond de notre œil [1]. »

Schopenhauer affirme, presque dans les mêmes termes, la subjectivité fondamentale du phénomène de la couleur. Au lieu de dire qu'un corps est rouge, nous devrions dire qu'il nous donne l'impression ou l'illusion du rouge. L'impression produite sur la rétine et transmise au cerveau par le nerf optique fait naître la sensation, dont notre intelligence cherche le point de départ dans le monde extérieur, et qu'elle localise dans les corps appelés colorés. Mais l'impression est antérieure à l'acte intellectuel par lequel nous attribuons une cause à l'effet que nous ressentons, quoique les deux faits se succèdent avec une telle rapidité qu'ils nous apparaissent comme simultanés. On pourrait presque dire que l'impression de couleur précède la couleur même. « Un enfant nouveau-né ressent la lumière et la couleur avant de reconnaître le corps lumineux ou coloré [2]. »

Sur cette observation, très juste en elle-même, Schopenhauer fonde un système presque aussi hypothétique que celui que Gœthe avait fondé sur les milieux troubles. La base du système est seulement transportée du monde extérieur dans l'œil. A la pleine activité de la rétine correspond la sensation de la lumière blanche ; à son inactivité complète, celle de l'obscurité noire ; entre elles se placent les dégradations du clair-obscur. C'est ce que Schopenhauer appelle l'activité *quantitative* de la rétine, de laquelle dépend

---

1. *Histoire de l'Académie royale des sciences*, année 1743.
2. *Ueber das Sehn und die Farben*, chap. 1er.

l'intensité plus ou moins grande de la sensation lumineuse. Mais la rétine a aussi une activité *qualitative*, selon que ses différents éléments entrent en fonction ; et de cette activité naissent les sensations de couleur. Schopenhauer ramène même les différentes sensations colorées à des proportions exactes, tout en avouant que ces proportions ne peuvent être vérifiées par aucune expérience. Le rouge et le vert sont représentés chacun par un demi ; l'orangé et le bleu par deux tiers et un tiers ; le jaune et le violet par trois quarts et un quart. Chacun des trois couples, par l'addition de ses deux membres, reproduit l'unité c'est-à-dire le blanc. L'activité quantitative et l'activité qualitative réunies donnent les nuances claires ou foncées des couleurs. C'est ainsi que Schopenhauer explique la production des couleurs en général, et, en particulier, le rapport des couleurs complémentaires ; et c'est ainsi qu'il croit avoir découvert à son tour le « phénomène primitif». « Ce phénomène, c'est la capacité organique que possède la rétine de faire entrer successivement en jeu ses différents éléments, dans des proportions tantôt égales, tantôt inégales : après cela, nous devons nous arrêter[1]. »

La théorie de Schopenhauer est, en somme, un complément du chapitre de Gœthe sur les couleurs physiologiques. Quant aux couleurs physiques et chimiques, celles qui sont produites par la réfraction ou renvoyées par la surface des corps, ni Gœthe ni Schopenhauer ne les expliquaient[2]. La science expéri-

---

1. *Parerga und Paralipomena*, deuxième partie, § 103.
2. « Pour ce qui est de la couleur chimique, elle est évidemment une modification particulière de la surface des corps, mais tellement fine que nous ne pouvons la reconnaître ni la distinguer Cette modification ne se manifeste que par la faculté de provoquer

mentale les explique peu à peu, en apportant chaque jour des faits nouveaux et en les comparant avec les faits connus. « Il est vrai, dit Schopenhauer dans son introduction, que la théorie, lorsqu'elle n'est pas constamment appuyée sur des faits, est vide et chimérique, et que la moindre expérience, même isolée, mais vraie, a plus de valeur. D'un autre côté, les faits isolés, même réunis en grand nombre, ne peuvent constituer une science que le jour où leur essence intime a été reconnue et a permis de les grouper sous un concept général qui les comprend tous. Une telle science est comme un État bien organisé ; la connaissance purement empirique ressemble à un pays sauvage. » Schopenhauer, à la suite de Gœthe, a voulu être un organisateur en physique : il oubliait qu'il n'était qu'un étranger de passage dans la république à laquelle il prétendait donner des lois.

telle ou telle partie déterminée de l'activité de la rétine : faculté qui est encore pour nous une *qualitas occulta*. » (*Ueber das Sehn und die Farben*, § 13.)

IX

DRESDE

La vie intellectuelle des provinces saxonnes avait alors trois centres principaux : Weimar pour la littérature, Iéna pour la science universitaire, Dresde pour les beaux-arts. On sait que le jeune Gœthe, étudiant à Leipzig, était allé chercher à Dresde sa première initiation à la peinture. La galerie de tableaux, formée par des princes qui étaient des connaisseurs, était, parmi toutes celles de l'Europe, une des plus riches en chefs-d'œuvre. Le Grand Théâtre, qui fut longtemps un des sièges de l'opéra italien, commençait à s'ouvrir à la musique allemande ; Weber y eut ses plus grands succès. Dresde était donc une ville artistique, dans le sens le plus large du mot, plutôt qu'une ville littéraire proprement dite. En littérature, elle recevait ses inspirations du dehors ; mais, par la multiplicité même des goûts et des aptitudes qui s'y manifestaient, elle était un excellent champ d'études pour un philosophe.

Les représentations théâtrales, les auditions de musique religieuse ou profane, la vue des chefs-d'œuvre de la peinture et de la sculpture, élevaient l'esprit public et créaient un courant d'idées libérales. La séparation entre les artistes ou les gens de lettres et la bourgeoisie aisée était moins marquée qu'ailleurs. Mais aussi, la porte était toute grande ouverte au dilettantisme : on oublie si facilement que la faculté de comprendre n'est pas l'art de produire ! Des fonctionnaires occupaient leurs loisirs à composer en musique, à écrire en prose ou en vers ; et quand ils n'avaient pas autre chose à dire, ils racontaient leurs aventures de voyage : c'était un genre fort à la mode dans le premier quart du dix-neuvième siècle. On ne trouve, dans l'entourage de Schopenhauer à Dresde, aucun écrivain de marque. Le plus connu est Karl Heun, qui, sous le pseudonyme de Clauren, a introduit le libertinage sentimental dans le roman ; un de ces hommes qui, selon l'expression de Platen, « se rendent le matin à la chancellerie avec leurs dossiers sous le bras, et, le soir, vont faire un tour sur l'Hélicon » ; l'auteur de *Mimili*, cette doucereuse fille des Alpes qui s'assied sans façon sur les genoux d'un voyageur, et qui finit, heureusement pour la morale mondaine, par l'épouser. Clauren a laissé vingt-cinq volumes, que personne ne lit plus, pas même les femmes, son public préféré. Un amateur encore plus fécond, puisque ses œuvres complètes ne remplissent pas moins de deux cents volumes, c'était Frédéric-Auguste Schulze, né et mort à Dresde, qui écrivait sous divers pseudonymes dont le plus ordinaire était celui de Frédéric Laun, et qui cultivait, lui aussi, le genre léger et même frivole. Schopenhauer estimait particulièrement Gustave Schilling, un autre enfant de Dresde, auteur de nouvelles bourgeoises, comiques ou humoristiques, où il mettait à nu, dans des récits fort décousus et presque improvisés, les grandes et les petites misères de la vie humaine.

Les arts étaient mieux représentés que les lettres. Schopenhauer retrouva à Dresde un ami de sa famille, qui, malgré la différence de leur caractère, lui rest toujours fort attaché, et qui réussit à le remettre en correspondance sinon avec sa mère, du moins avec sa sœur. Jean-Gottlob Quandt était fils d'un riche négociant de Leipzig. C'était un collectionneur actif et intelligent, en même temps qu'un bon historien de l'art ; il trouva dans les combles des deux églises principales de Leipzig d'anciens tableaux, dont il enrichit le musée. Il fit des voyages artistiques en Italie, en France, en Espagne, et il s'arrêta longtemps à Rome. Il correspondait avec Gœthe. Quandt était un homme du monde, libre et heureux, à l'esprit large et au cœur ouvert, qui opposait la sérénité de son âme et de sa vie au pessimisme de son ami. Plus tard, il fut anobli et devint membre du conseil d'administration du musée de Dresde. Le domaine de Dittersbach, qu'il acheta en 1830, a gardé une partie des trésors artistiques qu'il y amassa.

Tout autre était le peintre Louis-Sigismond Ruhl, un ami qui devint un disciple. On lui doit un des meilleurs portraits de Schopenhauer, qu'il avait fait pour lui-même, et qu'il garda jusqu'à sa mort. Il devint plus tard conservateur des collections artistiques de Cassel, sa ville natale, où il vécut jusqu'en 1887. Ruhl était un de ces peintres penseurs comme l'Allemagne en a connu beaucoup, parfois trop penseurs pour être de bons peintres. Une de ses dernières œuvres, une aquarelle, représente l'Ascétisme sous les traits d'une femme amaigrie, vêtue de bure, le regard tourné vers le ciel ; à droite et à gauche, d'autres personnages allégoriques figurent les tentations, les illusions, les vaines joies de la vie ; et, au-dessous, on lit cette phrase de Schopenhauer : « Le renoncement en ce monde et la direction de toutes nos espérances vers un monde meilleur, tel est l'esprit du christianisme. »

Sigismond Ruhl, dans une note jetée au beau milieu d'un conte humoristique qu'il publia en 1882, nous a décrit l'impression que Schopenhauer produisait, au temps de son séjour à Dresde, sur ceux qui le fréquentaient :

« Je ne veux point te présenter au monde, mon bon Arthur, tel que tu es devenu enfin, après avoir reconnu la misère et les indicibles souffrances de la vie humaine. C'est tout le contraire que j'ai en vue ; mes souvenirs me reportent vers le jeune docteur Schopenhauer, qui n'avait pas encore renoncé à toute espérance, tel que, après l'avoir quitté à Gœttingue, je le rencontrai un jour d'une manière tout à fait inopinée à Dresde, derrière l'église de la Sainte-Croix.

« Nous devînmes aussitôt, malgré nos disputes perpétuelles, d'inséparables compagnons. Je n'ai bien compris que plus tard combien j'ai profité dans ton commerce. Peut-être aussi n'aurais-tu rien pu m'apprendre, si je n'avais été mûr et prédestiné pour la contagion de ton pessimisme.

« Je te vois encore, arpentant la terrasse de Brühl, au milieu d'autres figures que l'oubli a prises et que le temps a balayées. Tu es là devant moi, avec ta blonde « boucle d'Apollon » se dressant sur ton front, avec ton nez socratique, avec tes pupilles perçantes, qui se dilataient quand tu lançais des éclairs terrifiants sur les grandeurs poétiques qui tenaient alors le haut du pavé à Dresde. J'étais tout oreilles à vos disputes, qui m'instruisaient en m'amusant. J'entreprenais souvent, pour profiter de ton savoir, le long chemin qui mène du faubourg de Pirna aux allées d'Ostra en passant par le pont de l'Elbe. Nous étions alors assis dans ta chambre, toi m'endoctrinant sur ceci ou sur cela, m'annonçant le succès futur de ta philosophie, ou me parlant de *la Quadruple Racine de la raison suffisante*, au sujet de laquelle ta mère te demandait si c'était une recette pour les pharmaciens. Lorsque ensuite je t'exposais, moi pauvre idiot, mes propres idées, je voyais comme la colonne de mercure baissait dans le baromètre de ton estime ; mais elle remontait avec une rapidité merveilleuse, quand, par quelque éclair de pensée, je te donnais l'occasion de me demander brusquement : « Où as-tu pris cela ? » Et je te répondais, tout aussi brusquement, et très ingénument : « Mais où « donc, si ce n'est en moi-même ? » J'avoue que j'étais peu fondé à parler ainsi, connaissant à peine ce moi dont, comme chacun de mes semblables, je suis porteur. J'ai gagné dans ton estime, en scrutant ces trois questions : Que suis-je ? pourquoi suis-je ? et ne vaudrait-il pas mieux que je ne fusse pas ? Même, lorsque je développai un jour devant toi l'idée de l'arbre généalogique et de la scie qui le coupe, je pus remarquer que tu te mis aussitôt à ton bureau pour prendre une note [1]. Cette idée est devenue pour nous une vérité, depuis qu'elle nous a guéris de la faute de transmettre à d'autres le fardeau de la vie.

« Et maintenant, cher ami, pardonne-moi mes farces, et prends ma main, si tu peux encore l'atteindre. Et toi, cher lecteur, excuse-moi, si, par une méprise de l'imprimeur, cette note s'est trouvée mêlée au texte [2]. »

---

1. Schopenhauer, dans sa théorie des arts, cite comme exemple d'allégorie poétique celle d'un vieil arbre généalogique, « dont le dernier rejeton a résolu de passer sa vie dans une continence et une chasteté parfaites et de laisser ainsi s'éteindre sa race ; et il exprime cette résolution en coupant lui-même à la racine l'arbre dont les branches s'étendent au-dessus de sa tête ». (*Die Welt als Wille und Vorstellung*, livre III, § 50 à la fin.)

2. *Eine Groteske*, Cassel, 1882. — Schemann, *Schopenhauer-Briefe*, p. 469.

Ce que Schopenhauer demandait à ses amis, à ceux qu'il jugeait dignes de ses confidences, c'était de l'écouter et de lui donner la réplique, sans trop le contredire. La plupart lui ont gardé, malgré ses rebuffades, un attachement durable. L'un d'eux, le baron de Biedenfeld, écrit, en 1859 : « Arthur Schopenhauer, avant d'arriver à Dresde, avait vécu dans différentes régions de l'Allemagne, et il avait beaucoup fréquenté le monde ; mais il n'avait appris ni à régler certaines particularités de son caractère, ni à supporter patiemment les petits travers des autres. A cet égard, il était incontestablement ce qu'on appelle un enfant gâté, le cœur ouvert, droit et honnête, d'une franchise qui allait jusqu'à la rudesse, ayant une opinion ferme sur toutes les questions littéraires ou scientifiques, appelant chaque chose par son nom, ne ménageant pas plus ses amis que ses ennemis, aimant l'esprit et parfois blessant dans son *humour*. Il y avait des moments où ses yeux gris bleu, étincelants, les deux longs plis aux deux côtés de son nez, sa voix un peu glapissante, sa gesticulation courte et brusque, lui donnaient un air farouche. Il menait une vie retirée et assez monotone, avec ses livres, ne cherchait pas les relations, ne s'attachait pas facilement ; mais il aimait à être accompagné dans ses longues promenades. Il marchait alors d'un pas rapide, causant avec animation des événements littéraires, des grands esprits en tous genres ; il parlait volontiers du théâtre. Il fallait se promener seul avec lui pour le trouver aimable, attrayant, instructif. J'ai eu souvent ce plaisir, et cela m'a gagné sa bienveillance, dont je jouis encore. Mais, généralement, il passait pour un original, et il l'était à certains égards [1]. »

---

1. *Morgenblatt für gebildete Leser*, 1859, n° 22.

Schopenhauer disait, comme Rousseau, que ses meilleures pensées lui venaient en marchant. Il était toujours muni de son carnet, dans lequel il notait ses observations, à mesure que l'heure favorable les faisait naître. Il dit quelque part, dans ses écrits posthumes, que chaque artiste, en quelque genre que ce soit, a un procédé, un seul, et qui lui est inné, au moyen duquel il s'empare de la nature; que le sien est de saisir la conception première toute chaude, pour ainsi dire, et de l'inonder aussitôt d'un jet de froide réflexion pour la cristalliser et la conserver. Ennemi du vague, il fixait en quelques mots précis toute pensée qui lui venait, sauf à la développer ensuite à loisir. Il remplit ainsi, page par page, et sans suivre aucun ordre, les deux volumes manuscrits in-quarto qui sont conservés à la Bibliothèque royale de Berlin, et qui contiennent la substance de son grand ouvrage, *le Monde comme volonté et comme représentation*.

La rédaction définitive, commencée en mars 1817, fut terminée à la fin du même mois de l'année suivante, et, le 28, il écrivit au libraire Brockhaus, avec lequel le baron Biedenfeld l'avait mis en relation, et qui était aussi l'éditeur de sa mère : « Mon ouvrage est un nouveau système philosophique, nouveau dans toute l'acception du mot; non pas une manière nouvelle de présenter des choses connues, mais une suite d'idées absolument cohérentes, qui ne s'est rencontrée jusqu'ici dans aucune tête humaine. Le livre dans lequel j'ai assumé la lourde tâche de la rendre accessible à d'autres, sera, j'en suis convaincu, un de ceux qui deviennent la source ou l'occasion de cent autres livres. Il y a quatre ans que cette suite d'idées dont je parle existe, quant à l'essentiel, dans ma tête; mais pour la développer et pour me la rendre tout à fait claire à moi-même, il m'a fallu quatre années entières, pendant lesquelles je n'ai pas eu d'autre occupation que d'élaborer mon système et d'étudier les ouvrages qui pouvaient s'y rapporter. J'ai commencé, il y a un an, à présenter le tout dans une rédaction suivie et intelligible pour tout le monde, et je viens de terminer ce travail. Cette rédaction est aussi éloignée de la redondance ambitieuse et vide qui distingue la nouvelle école philosophique, que du plat bavardage de la période antérieure à Kant. Elle est extrêmement claire et nette, énergique, et, j'ose le dire, non sans beauté : celui-là seul a un style à lui, qui a des pensées à lui. Mon travail a une très grande valeur pour moi, car j'estime que c'est tout le fruit de mon existence. L'impression que le monde produit sur un esprit personnel est complète à l'âge de trente ans ; et la pensée par laquelle cet esprit, une fois son éducation faite, réagit sur l'impression reçue ne l'est pas moins : tout ce qui vient après n'est que développement et variation. »

Il fixe ensuite le tirage à huit cents exemplaires, les droits d'auteur modestement à un ducat par feuille. Le livre devra être prêt pour la grande foire d'automne à Leipzig. Les honoraires seront complètement réglés au commencement de septembre, c'est-à-dire avant son départ projeté pour l'Italie. Enfin l'éditeur engagera sa parole d'honneur pour que le manuscrit et même le titre de l'ouvrage ne soient connus de personne, à l'exception de l'imprimeur.

On voit déjà percer, dans la dernière clause, les craintes de Schopenhauer, naturellement méfiant, et ne sachant pas dissimuler sa méfiance. Il sait combien la contrefaçon est facile et combien le plagiat littéraire est fréquent. A peine le manuscrit est-il sorti de ses mains, que son anxiété augmente. Brockhaus a accepté toutes ses conditions ; mais il a fait imprimer le livre à Altenbourg, où la censure est moins minutieuse qu'à Leipzig ; de là des retards. Le 31 août, Schopenhauer lui écrit une longue lettre, où il lui reproche en termes peu mesurés de manquer à sa parole, et où il exige impérieusement le payement des honoraires. « Je demande cela, dit-il, comme on se fait donner un thaler par un *vetturino*, pour être sûr qu'il marchera. » Il ajoute que la maison Brockhaus n'a pas la réputation d'être très scrupuleuse sur ce point, et que, en cas de nécessité, il ne reculera pas devant un procès. Brockhaus se fâche à son tour, et répond que désormais il ne recevra plus les lettres de Schopenhauer, «qui sont plutôt d'un *vetturino* que d'un philosophe ». Leur correspondance s'arrête là. *Le Monde comme volonté et comme représentation* parut à la fin de l'année 1818 ; l'auteur reçut les dernières épreuves à Rome.

Brockhaus disait, à la fin de sa lettre : « Je crains de n'avoir imprimé que de la maculature : puissé-je me tromper [1] ! » Sa crainte n'était, hélas ! que trop justifiée.

---

[1]. *Friedrich Arnold Brockhaus, sein Leben und Wirken, nach Briefen und andern Aufzeichnungen, geschildert von seinem Enkel*, H.-E. Brockhaus, 3 vol., Leipzig, 1872-1881 ; au 2° vol.

X

L'ITALIE

Nous sommes très incomplètement renseignés sur le séjour de Schopenhauer en Italie. Ce qu'il appelle son *Reisebuch* n'était pas, à vrai dire, un journal de voyage ; c'était un gros cahier cartonné, dans lequel il consignait ses réflexions, à mesure que le hasard des circonstances ou une lecture les lui suggéraient. Comme les feuillets sont ordinairement datés, on peut fixer du moins avec quelque précision les étapes du voyage. Schopenhauer part de Dresde, le 23 septembre 1818, pour Vienne. Le mois suivant il se trouve à Venise, où il reste jusqu'au milieu de novembre. Le 19 novembre, il est à Bologne, où il s'arrête peu. Il passe les derniers jours de ce mois et une partie du mois suivant à Florence. Enfin il atteint Rome, le but principal de tout voyage artistique en Italie, et il y séjourne tout l'hiver. Pendant le mois de mars 1819, il visite Naples et les environs. Puis il revient à Venise, en passant par Rome et Florence, et, au mois de juin, il reprend le chemin de l'Allemagne. Le voyage dura en tout onze mois.

Schopenhauer possédait assez bien l'italien pour converser avec les habitants et pour se mettre au courant de la littérature ; plus tard, il apprit même les dialectes. Parmi les grands poètes de l'Italie, c'était Pétrarque qu'il lisait de préférence. Ce qu'en vrai moraliste il cherchait avant tout dans la poésie, c'était l'expression vive et fraîche d'une émotion sincère. Il trouvait Dante trop didactique, l'Arioste lui paraissait simplement amusant, et il reprochait à *la Jérusalem délivrée* d'être trop calquée sur l'épopée latine. Quant au peuple italien, il le voyait à travers son préjugé anglais. Ce qui, trente ans auparavant, charmait l'œil artistique de Gœthe, la souplesse des mouvements, l'élégance de la tenue, une certaine distinction native, n'apparaît à Schopenhauer que comme un voile trompeur, jeté sur une civilisation en décadence. « Le trait dominant, dit-il, est une impudence parfaite. Elle fait qu'on ne se croit au-dessous ni au-dessus de rien ; on est ainsi tour à tour arrogant ou vil. Quiconque a de la pudeur, est pour certaines choses trop timide, pour d'autres trop fier. L'Italien n'est ni l'un ni l'autre, mais il peut être, selon les circonstances, poltron ou insolent [1]. »

Ce qui serait surtout intéressant à consulter, ce sont les lettres que Schopenhauer écrivit d'Italie à sa sœur Adèle ; elles se sont perdues, comme celles qu'il avait adressées précédemment à sa mère. Mais quelques lettres d'Adèle ont été conservées [2], et l'on y trouve parfois l'écho des impressions du voyageur. Adèle avait le goût des arts ; elle avait du talent pour le dessin et la peinture ; Gœthe aimait à lui faire dire des vers ; il lui confiait des rôles dans les pièces de circonstance qu'il composait pour les fêtes de la cour. Une étroite amitié l'unissait à la belle-fille de Gœthe, Ottilie de Pogwisch. Au mois de mars 1819, répondant à une lettre de Schopenhauer, elle disait :

«Je te remercie mille fois, mon cher Arthur, de ce que Rome, ce mot magique, ne m'ait pas effacée de ton

---

1. *Nachlass*, éd. Grisebach, 4° vol. : *Neue Paralipomena*, § 258.
2. Elles ont d'abord été publiées par Gwinner (*Schopenhauers Leben*, p. 188 et suiv.).

souvenir, de ce que tu penses encore aux jours d'autrefois, de ce que tu m'écrives sur un ton aussi affectueux. Depuis longtemps rien ne m'a causé une joie aussi vive que cette lettre, cette peinture de tous les incidents de ta vie. Nous sommes habitués à voir Rome et l'Italie dans un lointain inaccessible, et je n'ai pu comprendre moi-même comment tout d'un coup cette terre promise, comment toi-même tu m'as paru si rapproché ; il me semble que je te vois, que j'assiste à ce que tu fais.

« Je comprends tout à fait ton sentiment, comment, malgré tout, le premier aspect ne t'a pas satisfait, et comment néanmoins tu as pu ensuite jouir de tout, à mesure que les objets se sont présentés devant tes yeux, sans exaltation factice, pour une contemplation pure et tranquille, sans que tu te sois laissé troubler par des idées préconçues ou des conceptions imaginaires ; comment un passé, dans lequel tu as longtemps vécu en pensée, est devenu pour toi une réalité présente ; comment enfin tout cela t'a intéressé et charmé doublement, par rapport à ton ouvrage... »

Les derniers mots veulent dire sans doute que les idées de Schopenhauer sur l'art et particulièrement sur l'architecture et la sculpture, qui forment le sujet de son troisième livre, se trouvent confirmées par la vue des chefs-d'œuvre antiques. Sur ce point, la correspondante insiste ; elle veut connaître aussi l'opinion de son frère sur la sculpture moderne, sur Thorwaldsen, sur Canova. Puis elle arrive à l'impression que *le Monde comme volonté et comme représentation* a produite à Weimar ; et Weimar, c'est toujours Gœthe. « Ton ouvrage lui a fait grand plaisir, écrit-elle, et il a partagé aussitôt le gros volume en deux [1], et s'est mis

---

1. Un gros volume in-quarto de 742 pages, d'un format très incommode.

à lire. Une heure après, il m'a envoyé le billet ci-joint pour que je te le communique[1]; et il m'a fait dire qu'il te remerciait beaucoup, que tout l'ouvrage lui paraissait bon, mais que d'ordinaire il avait la main assez heureuse pour découvrir tout de suite dans un livre les passages caractéristiques, et que par conséquent il avait lu d'abord les pages indiquées, qui lui avaient beaucoup plu. Il compte te faire connaître lui-même plus en détail le fond de sa pensée. Ottilie m'a dit, quelques jours après, qu'il ne quittait plus le livre et qu'elle ne lui avait jamais rien vu lire avec une telle ardeur... Il m'a dit à moi-même que ce qui lui plaisait surtout c'était la clarté du style, quoique ta langue ne fût pas celle de tout le monde et qu'il fallût d'abord s'habituer à voir dénommer les choses comme tu le voulais; mais que, du moment que l'on savait que le cheval ne s'appelait plus cheval, mais *cavallo*, et que Dieu n'était plus Dieu, mais *Dio* ou quelque chose d'approchant, le reste allait tout seul... »

Elle-même s'est mise à lire, en compagnie d'Ottilie, les passages que son frère lui avait marqués, et elle a été étonnée de comprendre. « Je lirais bien tout le livre, si j'avais un ami pour me l'expliquer. Je n'ai que Hæser, mon professeur d'italien, un homme profondément instruit; mais j'avouerais plutôt avoir lu le roman le plus immoral qu'un ouvrage de ce genre : tu ne sais pas avec quels fous je suis obligée de vivre. Hæser n'aurait qu'à me trahir, et je serais taxée. Je sais peu,

---

1. Ce billet était ainsi conçu : « Pag. 320-321 ; 440-441 : Gœthe. » Le premier des deux passages indiqués traite du sentiment du beau (livre III, § 45); le second, du *caractère acquis*, c'est-à-dire « de celui qu'on se fait dans la vie et par l'usage du monde, de celui dont on parle lorsqu'on loue un homme d'avoir du caractère ou qu'on le blâme de n'en point avoir » (livre IV, § 55 à la fin).

mais même le peu que je sais je n'aime pas à le montrer, car trop de science ne nous sied pas à nous autres femmes. Cependant il faut un aliment sérieux à ma vie : c'est pourquoi j'apprends tant que je peux, mais, ne pouvant faire aucun usage de mon savoir, je le renferme tout au fond de moi-même, tout au fond... »

Après avoir donné à son frère des nouvelles de la cour, elle revient à parler d'elle-même : « C'est une chose étrange comme, avec toutes les différences qui tiennent au sexe, à l'éducation, au genre de vie, nos deux natures se ressemblent. Il n'y a que ton immense orgueil dans lequel je ne puis pas me retrouver; et pourtant je comprends comment tu en es venu là. Il faut *se boutonner*, dis-tu, et, quoi qu'il m'en coûte, je suis obligée de te dire moi-même que c'est le seul moyen que tu aies de défendre ta position. Mais de quelque manière que le destin ou ton esprit te mène, tu seras toujours vrai avec moi, n'est-ce pas, mon ami ? Es-tu fou de m'écrire que je suis la seule femme que tu aies jamais aimée sans que les sens y fussent pour rien ? Cela m'a bien fait rire. Mais supposé que je ne sois pas ta sœur, je voudrais bien savoir si tu aurais pu m'aimer : il y a tant de femmes qui me sont supérieures... »

La lettre se termine par ces mots : « Et, à Venise, tu n'as pas vu lord Byron ? Je ne m'explique pas cela. Il y a peu de poètes que j'aie goûtés comme lui, et il n'y en a aucun que j'aie plus envie de voir. — Adieu, ma lettre est devenue un volume, et un volume à la mode du jour, fort décousu. Et pourtant tout se tient dans ma pensée. Mais ma vie est ainsi faite que je suis obligée de prendre tour à tour la clef de l'office, la palette, le chapeau à plumes et la plume à écrire. Si tu pouvais lire entre les lignes, tu y trouverais la trace de vingt états d'esprit et de vingt affaires différentes. Le commencement et la fin, c'est mon amour pour toi. Adio ! »

On sait que lord Byron, pendant qu'il était à Venise, fermait impitoyablement sa porte aux visiteurs de distinction ; il fallut même toute l'insistance de son amie la comtesse Benzoni pour lui faire faire, au mois d'avril 1819, la connaissance de la comtesse Teresa Guiccioli, qui devint ensuite son inséparable compagne. Mais le peu d'empressement que mit Schopenhauer à se présenter chez lui s'explique aussi par un incident assez bizarre, qui se passa en novembre 1818, et que sa sœur ignorait. Voici ce qu'il raconta plus tard à un de ses amis : « J'avais reçu de Gœthe une lettre de recommandation pour Byron. Je passai trois mois à Venise en même temps que lui, et j'avais toujours l'intention de la lui porter. Mais voilà qu'un jour je me promenais au Lido. J'avais ma Dulcinée à mon bras, et tout à coup je l'entendis s'écrier dans une grande agitation : *Ecco il poeta inglese!* Byron passait à cheval devant moi comme un coup de vent, et toute la journée la *donna* ne put se débarrasser de cette impression. Je gardai sagement ma lettre, ayant peur des conséquences. Je l'ai souvent regretté [1]. »

Si l'anecdote est vraie, — et, pour qui connaît le caractère méfiant de Schopenhauer, elle n'a rien que de vraisemblable, — ce serait un mouvement de jalousie qui aurait empêché les deux grands pessimistes du siècle de se rencontrer. La manière dont Schopenhauer parle de sa « Dulcinée », — elle s'appelait Teresa, comme la Guiccioli, — pourrait faire croire à une simple aventure galante ; ce fut pourtant, à part son amour

---

1. Robert von Hornstein, *Meine Erinnerungen an Schopenhauer*, dans la *Neue freie Presse* du 21 et du 23 novembre 1883; cité par Grisebach (*Schopenhauer, Geschichte seines Lebens*).

pour la vérité, la passion la plus profonde de sa vie. Lui-même se défendait de penser à un mariage ; sa sœur y pensait pour lui. Au mois de mai 1819, lorsqu'il était sur le chemin du retour, elle lui écrivait : « Où peux-tu bien être ? à Milan ou à Bologne, ou dans ton cher Venise ? Ce qui t'y attache commence à m'intéresser, et je souhaite que cela finisse bien. Celle que tu aimes est riche, elle est de naissance. Tu te demandes si elle te suivrait. Singulier homme ! il faut pour cela de l'amour. Si tu as trouvé cela, tu feras bien de le tenir... Tu parles de rêves évanouis : il y a des rêves qui durent [1]... »

Adèle parlait en femme, et en femme bien avisée ; mais Schopenhauer n'avait rien de féminin dans le caractère, et, s'il lui arrivait de rêver, il avait bien vite secoué son rêve. La physionomie d'Adèle Schopenhauer se dessine avec une grande netteté dans cette correspondance dont les lacunes sont si regrettables. C'est son frère qu'on cherche d'abord dans ses lettres, et l'on finit par s'intéresser à elle-même. Ce qui plaît surtout en elle, c'est que les influences diverses et en partie très puissantes qu'elle subit aient laissé sa personnalité intacte. Elle est à la fois lettrée et femme du monde, tour à tour sérieuse et enjouée, toujours avec goût et mesure, et, dans une société où les bas-bleus ne manquaient pas, elle a su conserver son esprit simple et naturel. Elle sait même, au besoin, raisonner, sermonner son frère, mais avec plus de douceur que leur mère ne le faisait autrefois.

Schopenhauer s'était mis en rapport avec les artistes allemands de Rome ; mais il se trouva dès l'abord en

---

[1]. Dans une autre lettre, du mois de novembre, elle disait encore : « Je ne t'aurais jamais cru capable d'une telle passion. » (Gwinner, ouvrage cité, p. 202).

complète opposition d'idées avec eux. Il était classique en littérature, et, en fait d'art, il était païen à la manière de Gœthe. Autour de lui, on se disait romantique et patriote : deux mots qui ne désignaient, au fond, qu'une seule et même chose. La patrie qu'on invoquait n'était plus celle de 1813, la patrie actuelle et vivante, qu'il fallait protéger contre l'invasion étrangère. La Sainte-Alliance avait fait prévaloir un autre idéal, et la littérature et les arts avaient suivi l'évolution de la politique. La patrie qu'on rêvait aux environs de 1820, c'était la vieille patrie germanique du moyen âge, le Saint-Empire romain, avec un empereur élu, sacré par le pape, entouré de ses princes et de ses dignitaires laïques et ecclésiastiques. Les artistes allemands qui se rendaient à Rome ne se mettaient plus, comme au dix-huitième siècle, à l'école de l'antiquité ; ils copiaient savamment les inexpériences des peintres que l'esprit de la Renaissance n'avait pas encore touchés, de ceux qu'on a appelés les primitifs, quoiqu'ils eussent eux-mêmes devant eux d'autres primitifs, dont ils perfectionnaient lentement les procédés. On était religieux, mais on l'était avec effort, ce qui nuisait au naturel, qui est la condition suprême de l'art. On pensait en poète, quelquefois en théologien ou en critique, et l'on ne savait plus regarder en artiste. On concevait des abstractions, auxquelles la forme ne voulait pas se prêter. Les madones de Raphaël, les Christs de Léonard et du Titien, qui incarnaient l'idéal divin dans la beauté humaine, semblaient trop païens. On peignait plutôt des Vierges contrites, qui osaient à peine regarder leur nourrisson, des saints émaciés par l'abstinence, des Sauveurs du monde qui bénissaient les enfants ou enseignaient les adultes, avec des gestes moelleux, des airs penchés et des sourires béats. Schopenhauer développait un jour au *Café greco*, lieu de réunion des « Chevaliers de la Table ronde », les avantages de la mythologie grecque, offrant à l'artiste, dans les dieux de l'Olympe, une série de formes consacrées pour les variétés typiques de la nature humaine. Un sculpteur l'interrompit en disant : « Nous avons pour cela les douze apôtres. — Laissez-moi donc, répliqua Schopenhauer, avec vos douze Philistins de Jérusalem ! » Un cri de réprobation général accueillit ces paroles. Schopenhauer s'isola de plus en plus de ses compatriotes ; il ne fréquenta plus guère que les voyageurs de passage, surtout les Anglais, qui lui paraissaient les plus libres de préjugés.

Sa sœur aurait voulu le voir moins intransigeant. Elle trouvait qu'il dépensait son énergie en pure perte, qu'il se montrait trop dédaigneux de l'opinion publique, qu'en fin de compte, étant homme, il fallait vivre avec les hommes. Intérieurement, aussi, elle se sentait froissée dans son propre sentiment religieux. « Tu parles, moitié en plaisantant, lui écrit-elle, du mauvais renom que tu as apporté à Rome, et que malheureusement tu y as laissé en partant. Cela me cause une peine inexprimable de t'entendre dire cela. A la rigueur, on peut fouler aux pieds le jugement du monde ; mais, je t'en conjure, ne t'en fais pas un jeu. Je peux bien deviner de quoi l'on t'accuse. Moi aussi, je te l'avoue, j'ai souvent la lâcheté de mettre ton livre de côté, quand je tombe sur certains passages. Les manières de voir de vous autres philosophes ne me sont pas tout à fait étrangères ; mais bien que je ne sois nullement dévote, ni même authentiquement chrétienne, — ce que maintenant du moins on appelle ainsi, — je crains de me trouver en opposition de croyance avec toi, et ce sentiment m'est pénible. Je ne peux pas non plus t'approuver dans ton mépris de l'humanité. Tire tant que tu voudras sur la chaîne de la vie qui nous attache tous les uns aux autres, tu ne t'en délivreras pas ; et c'est une grande question de savoir s'il ne viendra pas une heure où tu auras besoin de ces hommes au-dessus desquels tu t'élèves aujourd'hui avec orgueil. Et que serait-ce si tu devais t'apercevoir alors que tu aurais bien pu accomplir ton œuvre sans te charger du poids de cette haine, que même ces petites mésintelligences, qui peuvent en amener de grandes, n'ont absolument aucun rapport avec ton œuvre ? Je suis fermement convaincue que ce qui te pousse à mettre tant de gens contre toi, c'est la présomption que donne le sentiment d'une force intérieure, et dont je ne puis me défendre moi-même. Plus la horde ennemie est nombreuse, plus la victoire est grande, et plus grand aussi est l'orgueil. Mais, en fin de compte, cela valait-il bien la peine, et toute cette grande victoire était-elle bien utile ? Qui sait si tu n'as pas simplement combattu contre des moulins à vent, et s'il n'était pas plus facile et en même temps plus sage de passer à côté ? »

Schopenhauer n'était pas homme à passer à côté, quelque obstacle qu'il rencontrât sur sa route. Il n'était pas disposé non plus à abandonner la moindre parcelle de ce qu'il appelait son droit. Il eut bientôt l'occasion de le prouver dans une circonstance où son intérêt matériel était en jeu. A Milan, il reçut la nouvelle que la maison Louis-Abraham Muhl et Cie, de Dantzig, où était déposée la fortune de sa mère et une partie de celle de sa sœur, et à laquelle lui-même avait prêté une somme de neuf mille quatre cents thalers, avait suspendu ses payements. Il écrivit d'abord à sa sœur qu'il était prêt à partager avec elle et avec leur mère ce qui lui restait : une offre qui ne fut point agréée. De retour à Dresde, au mois d'août 1819, il apprit que la maison Muhl offrait à ses créanciers un dividende de trente pour cent. Adèle et sa mère, mal conseillées, acceptèrent. Arthur déclara que, sans s'opposer à l'arrangement projeté, il présenterait ses lettres de change à une époque, selon lui prochaine, où la maison reconstituée pourrait les acquitter intégralement. En effet, au bout de deux ans, il rentra dans ses fonds. Le sentiment qui le déterminait en cette circonstance s'exprime dans un passage d'une lettre qu'il écrivit à son débiteur : « Je verrai encore vos enfants passer devant moi en brillant équipage, tandis que moi, vieux professeur usé, je gémirai sur la route. Je vous en féliciterai, dès que vous ne me devrez plus rien. Mais votre dernier sacrifice, avant de fonder votre nouvelle fortune, sera de me rembourser. Ensuite, que le ciel et la terre vous soient propices [1] ! »

---

1. Le reproche qui a été fait à Schopenhauer d'avoir manqué de désintéressement dans ses rapports avec sa famille, repose sur un vague témoignage du poète Holtei, qui vint faire des conférences à Weimar en 1828, et qui avait une vive admiration pour Johanna Schopenhauer. « On m'a assuré, dit-il (*Erzählungen und Plaudereien*, I, Breslau, 1879), que la mère et le fils s'étaient désunis à cause de la conduite peu filiale de celui-ci dans des affaires d'argent. Sans vouloir ni l'excuser, ni surtout accuser mon amie défunte, je crois que peut-être, à un point de vue pratique, Arthur n'avait pas tout à fait tort. » — Cependant les négociations relatives à la faillite Muhl donnèrent lieu à un malentendu, qui malheureusement dura. Adèle, ayant signé le contrat, engagea son frère à faire de même. Alors Schopenhauer fut repris de son incorrigible défaut, la méfiance. Il s'imagina que sa sœur avait écrit sous l'inspiration de sa mère, et que celle-ci s'était entendue avec la société Muhl pour obtenir son adhésion. La correspondance entre le frère et la sœur fut encore une fois interrompue pour une série d'années.

XI

BERLIN

Le trouble momentané jeté dans ses finances fut une des causes qui déterminèrent Schopenhauer à chercher un appui et une ressource dans l'enseignement universitaire ; mais ce ne fut pas la seule. Les témoignages d'estime qu'il avait reçus de quelques hommes compétents ne pouvaient le consoler d'être ignoré du public et de la jeunesse studieuse. Le seul moyen de sortir d'un isolement contre lequel son orgueil se révoltait, c'était un cours professé dans l'une ou l'autre des grandes universités allemandes. Kant avait enseigné, Hegel enseignait encore, et ses disciples, après avoir reçu sa doctrine de sa bouche, la portaient dans toutes les régions de l'Allemagne. Schopenhauer ne devait-il pas, lui aussi, chercher à conquérir par la parole l'influence que ses écrits ne paraissaient pas devoir jamais lui procurer ?

Il hésita d'abord entre Heidelberg, Gœttingue et Berlin. Au mois de décembre 1819, il écrivit, de Dresde, au naturaliste Blumenbach, dont il avait autrefois suivi les leçons à Gœttingue : « Après avoir séjourné longtemps dans la Florence allemande, j'ai voulu connaître aussi la vraie Florence, ainsi que Rome et Naples. Me voilà revenu de ce voyage aussi agréable qu'instructif, et je me prépare à entrer dans la vie pratique, autant que cela est possible à un homme très théorique, tel qu'il a plu à la nature de me faire. La seule voie qui me soit ouverte est l'enseignement. Jusqu'ici je ne m'en sentais pas la vocation, n'étant pas encore assez d'accord avec moi-même. Il est vrai que la faculté d'Iéna avait fait de moi, il y a six ans déjà, un docteur, mais je ne pouvais, en moi-même, confirmer sa sentence. J'étais, à mes propres yeux, après comme avant, un écolier, avec cette seule différence que je devenais moi-même mon professeur, endoctrinant son élève en partie *ex ingenio*, en partie à l'aide de la bibliothèque d'ici, qui n'est inférieure qu'à celle de Gœttingue. Les cahiers de ce cours, pendant que professeur et élève prenaient leurs vacances dans la Terre sainte du Latium, ont été livrés au monde savant et pensant, afin qu'il les considère un jour ou l'autre, s'il en a le temps ou s'il en a envie. Car j'ai appris de votre excellent collègue Lichtenberg [1] que, quand on a lancé un livre dans le monde, il ne faut pas s'imaginer que chacun va tout de suite mettre sa pipe de côté — ou allumer sa pipe — pour le lire. Un livre doit être fait comme les biscuits de Gœttingue ; il doit pouvoir se conserver un certain temps, sans pourtant être trop sec. Ayant donc terminé, comme je viens de le dire, mes années d'apprentissage et aussi mes années de voyage, je crois aujourd'hui pouvoir me conférer à moi-même le grade de docteur, et j'estime que tel ou tel pourra bien apprendre quelque chose de moi. » Il déclare, à la fin de sa lettre, ne viser à aucune espèce d'influence politique : « Je suis pénétré de cette idée que le vrai savant doit tendre à l'amélioration de l'humanité en général, dans tous les temps

---

1. L'humoriste Lichtenberg enseigna pendant trente ans les sciences naturelles à l'université de Gœttingue, où il mourut en 1799.

et dans tous les pays, et je croirais, quant à moi, me diminuer, si je bornais mon activité à la petite sphère du temps actuel. Je n'ai qu'une médiocre estime pour ces soi-disant philosophes qui sont devenus des publicistes, et qui, par le fait même d'avoir surtout en vue leurs contemporains, montrent qu'ils ne sauraient écrire une seule ligne qui mérite d'être lue par la postérité [1]. »

Blumenbach lui promet le meilleur accueil de la part des professeurs, mais n'ose lui garantir un nombreux auditoire. Schopenhauer finit par se décider pour Berlin, « où il espère trouver des auditeurs plus appropriés à ses leçons, d'un âge plus mûr et d'une culture plus avancée [2] ». Peut-être aussi la pensée d'une lutte directe contre Hegel était-elle au fond de son esprit. Son discours d'inauguration, en latin, eut pour sujet l'éloge de la philosophie et du philosophe par excellence, Kant. Il disait, à la fin, que le feu sacré allumé par celui-ci avait été étouffé par ceux-là mêmes qui étaient chargés de l'entretenir. Des sophistes s'étaient élevés, qui, par de vaines querelles de mots, avaient discrédité la recherche philosophique et en avaient détourné le public. Il était temps qu'un vengeur armé de toutes pièces vînt déblayer le terrain et remettre la vraie science en honneur. Le sujet du cours, annoncé pour le second semestre de 1820, était une « philosophie universelle », embrassant la logique, la cosmologie, la théorie des arts et celle des mœurs [3];

---

1. Gwinner, *Schopenhauers Leben*; Grisebach, *Schopenhauers Briefe*.
2. Lettre au professeur Lichtenstein, du mois de décembre 1819 ; chez Gwinner et Grisebach.
3. *Arthur Schopenhauer privatim senis per hebdomadem horis universam tradet philosophiam, i. e. doctrinam de essentia mundi et mente humana.*

c'était la substance condensée du livre sur *le Monde comme volonté et comme représentation*. Il n'est pas étonnant qu'avec un programme de cette étendue le professeur ait été pris de court. Le 9 août, il écrivait à son ami Osann : « Je ne vois pas le moyen de finir, mais la semaine prochaine il faudra bien que je dise : *ecclesia missa est* [1]. » Il enseignait aux mêmes heures que Hegel. Les leçons de Hegel étaient très suivies, les siennes l'étaient peu, sans que l'on connaisse exactement le nombre de ses auditeurs inscrits : les chiffres qui ont été donnés sont de pure fantaisie ; on sait seulement que Frédéric-Édouard Beneke, qui enseigna lui-même un peu plus tard la philosophie à l'université de Berlin, était du nombre [2]. Pour le semestre d'hiver 1820-1821, il garda le même sujet, mais le cours n'eut pas lieu, et cette fois ce fut bien parce que le nombre des inscriptions ne lui parut pas suffisant. Il en fut de même pour les trois semestres suivants, après lesquels l'annonce même du cours fut interrompue, par suite

---

[1]. Schemann, *Schopenhauer-Briefe*. — Frédéric Osann et Schopenhauer firent ensemble leurs études au gymnase de Gotha ; ils se retrouvèrent à Dresde, où un même goût pour les arts créa entre eux une amitié durable. Osann fut plus tard professeur de philologie classique à Iéna et à Giessen. C'était un aimable esprit, et il fut, paraît-il, l'unique passion d'Adèle, la sœur de Schopenhauer. Gwinner rapporte que, quand Schopenhauer apprit sa mort, en 1858, il fut pris d'une émotion qui ne lui était pas habituelle.

[2]. On a dit aussi que Schopenhauer ne put aller jusqu'à la fin du semestre, faute d'auditeurs ; la lettre à Osann, du 9 août, prouve le contraire. — Beneke publia, dans la *Jenaische Allgemeine Litteraturzeitung* du mois de décembre 1820, une critique du *Monde comme volonté et comme représentation*, où il prétendit réfuter l'auteur par ses propres paroles ; il le fit au moyen de citations tronquées ou mal interprétées, et il s'attira ainsi une vive riposte de Schopenhauer. (Voir Gwinner, ouvrage cité, p. 283.)

d'un nouveau voyage dans le Midi. En somme, l'enseignement de Schopenhauer à Berlin fut un échec, où ni le talent du professeur ni la valeur du philosophe ne furent pour rien. Hegel était le professeur en titre, celui qu'on retrouvait aux examens ; Schopenhauer n'était que l'un des cinq *privatdocent* : car il y en avait quatre à côté de lui, et l'un d'eux était le fils de Fichte. On sait aussi que le dernier effort de la dialectique de Hegel fut de trouver la formule philosophique de l'État prussien, tandis que Schopenhauer, s'interdisant toute allusion à la politique du jour, prétendait n'enseigner que pour « l'humanité dans tous les temps et dans tous les pays ». Hegel disait bien que la loi du développement historique était la propagation de la liberté dans le monde, mais il avait soin d'ajouter que l'État, étant une forme de l'Idée absolue, devait avoir sa représentation matérielle, une et intangible, qui était la personne du souverain. Il considérait la philosophie comme supérieure à la religion, mais il affirmait aussi que le fondateur du christianisme était la plus haute personnification de Dieu sur la terre. Ces contradictions entre l'esprit du système et les applications que le maître en faisait n'apparurent au grand jour que plus tard, et devinrent alors la cause principale de la dissolution de l'école. Mais, pour le moment, Hegel avait l'appui des politiques et des théologiens, et son enseignement, multiplié par ses disciples, avait la force d'une institution d'État.

Rien ne retenait Schopenhauer à Berlin. Il n'avait aucune publication importante en vue. Quant à ses volumes manuscrits, recueils d'articles divers, de réflexions et d'aphorismes, qu'il utilisa plus tard pour les *Parerga et Paralipomena* ou pour la nouvelle édition du *Monde comme volonté et comme représenta-*

tion, il pouvait les continuer partout. Le 27 mai 1822, il partit de Berlin, pour aller se consoler de ses déboires sous le ciel clair et reposant de l'Italie. Quelque temps auparavant, il avait écrit à Osann : « Si, en Italie, on ne me connaît pas et si l'on ne me considère pas, je sais pourquoi ; mais quand la même chose m'arrive en Allemagne, je suis d'abord obligé d'en chercher les raisons, et ces raisons ne me rendent pas l'Allemagne plus chère. » Il avait ensuite chargé Osann de lui signaler, pendant son absence, tout ce qui paraîtrait sur son livre dans les revues : « Je sais bien que l'on s'occupe peu de moi, mais je sais tout aussi bien qu'il n'en sera pas toujours ainsi. Le métal dont mon livre et moi nous sommes faits est assez rare sur cette planète ; on finira par en reconnaître le prix : je vois cela trop clairement et depuis trop longtemps pour croire que je me fasse illusion. Que l'on m'ignore encore dix ans, ma confiance n'en sera pas ébranlée. »

Il traverse la Suisse pour gagner Milan, et, après avoir fait un crochet sur Gênes et la Corniche, il arrive à Florence, où il passe tout l'hiver. Le 29 octobre, il écrit à Osann : « Me voici encore avec ces gens mal famés, qui ont de si beaux visages et de si vilaines âmes. Une infinie jovialité est peinte sur tous leurs traits ; elle vient de leur santé, et celle-ci vient du climat. Beaucoup d'entre eux ont la mine si spirituelle, que l'on croit vraiment que derrière cette mine il y a quelque chose. Ils sont si fins et si rusés, qu'ils savent même prendre des airs honnêtes, et pourtant ils sont si franchement perfides et impudents, qu'on les admire sans penser à se fâcher contre eux. Leurs voix sont terribles ; si un seul homme se mettait à crier dans les rues de Berlin comme des milliers le font ici, toute la ville se rassemblerait ; mais, sur les théâtres, leurs trilles font plaisir à entendre... La seconde entrée en Italie est encore plus agréable que la première. Avec quel enthousiame je saluai chaque détail caractéristique ! Ce qui nous est étranger et ce qui sort de nos habitudes nous choque moins la seconde fois que la première. Même ce qui nous répugne et nous incommode nous fait l'effet d'une vieille connaissance, et, d'un autre côté, on distingue vite ce qui nous convient, et l'on sait en jouir. Il m'a semblé que tout ce qui sort directement des mains de la nature, que le ciel, la terre, les plantes, les arbres, les animaux, les figures humaines, étaient tels qu'ils devaient être, tandis que chez nous ils sont simplement tels qu'on peut les admettre à la rigueur... Je passerai l'hiver ici. On vit avec l'Italie comme avec une maîtresse, aujourd'hui en dispute, demain en adoration ; avec l'Allemagne comme avec une ménagère, sans colère et sans amour. » Il remarque même que sa propre humeur s'adoucit au contact de la légèreté italienne. Il devient plus indulgent pour les opinions d'autrui ; il recherche les distractions mondaines, qu'il fuyait autrefois : « Je me fais sourire moi-même, quand je me promène avec un blanc dominicain dans les jardins Boboli, et que je me surprends à gémir avec lui sur la décadence des couvents, ou quand, dans le salon brillamment éclairé d'une villa, je fais la cour à une Anglaise. » Et, dans une lettre postérieure : « J'étais sociable comme je ne l'avais pas été depuis longtemps ; je fréquentais même le grand monde. Mon expérience et ma connaissance des hommes en furent augmentées, et ce temps ne fut nullement perdu pour moi. Voir et connaître est aussi utile que lire et apprendre. J'ai eu tout loisir d'étudier les œuvres d'art réunies à Florence, et le peuple italien a fourni une ample matière à mes observations. »

Le retour fut moins heureux. A Munich, où Schopenhauer arriva dans les derniers jours de mai 1823, il fut retenu une année entière par une maladie nerveuse ; il devint sourd d'une oreille. Pendant une cure qu'il fit à Gastein, il écrivit cette page, qu'il inséra plus tard dans les *Aphorismes sur la sagesse* : « Nous sommes tous nés en Arcadie, selon l'expression de Schiller, c'est-à-dire que nous entrons dans la vie avec la prétention avouée d'être heureux et de jouir, et avec le fol espoir de voir cette prétention se réaliser. Mais voici le Destin qui arrive et qui nous saisit violemment et nous apprend que rien n'est à nous, mais que tout est à lui, qu'il a un droit incontesté non seulement sur notre avoir et notre gain, sur notre femme et nos enfants, mais sur nos bras et nos jambes, sur nos yeux et nos oreilles, sur le nez au milieu de notre visage. En tout cas, l'expérience ne tarde pas à nous convaincre que le bonheur et la jouissance sont une *fata morgana* qui n'est visible que de loin, et qui disparaît dès qu'on s'en approche, tandis que la souffrance et la douleur sont réelles, nous abordent directement et n'attendent pas que nous les cherchions. Nous reconnaissons alors que ce que le monde peut nous offrir de mieux, c'est une existence sans douleur, tranquille, supportable, et nous n'en demandons plus davantage ; nous diminuons nos prétentions, pour être plus sûrs de les réaliser. Car le meilleur moyen de n'être pas malheureux, c'est de ne pas demander à être très heureux[1]... » Le malheur a cependant cela de bon qu'il réveille quelquefois les sympathies endormies. Un rapprochement eut lieu entre Schopenhauer et sa sœur. Vers la fin du mois de juin 1824, ayant repris ses forces, il s'achemina vers les bords du Rhin, dont il avait toujours apprécié le

---

1. *Aphorismen zur Lebensweisheit*, chap. v.

climat, et où il avait déjà songé à s'établir. De Manheim, où il passa deux mois, il écrivit à Adèle, qui se trouvait aux eaux de Wiesbaden avec sa mère. Il voulait la revoir ; mais l'entrevue projetée n'eut pas lieu, on ne sait pour quelle cause [1].

Au mois de septembre, nous retrouvons Schopenhauer à Dresde. Peut-être espérait-il qu'un nouveau séjour dans cette ville, où il avait médité et composé son grand ouvrage, stimulerait encore une fois son activité. Le fait est qu'il parut vouloir s'y installer à demeure. Il mena, pendant tout l'hiver suivant, une vie très retirée, occupé à lire les philosophes dont les idées répondaient aux siennes. Il fit de longs extraits de l'ouvrage de Cabanis sur les *Rapports du physique et du moral,* dont une seconde édition venait de paraître. Il remarqua, avec un retour sur lui-même, que cette seconde édition d'un livre « si plein d'idées » (*gehaltvoll*) était venue dix-neuf ans après la première : à ce compte, *le Monde comme volonté et comme représentation* pouvait bien attendre aussi ses lecteurs. Il se proposait de traduire en allemand les écrits de Hume sur la religion naturelle ; il adressa même à ce sujet une longue lettre à un éditeur de Berlin ; mais le projet n'eut pas de suite [2].

1. La lettre de Schopenhauer est perdue ; mais les *Archives de Gœthe et Schiller* à Weimar contiennent une lettre d'Adèle à Gœthe, où elle dit : « J'ai eu hier une grande joie, une joie inespérée, et c'est à vous, cher et excellent père, qu'il faut que je le dise, car, ici comme partout, je suis obligée de me renfermer en moi-même, et personne ne s'en aperçoit quand mon cœur bat plus vite. Mon frère est complètement rétabli, il se trouve à Manheim, et il m'a écrit pour me proposer une entrevue à Francfort. » (Voir Schemann, p. 497.)

2. Voir Schemann, p. 150. — Tieck se trouvait alors à Dresde, où il prit bientôt la direction du théâtre. Schopenhauer n'eut que de courtes relations avec lui. Holtei raconte (dans *Erzählungen*

Il fut arraché brusquement à ces études, au mois de mai 1825, par un ridicule procès, qui traînait depuis près de quatre ans, et qui exigea sa présence à Berlin. Il s'agissait d'un fait qui datait de son précédent séjour dans cette ville, et qui remontait au mois d'août 1821. Une couturière peu discrète, qui occupait une chambre dans la même maison que lui, s'était un jour installée devant sa porte, pour contrôler les visites qu'il recevait. Il la somma de se retirer, et, sur son refus, il la repoussa violemment dans le corridor qui précédait l'appartement. Elle prétendit même avoir été frappée par lui et traînée sur le plancher. Elle déposa une plainte, qui n'eut d'abord d'autre résultat que de la faire condamner aux frais. Puis elle alla en appel. Schopenhauer, confiant dans le jugement qui l'avait acquitté, et prêt à partir pour la Suisse, ne crut pas devoir ajourner son voyage. Malheureusement, les juges du second ressort furent d'un autre avis que ceux du premier; ils lui infligèrent, en son absence, une amende de vingt thalers. Alors la plaignante agit civilement, et, à mesure que le procès se prolongeait, ses prétentions s'accrurent; elle s'aperçut même qu'elle avait certains organes lésés par suite de sa chute. Il en résulta une enquête médicale, qui confirma une partie des faits allégués. Enfin la dame fit si bien, que Schopenhauer fut contraint de lui payer les frais de ses maladies, feintes ou réelles, et une indemnité viagère de quinze thalers par trimestre pour

---

und Plaudereien) que Schopenhauer, dans une discussion philosophique avec Tieck, lui lança brusquement cette apostrophe : « Vous avez donc besoin d'un Dieu ? » Mais on sait qu'il ne faut pas trop se fier aux renseignements de Holtei. Tieck était revenu depuis longtemps du pessimisme de sa jeunesse, et il était l'un des chefs du romantisme. Toutes ses opinions, philosophiques et littéraires, l'éloignaient de Schopenhauer; cela suffit pour expliquer le peu de sympathie qui existait entre eux.

incapacité de travail. Il avait confié sa défense à un avoué peu diligent, tandis que la partie adverse était conduite par un homme très retors. Toute l'affaire aurait mérité d'être retracée par un Beaumarchais [1].

Le nom de Schopenhauer reparut sur l'affiche des cours à la rentrée d'octobre 1826. Le sujet qu'il annonçait était la théorie de la connaissance ; les heures étaient, comme précédemment, celles où enseignait Hegel. Il y eut trois inscriptions ; le professeur s'abstint, et il fit de même jusqu'en 1831. Peut-être ne tenait-il qu'à figurer pour la forme parmi les membres de l'université. Une feuille trouvée dans ses papiers nous fait connaître la qualité des cinq auditeurs inscrits pour le semestre d'hiver 1828-1829 ; c'étaient un conseiller aulique, un changeur, un dentiste, un écuyer et un commandant. L'auditoire était à la fois peu nombreux et très mêlé, et réunissait dans son cadre étroit à peu près toutes les classes de la société. Seuls, les étudiants manquaient.

Cependant le philosophe ne restait point inactif. Il développait certaines parties de son système ; il en étendait les ramifications en tous sens. Il ajoutait des ailes à un édifice dont, malgré l'inattention des contemporains, la solidité ne lui laissait aucun doute. Il traça, en 1826, la première esquisse d'un de ses meilleurs écrits, les *Aphorismes sur la sagesse*. L'année suivante, il écrivit la *Physique astronomique*, qui forma plus tard un chapitre de *la Volonté dans la nature*. Un

---

[1]. Voir les pièces du procès dans Gwinner, p. 305 et suiv., et chez Grisebach en appendice (*Schopenhauer*, p. 295 et suiv., 304 et suiv.). — La demoiselle Marquet — le soufflet d'un philosophe a immortalisé son nom — avait quarante-sept ans quand le fait délictueux se passa ; elle jouit encore vingt ans de son indemnité, et lorsqu'elle mourut, Schopenhauer lui fit cette épitaphe: *Obit anus, abit onus*.

article qui parut, en 1829, dans le *Foreign Review* de Londres fit naître en lui le projet de traduire en anglais les œuvres de Kant. Nul n'était plus qualifié que lui pour une telle entreprise, et il n'y avait aucune fatuité de sa part à écrire « qu'il ne se trouverait peut-être pas, dans l'espace d'un siècle, une autre tête où il y aurait autant de kantisme et autant d'anglais réunis que dans la sienne [1] ». Deux éditeurs auxquels il s'adressa successivement reculèrent devant les frais. Sachant déjà l'anglais, le français et l'italien, il avait commencé, en 1825, l'étude de l'espagnol ; il traduisit l'*Oracle manuel* du moraliste Balthasar Gracian ; mais ici encore l'intermédiaire nécessaire auprès du public, l'éditeur, lui manqua, et sa traduction ne fut publiée qu'après sa mort.

Toutes ces études, toutes ces reconnaissances qu'il poussait en tous sens autour de son système, lui faisaient désirer une édition nouvelle, complétée et rectifiée, de son grand ouvrage. Le 24 novembre 1828, il écrivit à l'éditeur Brockhaus, pour savoir où en était la vente de la première édition. Il lui fut répondu qu'il restait cent cinquante exemplaires en magasin ; quant au nombre des exemplaires vendus, on ne pouvait le lui indiquer exactement, une partie de l'édition ayant été convertie en maculature ; en tout cas, le débit était insignifiant. A une nouvelle lettre écrite par Schopenhauer en mai 1835, l'éditeur répondit de même. « Je regrette de vous dire, ajoutait-il, que, pour tirer au moins quelque profit de ce qui reste, j'ai dû en mettre la plus grande partie au rebut et ne conserver qu'un petit nombre d'exemplaires. » Schopenhauer ne parla plus d'une seconde édition.

---

[1]. Lettre au directeur de la revue, du 21 décembre 1829 ; chez Gwinner, p. 343.

En 1831, le choléra fit son apparition sur les frontières orientales de la Prusse, et s'approcha peu à peu de Berlin. Or, Schopenhauer avait eu un songe dans la dernière nuit de décembre. Il ne croyait pas que les songes fussent un simple jeu d'une imagination déréglée, mais il ne leur attribuait pas à tous la même valeur. Quelques-uns n'avaient qu'une vérité hypothétique, et il pensa que celui qu'il venait d'avoir, et qui l'effraya d'abord, était de ce nombre. « Les philosophes les plus déterminés, dit Lichtenberg, sont quelquefois superstitieux et croient aux pressentiments. » Lichtenberg aurait pu se citer lui-même comme exemple. Schopenhauer se persuada qu'il mourrait dans l'année, s'il ne quittait Berlin, et il obéit à la voix prophétique qui parlait en lui. Trois mois après, Hegel était victime du fléau.

Schopenhauer arriva, au mois de septembre, à Francfort, où il passa, presque sans interruption, la dernière partie de sa vie. Vingt ans encore, il attendit la célébrité qu'il ambitionnait, et qu'il croyait lui être due. Il l'attendit, non pas toujours sans impatience et sans colère, mais sans découragement, et sans douter un instant que son jour viendrait. La mort de Hegel fut une apothéose. On commença par le déifier, le comparant à Alexandre, qui avait conquis la moitié du monde à la civilisation grecque, ou à Jésus-Christ, qui avait renouvelé la conscience religieuse de l'humanité. Puis on se partagea ses dépouilles. Les uns prirent la partie conservatrice du système, les autres la partie révolutionnaire : ce furent les hégéliens du côté droit et du côté gauche. Entre eux se plaçaient ceux du centre, les timides et les indécis, les purs truchements du maître, les simples commentateurs d'un texte souvent obscur. Pendant la période agitée qui s'écoula de 1830 à 1848, toutes les théories politiques ou religieuses, toutes les tentatives de réforme, tous les projets de réaction, s'appuyèrent sur Hegel et cherchèrent leur formule dans ses écrits. Enfin toute l'école sombra dans le dernier naufrage des idées libérales après 1848. Ce fut le moment où la philosophie allemande, sans sortir du kantisme, put reprendre la pensée de Kant à l'origine et la poursuivre et la développer dans une direction nouvelle.

XII

SCHOPENHAUER ET KANT

Ce fut une erreur de Schopenhauer de croire ou plutôt de se persuader que Fichte, Schelling et Hegel n'avaient été que de faux interprètes de la doctrine de Kant : une erreur au plus haut point volontaire, car Schopenhauer n'a jamais pris la peine de réfuter sérieusement ses trois prédécesseurs. Il se contentait de les appeler « les trois grands sophistes ». Pour Hegel en particulier, il s'en débarrassait à bon compte : il le déclarait illisible, ce qui était vrai en un sens et ce qui pouvait se justifier pour un simple lecteur, mais non pour un adversaire [1]. S'il avait voulu y regarder de près, il aurait pu se convaincre que l'idéalisme de Fichte, de Schelling et de Hegel, non moins que sa propre théorie de la connaissance, avait ses racines dans le criticisme de Kant. Une grande philosophie, comme celle de Kant, n'est pas un enclos muré dans lequel on ne pénètre que par une porte étroite ; c'est un domaine largement ouvert, d'où partent, comme du temple de la Sibylle, cent avenues diverses. Schopenhauer et

---

1. Voir surtout la préface de la seconde édition du *Monde comme volonté et comme représentation*, la préface de la première édition des *Deux Problèmes fondamentaux de la morale*, et l'article *Sur la Philosophie universitaire* dans la première partie des *Parerga et Paralipomena*.

Hegel ont abordé la doctrine du maître chacun par un autre côté. Mais ils sont tous deux disciples de Kant, de même que Platon et Aristote, quelque opposés qu'ils paraissent, tiennent l'un et l'autre, en définitive, de l'enseignement de Socrate.

Le point capital de la philosophie de Kant, c'est le caractère relatif et conditionnel du savoir humain. Notre connaissance se compose de nos jugements, et nos jugements se fondent sur nos perceptions. Or, ce que nous percevons, ce ne sont pas les choses mêmes, mais l'image des choses que nos sens nous transmettent. En d'autres termes, notre savoir est fait d'apparences. Nous voyons tout sous les conditions du temps et de l'espace, qui sont comme les formes de notre sensibilité. Un être qui vivrait en dehors du temps et de l'espace ne percevrait rien de ce que nous percevons. Et, par la même raison, tout ce qui est en dehors du temps et de l'espace, l'éternel, l'infini, l'absolu, nous échappe, et toutes les idées que nous nous en faisons ne peuvent être que chimériques : c'est « le fruit défendu » dont il faut s'abstenir. La philosophie est descendue, comme au temps de Socrate, du ciel sur la terre. La métaphysique n'est plus une construction ambitieuse, ayant la prétention d'embrasser l'universalité des choses et d'expliquer le mystère de la création ; elle est devenue « la science des limites de la raison humaine [1] ».

La faculté de connaître se manifeste, selon Kant, sous trois formes successives ; elle est d'abord sensibilité ou faculté de percevoir, ensuite intelligence ou faculté de juger, enfin raison ou faculté de coordonner les jugements et de les réduire en système. La sensibilité,

---

1. *Träume eines Geistersehers erläutert durch Träume der Metaphysik*, 1766.

comme première manifestation de la faculté de connaître, n'est pas purement passive ; percevoir, c'est déjà agir. A la matière que ses organes lui fournissent, la sensibilité présente ses moules, qui sont les notions de temps et d'espace. Elle façonne et transforme tout ce qu'elle reçoit, elle y met son empreinte, sa signature. Au monde réel elle substitue un monde de phénomènes, qui lui appartient, qui est son œuvre, et qu'elle transmet à l'intelligence et à la raison. Kant a pu dire, en ce sens, que la raison humaine crée l'univers. Il n'entendait parler que de l'univers sensible, de l'ensemble des phénomènes qui, pour nous, remplace l'universalité des choses. Ses successeurs n'auront qu'à effacer la distinction entre le monde réel et le monde phénoménal pour rentrer dans l'idéalisme absolu.

Kant comparait sa philosophie à l'œuvre de Copernic. Il plaçait la raison humaine au centre du monde phénoménal qu'elle a créé, comme Copernic avait mis le soleil au centre du système planétaire qui émane de lui. Dans les limites du monde phénoménal, la raison règne en maîtresse ; c'est elle qui fait le *cosmos*. Au delà de ces limites, son pouvoir expire, et sa connaissance n'est qu'illusion. La réalité qui se cache derrière le phénomène, la *chose en soi*, nous est inaccessible ; elle se dérobe à nos sens, et notre intelligence n'a aucune prise sur elle. Que serait-ce, cependant, si la grande inconnue qui est au fond des choses se confondait avec cette autre inconnue que nous portons en nous-mêmes, qui nous fait croire que nous sommes libres malgré le déterminisme du monde phénoménal, et que Dieu existe, quoique rien ne décèle l'intervention d'une volonté supérieure dans la marche de l'univers ? Kant l'insinuait quelquefois ; Fichte l'affirme hautement, et fait de cette affirmation le point de départ de son système. Le moi humain devient sujet absolu ; il contient virtuellement toute connaissance et toute réalité ; il est l'essence intelligible du monde phénoménal. Les objets sensibles ne sont qu'une limite qu'il rencontre au dehors de lui, ou plutôt qu'il s'oppose à lui-même, mais qu'il fait sans cesse reculer devant lui, à mesure que son infinie virtualité se déploie et se réalise dans le monde. Le terme du développement philosophique serait l'absorption complète de la nature dans l'humanité, ou, pour parler le langage de Fichte, l'identité du moi et du non-moi, ou encore, comme dira Hegel, la réalisation de l'Idée absolue dans l'esprit humain, la naissance de Dieu dans l'homme.

Ainsi l'ancienne métaphysique, que Kant avait cru bannir à jamais, se reconstruisait pièce à pièce sur la base de son propre système. Kant avait beau protester contre les hardiesses de ses continuateurs, il n'en est pas moins vrai que l'idéalisme de Fichte, aussi bien que la dialectique de Hegel, était contenu en germe dans la *Critique de la raison pure*.

Pour Schopenhauer, tout le développement auquel s'attachent les noms de Fichte, de Schelling et de Hegel n'est qu'une excroissance parasite du kantisme. Il ne tarit pas d'invectives contre « les trois sophistes ». Il veut bien reconnaître « du talent » à Schelling ; mais Fichte n'est que « la caricature de Kant, le miroir grossissant de ses défauts ». Quant à Hegel, ce « Caliban de la philosophie », qui pourrait dire le nombre des cerveaux qu'il a détraqués ? Tous trois représentent « la descendance bâtarde » de Kant, dont il est, lui, l'héritier légitime : c'est là l'assaisonnement ordinaire des préfaces et des digressions de Schopenhauer. Mais ce qu'il faut lui accorder, c'est que nul n'a étudié de si près les écrits du maître et ne s'est si bien pénétré de sa doctrine. Il lui a consacré un long article, sous forme d'appendice à la première édition du *Monde comme volonté et comme représentation*. Il désire même qu'on lise cet appendice avant d'aborder l'ouvrage principal. Schopenhauer a relativement peu écrit, et il s'en fait un mérite, n'ayant jamais pris la plume que quand il avait quelque chose à dire. Mais il veut aussi être lu en entier, et il indique même l'ordre dans lequel on doit le lire. « Si mon ouvrage, dit-il, suppose des lecteurs familiers avec la philosophie de Kant, il suppose également la connaissance de l'appendice dont je parle. A ce point de vue, le plus sage serait de lire d'abord l'appendice, qui a, du reste, par son contenu, des rapports étroits avec le premier livre. D'un autre côté, on ne pouvait éviter, vu la nature du sujet, que l'appendice ne se référât çà et là au corps de l'ouvrage : d'où il suit tout simplement qu'il faut le lire deux fois. » Schopenhauer fait, d'ailleurs, la même recommandation pour tout l'ouvrage, « attendu que le commencement suppose la fin, à peu près comme la fin suppose le commencement [1] ».

Kant est, pour Schopenhauer, le véritable initiateur des études philosophiques. L'effet que la lecture de ses écrits produit sur un esprit bien constitué peut se comparer, dit-il, à celui que l'opération de la cataracte produit sur un aveugle. De lui date une nouvelle manière de philosopher. « Celui qui s'est assimilé sa doctrine n'est plus dupe de ses illusions ; il voit toutes choses sous un jour nouveau. Celui, au contraire, qui ne s'en est pas rendu maître est encore, malgré toute l'expérience qu'il peut avoir, dans une sorte d'innocence

---

1. *Die Welt as Wille und Vorstellung*, préface de la 1re édition

primitive ; il est encore emprisonné dans ce réalisme naïf et enfantin que nous apportons tous en naissant, et qui prépare à tout, hormis à philosopher [1]. » A Kant, on ajoutera plus tard Platon, Berkeley, Hume, mais Kant doit rester le directeur principal. La grande vertu de sa philosophie est d'affranchir l'esprit, de nous mettre en garde contre les suggestions de l'imagination et du cœur, de ne laisser vivre en nous d'autre désir que celui de connaître le vrai.

C'est sur trois points surtout, selon Schopenhauer, que la réforme de Kant a été décisive. D'abord, il a séparé nettement deux éléments que l'on confondait avant lui, ou qu'on sacrifiait l'un à l'autre : ce qui paraît et ce qui est, le phénomène et la chose en soi, ce que nous pouvons connaître et ce qui échappe à toutes nos investigations. Il a réfuté ainsi tout à la fois le sensualisme exclusif et l'idéalisme exclusif, deux systèmes opposés dans leurs conclusions, mais ayant, au point de vue de la méthode, un caractère commun, qui est l'esprit dogmatique. « Avec Kant, la philosophie critique se pose en adversaire déclaré de cette méthode, quelles qu'en soient les applications. Elle soumet à son examen les prétendues vérités éternelles qui servent de fondement à toute construction dogmatique ; elle recherche leur origine, et elle finit par la trouver dans la tête de l'homme. C'est de là qu'elles surgissent ; elles procèdent des formes qui appartiennent en propre à l'entendement humain, formes qu'il porte en lui et dont il se sert pour concevoir un monde objectif. Le cerveau humain est, en quelque sorte, la carrière qui fournit les matériaux de cette orgueilleuse construction dogmatique. Mais, pour arriver à son but, la philo-

---

1. Même ouvrage, préface de la 2ᵉ édition.

sophie critique a été obligée de remonter *au delà* des
« vérités éternelles » sur lesquelles s'appuyait jusqu'ici
le dogmatisme, et qu'elle voulait mettre en question ;
c'est pourquoi elle a pris le nom de *philosophie transcendentale*. Cette philosophie montre encore que le
monde objectif, tel que nous le connaissons, n'appartient pas à l'essence des choses, mais qu'il n'en est que
l'apparition ou le *phénomène*, phénomène conditionné
précisément par ces formes qui résident *a priori* dans
l'entendement humain, autrement dit dans le cerveau.
Par suite, le monde objectif ne peut contenir autre
chose que des phénomènes [1]. »

L'influence de Kant n'a pas été moins efficace dans
le domaine de la philosophie pratique, quoique là il ait
laissé, selon Schopenhauer, un grand pas à faire à son
successeur. En proclamant l'autonomie de la conscience morale, il a élevé l'activité libre de l'homme au-dessus des contingences du monde phénoménal. Il a
rapproché la volonté humaine de la chose en soi, par le
caractère absolu qu'il prêtait à la loi morale, qui est la
norme de la volonté. Il ne lui restait qu'à reconnaître
la volonté elle-même comme la chose en soi. « Il n'a
pas reconnu l'identité de la volonté et de la chose en
soi ; mais il nous a mis sur le chemin de cette découverte, en montrant que l'activité humaine a un caractère
moral indéniable, qu'elle est tout à fait différente et
indépendante des lois du monde phénoménal et ne
saurait en aucune façon s'expliquer par elles, enfin
qu'elle se rattache directement à la chose en soi. »
Ainsi la grande inconnue, dont Kant n'avait pas osé
soulever le voile, c'est la volonté, non pas seulement,
ajoutera Schopenhauer, la volonté humaine, mais le

---

1. *Kritik der Kantischen Philosophie.*

vouloir vivre qui réside au sein de la nature et qui anime tous les êtres créés.

Un troisième mérite que Schopenhauer attribue à Kant, c'est d'avoir donné le coup de grâce à la philosophie scolastique, et sous ce nom il comprend toute la période qui commence à saint Augustin et qui se termine immédiatement avant Kant ; Descartes lui-même, quoique ce fût « un esprit de la plus haute distinction », n'en est point excepté. Le caractère de cette période est d'observer, mais sans se rendre bien compte des conditions de l'observation, d'élever les lois du monde phénoménal au rang de vérités éternelles et de prendre ainsi le phénomène pour la réalité, enfin, sous ombre d'indépendance, de revenir toujours, par quelque détour, aux dogmes de l'Église, qu'elle s'est promis d'avance de respecter et même de confirmer. Schopenhauer, qui aime les comparaisons, applique aux « libres penseurs de ce calibre » une parole de Méphistophélès : « Ils me font l'effet de ces cigales à longues pattes, qui volent en sautillant, et qui reviennent toujours chanter dans l'herbe leur vieille chanson. » — « Kant, ajoute Schopenhauer, avait ses raisons pour faire semblant de s'en tenir, lui aussi, au rôle de la cigale. Mais le prétendu saut qu'on tolérait, parce qu'on savait qu'il était ordinairement suivi d'une rechute dans l'herbe, se termina cette fois par un puissant essor ; et maintenant ceux qui restent en bas n'ont qu'à suivre des yeux le philosophe dans son vol, sans espoir de le ramener en arrière. »

Après avoir reconnu les divers mérites de Kant, ce qui revenait à dire sur quels points il ne voulait être que son fidèle continuateur, Schopenhauer passe à la critique détaillée du système. Certaines de ses remarques ne portent que sur la forme, sur des définitions de mots, sur l'emploi d'expressions surannées ou même obscures. Il compare le style de Kant à celui d'Aristote, « quoique celui-ci soit beaucoup plus simple. Il faut avouer, continue-t-il, que la simplicité grandiose des anciens, que la naïveté, l'ingénuité la candeur [1] lui manquent totalement. Sa philosophie n'a aucune analogie avec l'architecture grecque, qui offre des proportions grandes, simples et se manifestant d'un seul coup au regard ; elle rappelle beaucoup, au contraire, le style gothique. En effet, un trait tout personnel de l'esprit de Kant, c'est un goût étrange de la symétrie, de ce genre de symétrie qui aime les combinaisons compliquées, qui se plaît à diviser et à subdiviser sans fin, en suivant toujours le même ordre, comme dans les églises gothiques. » La comparaison est juste ; elle a été faite aussi, et avec plus de raison, pour le système de Hegel. On peut même accorder à Schopenhauer que les divisions et les subdivisions de Kant lui sont souvent dictées par un besoin de symétrie plutôt que par la simple logique, comme dans l'exemple qu'il cite, celui des douze catégories du jugement, rangées trois par trois sous quatre chefs principaux, *la quantité, la qualité, la relation et la modalité*, « véritable lit de Procuste, où le philosophe fait entrer, bon gré mal gré, tous les objets du monde et tout ce qui se passe dans l'esprit de l'homme ».

D'autres remarques portent sur le fond de la doctrine ; elles contiennent en même temps des indications sur le propre système de Schopenhauer, et, à ce titre, la *Critique de la philosophie kantienne* peut être considérée en effet comme une sorte de préface du *Monde comme volonté et comme représentation*. Une objection

---

1. Les mots : *ingénuité, candeur*, sont en français dans le texte.

capitale que Schopenhauer fait à Kant, et que Schulze-Énésidème lui avait déjà faite, concerne la chose en soi, ce sous-sens mystérieux du monde phénoménal, la grande inconnue que la philosophie allemande a poursuivie pendant un demi-siècle. Kant n'y arrive, à ce que prétend Schopenhauer, que par une application illégitime du principe de causalité. « La perception sensible, ou plus exactement l'impression produite sur nos organes et qui lui sert de point de départ, doit avoir, selon Kant, une cause extérieure. Or, d'après la découverte si juste de Kant lui-même, la loi de causalité nous est connue *a priori*, elle est une fonction de notre intellect, ce qui revient à dire qu'elle a une origine subjective. En second lieu, l'impression sensible elle-même, à laquelle nous appliquons ici la loi de causalité, est incontestablement subjective. Enfin l'espace où, par l'application de la loi de causalité, nous situons la cause de notre impression pour en faire un objet, l'espace aussi n'est qu'une forme de notre intellect, donnée *a priori*, c'est-à-dire subjective. Ainsi la perception sensible tout entière repose exclusivement sur une base subjective ; c'est un pur *processus* qui se passe en nous, et il est impossible d'y introduire, comme chose en soi et à titre d'hypothèse nécessaire, aucun objet qui en diffère essentiellement ou qui en soit indépendant. » Kant est moins explicite que ne le dit Schopenhauer. Il admet, dans l'impression sensible, « un élément qui lui est donné du dehors » ; mais Schopenhauer trouve cette expression trop vague. Au reste, Kant, dans la suite de ses écrits, et à mesure que sa philosophie se développait dans son esprit, a interprété la chose en soi de diverses manières. Dans la *Critique du jugement*, il paraît l'assimiler au plan de l'univers. Peut-être, là où Schopenhauer voit une contradiction formelle, ne faut-il voir qu'un manque de précision, peut-être même un manque volontaire. Est-il bien possible d'être précis dans la définition d'une chose qu'on présente d'abord comme une inconnue? Schopenhauer continue: « En réalité, la perception sensible est et demeure uniquement *notre représentation* : c'est le monde comme représentation. Pour ce qui est de *l'être en soi* de ce monde, nous ne pouvons l'atteindre que par une méthode toute différente, celle que j'ai employée. Il faut pour cela invoquer le témoignage de la conscience, qui nous fait voir dans la volonté l'être en soi de notre propre existence phénoménale. »

La partie la plus importante, la seule importante même, de la *Critique de la raison pure* est, selon Schopenhauer, l'*Esthétique transcendentale*, ou la théorie de la sensibilité [1], « œuvre tellement précieuse qu'elle suffirait à elle seule pour immortaliser le nom de Kant; elle constitue ce qu'il y a de plus rare au monde, une grande découverte métaphysique ». Cette découverte consiste à avoir reconnu que la sensibilité ne s'exerce que sous les conditions du temps et de l'espace, mais que les notions de temps et d'espace ne sont pas elles-mêmes un fait d'expérience, qu'elles sont inhérentes à notre esprit, qu'elles nous sont connues *a priori*. Mais Kant, heureux de cette découverte, et poussé par son amour de la symétrie, a voulu, dit Schopenhauer, poursuivre une veine si féconde ; il a pensé que l'intelligence, travaillant sur les données de la sensibilité, devait avoir aussi certaines formes qui lui fussent propres, certains moules pour y couler ses

---

[1]. Le sens que Kant donne ici au mot *esthétique* correspond à l'ancienne division des connaissances en *aïsthéta* et *noêta*, connaissances de l'ordre sensible et de l'ordre intelligible.

jugements. « Sur l'*Esthétique transcendentale*, si heureusement imaginée, il éleva, comme un second étage, une *Logique transcendentale* qui lui fût analogue, qui lui répondît symétriquement. Il dressa donc un tableau des jugements, dont il tira, le mieux qu'il put, le *tableau des catégories*, sous la forme de douze concepts purs *a priori*, qui devaient être les conditions sous lesquelles nous pensons les choses, comme tout à l'heure les deux formes de la sensibilité, le temps et l'espace, étaient les conditions sous lesquelles nous les percevons. » Schopenhauer ne reconnaît qu'une *catégorie du jugement*, le rapport de causalité ; « les onze autres ne sont que des fenêtres postiches dessinées sur une façade ». Il fait pourtant une différence entre celles-ci : les unes font double emploi, ou sont tout à fait inutiles, tandis que les autres servent plutôt au raisonnement abstrait qu'à la formation de simples jugements.

De même que l'intelligence reçoit les données de la sensibilité et en forme des jugements, de même la raison reprend les jugements formés par l'intelligence, pour les grouper, les relier entre eux, les réduire en système. De même que la sensibilité a ses formes et l'intelligence ses catégories, de même la raison a ses idées directrices, d'après lesquelles elle construit les sciences. Ce sont les idées de l'âme, de l'univers, de Dieu, sur lesquelles se fondent la psychologie, la cosmologie, la théologie rationnelles ; idées indépendantes de toute expérience, et par conséquent vides de tout contenu réel. Schopenhauer n'a pas de peine à montrer que, de ces trois idées que Kant met au même rang et qu'il présente comme également inconditionnées, deux au moins, l'univers et l'âme, sont conditionnées par la troisième, qui est Dieu ; que les idées de Kant, purs concepts rationnels, n'ont aucun rapport avec celles de Platon, qui sont, au contraire, la somme de toute réalité ; qu'il y a quelque contradiction à admettre que des idées s'imposent à la raison, quoique la raison soit impuissante à se les démontrer et même à se les représenter comme existantes ; enfin que la *Dialectique transcendentale* n'est qu'une superfétation inutile du système de Kant [1].

Kant maintient les idées de la raison, parce qu'il se propose de leur donner plus tard une existence réelle dans la *Critique de la raison pratique*, où il montre que la loi morale, étant absolue, suppose un législateur également absolu, et que la liberté, conséquence de l'obligation morale, suppose la responsabilité, la rémunération finale, l'immortalité de l'âme. Le système de Kant est ainsi, en bien des points, un compromis et même un conflit entre la sagacité de son esprit critique et les besoins de son âme religieuse.

Schopenhauer a une autre manière de philosopher que Kant : on le voit par les inconséquences qu'il lui reproche. Il a un trait commun avec lui : l'amour de la vérité. Sur ce point, tous ceux qui l'ont connu intimement sont d'accord. Déjà sa mère, qui pourtant était plus portée à voir ses défauts que ses qualités, lui reconnaît le rare mérite d'être toujours franc avec lui-même et avec les autres. Mais la vérité a, chez lui, des allures hautaines ; elle commande et elle s'impose ; elle n'admet aucune hésitation, aucun atermoiement ; elle s'indigne contre les résistances. Kant met trente ans à mûrir sa philosophie, et, dans cet intervalle, il la remanie sans cesse ; il explique, complète, atténue, prévoit les objections, calcule les conséquences. La

---

1. La *Logique transcendentale* de Kant se divise en *Analytique*, ou critique du jugement, et *Dialectique*, ou critique de la raison proprement dite.

philosophie de Schopenhauer jaillit d'une source unique, la théorie de la volonté, et se cristallise dans son premier jet. Ce qu'elle est d'abord, elle le restera toujours, et, telle qu'elle est, il faut que le monde la reçoive : c'est l'intime conviction et l'inébranlable espoir de son auteur. Kant a des traditions de famille et des attaches nationales ; il appartient à un État, à une Église ; il se sait membre d'une société, et il tient à ne pas rompre ses liens avec elle. Schopenhauer a été de bonne heure séparé des siens, et il n'a jamais eu de patrie ; il est « honteux d'être Allemand ». Sa pensée est comme une étrangère en ce monde ; indifférente à ce qui nous touche de plus près, sans pitié pour nos faiblesses et sans ménagement pour nos illusions, elle va droit devant elle, sans autre souci que de se mettre sur la piste du vrai et de le surprendre dans sa retraite la plus profonde. « Quand j'écris un ouvrage, dit-il dans une lettre à Gœthe (du 11 novembre 1815), je me place devant mon propre esprit comme un juge inexorable devant un prisonnier à la torture, et je l'interroge jusqu'à ce qu'il n'ait plus rien à me répondre... Le courage de ne garder aucune réponse sur le cœur, c'est ce qui fait le philosophe. Celui-ci doit ressembler à l'Œdipe de Sophocle, qui, voulant s'éclairer sur son sort, quelque terrible qu'il soit, demande, demande toujours, lors même qu'il pressent toute l'épouvante qui sortira de la réponse. Mais la plupart des philosophes portent en eux une Jocaste, qui les supplie, pour l'amour de tous les dieux, de ne pas pousser plus loin leurs investigations ; et voilà pourquoi la philosophie est encore — ce qu'elle est. »

XIII

LE MONDE COMME REPRÉSENTATION

La faculté de connaître est, pour Schopenhauer comme pour Kant, tour à tour sensibilité, intelligence et raison. Il ne diffère de Kant que par le rôle plus modeste qu'il attribue à la raison. Schopenhauer n'admet pas les *Idées transcendentales* de Kant, les idées de l'âme, de l'univers, de Dieu, sur lesquelles Kant fonde la psychologie, la cosmologie et la théologie rationnelles, simples entités logiques, auxquelles la raison elle-même ne peut prêter aucun contenu réel, et qui ne reçoivent leur certitude que de la conscience morale. Des idées dépourvues de toute réalité objective ne sauraient fournir, selon Schopenhauer, aucun appui solide aux sciences, et ne peuvent qu'entraver leurs découvertes. La raison est simplement, pour lui, la faculté de former des idées abstraites avec les notions que lui transmet l'intelligence ; elle est le privilège de l'homme, l'unique *abstracteur* que nous connaissions sur notre planète.

L'acte de connaissance commence par l'impression, c'est-à-dire par une modification produite sur les organes de nos sens ; et, à moins de nous aventurer dans le champ de l'hypothèse, nous ne pouvons pas remonter au delà de cette limite. Nous pouvons bien, nous devons même supposer que l'impression a une cause en dehors de nous ; mais nous ne pouvons rien affirmer quant à cette cause ; nous ne pouvons dire ce qu'elle est en elle-même. L'impression est ce que nous atteignons, ce que nous saisissons directement ; ce qui est au delà nous échappe. L'intelligence, par un retour immédiat et nécessaire, appliquant à l'impression reçue les notions de temps et d'espace qui lui sont propres, la loge en un lieu de l'espace, en un moment du temps. Dès lors, l'esprit a l'*intuition* [1], c'est-à-dire la perception directe d'un *objet*.

L'acte de connaissance se passe donc dans l'entendement. « Toute intuition est intellectuelle. Sans l'intelligence, il n'y aurait aucune intuition, aucune perception d'objets. Tout se bornerait à la simple impression, qui pourrait tout au plus, en tant que douloureuse ou agréable, avoir une influence sur la volonté, mais qui, pour le reste, ne serait qu'un changement d'état indifférent, ne ressemblant en rien à un acte de connaissance. Pour qu'il y ait intuition, c'est-à-dire pour que nous prenions connaissance d'un objet, il faut tout d'abord que notre intelligence rapporte chaque impression que reçoit notre corps à une cause, qu'elle transporte cette cause en un lieu de l'espace d'où part l'effet éprouvé, et qu'ainsi elle reconnaisse la cause comme effective, comme réelle [2], comme une *représentation* de la même espèce que notre propre corps. Ce passage de l'effet à la cause est immédiat et

---

1. *Anschauung* : ce mot, qui depuis Kant est devenu courant dans la philosophie allemande, répond étymologiquement au mot français *intuition* ; c'est la perception, avec une nuance d'immédiateté.

2. L'allemand dit *wirkend* et *wirklich*, deux mots ayant une racine commune.

nécessaire ; c'est une opération de l'entendement pur, et non une déduction de la raison, non une combinaison d'idées et de jugements d'après des lois logiques [1]. »

L'impression, fixée en un lieu de l'espace et en un moment de la durée, devient pour nous *objet*. Mais rien ne nous apprend jusqu'à quel point l'objet correspond à une réalité en dehors de nous. Nous ne connaissons du monde que ce que nos sens nous figurent, nous *représentent*. « Le monde est *ma représentation* : c'est là une vérité qui s'applique à tout être vivant et connaissant. L'homme seul, cependant, est capable de transporter cette vérité dans le domaine de la conscience abstraite et réfléchie, et, le jour où il le fait, l'esprit philosophique est né en lui. Il sait alors avec une entière certitude qu'il ne connaît ni un soleil ni une terre, mais seulement un œil qui voit un soleil, une main qui touche une terre, que le monde qui l'entoure n'est là que comme représentation, c'est-à-dire n'existe que par rapport à une autre chose, au sujet représentant, qui est lui-même... Nulle vérité n'est plus sûre, plus indépendante de toute autre, nulle n'a moins besoin de preuve que celle-ci : tout ce qui s'offre à notre connaissance, c'est-à-dire le monde entier, n'est qu'objet par rapport au sujet, perception par rapport à quelque chose qui perçoit, en un mot, représentation. Il est bien entendu que cela est vrai non seulement du présent, mais de tout ce qui est passé et de tout ce qui est à venir, de ce qui est loin comme de ce qui est près ; car cela est vrai même du temps et de l'espace, dans lesquels seuls toutes les représentations particulières se distinguent l'une de l'autre. Tout ce que le monde

---

1. *Ueber das Sehn und die Farben*, chap. 1ᵉʳ.

renferme et peut renfermer est dans cette dépendance nécessaire vis-à-vis du sujet et n'existe que pour le sujet. Le monde est représentation [1]. »

Descartes, ajoute Schopenhauer, a pressenti cette vérité quand il disait : *Je pense, donc je suis*, et quand il établissait ainsi que le point de départ de toute philosophie est un acte de l'intelligence, c'est-à-dire un fait intérieur. Berkeley a fait de la même vérité la base de son système idéaliste. A ces deux noms Schopenhauer aurait pu ajouter celui de Malebranche, quoique Malebranche ait été encore plus loin que lui dans les voies de l'idéalisme. « De ce que nous avons l'idée d'une chose, dit l'auteur de *la Recherche de la vérité*, il ne s'ensuit pas qu'elle existe, et encore moins qu'elle soit entièrement semblable à l'idée que nous en avons… C'est donc un préjugé qui n'est appuyé sur aucune raison, que de croire qu'on voit les corps tels qu'ils sont en eux-mêmes. Car nos yeux ne nous étant donnés que pour la conservation de notre corps, ils s'acquittent fort bien de leur devoir, en nous faisant avoir des idées des objets, lesquelles soient proportionnées à celles que nous avons de la grandeur de notre corps, quoiqu'il y ait dans ces objets une infinité de parties qu'ils ne nous découvrent point. » Et ailleurs : « Nos perceptions ne sont que des modifications de notre esprit, ou que notre esprit même, modifié de telle ou telle manière ; et ce que nous connaissons, ou que nous voyons, n'est proprement que notre idée [2]. » Dans

---

[1]. *Die Welt als Wille und Vorstellung*, livre Ier, § 1.
[2]. *De la Recherche de la vérité*, livre Ier, chap. VI ; et *Réponse à M. Regis*, chap. II. — Malebranche va jusqu'à admettre que les idées que nous avons nous les aurions encore, lors même qu'elles ne correspondraient à aucun objet. (Voir *De la Recherche de la vérité*, livre III, seconde partie, chap. Ier et V, et *Réponse à M. Regis*, chap. II.)

le système de Malebranche, nos sens nous sont donnés, avant tout, comme un moyen de préservation pour notre corps : aussi, ce qu'ils nous font connaître, ce n'est, à vrai dire, que le rapport de notre corps aux corps qui nous environnent.

Ainsi nos sens ne nous montrent que des rapports, des relations, ce qui revient à dire que notre connaissance est toute relative. De plus, ils ne nous montrent ces rapports que sous les conditions du temps et de l'espace, qui ne sont autre chose que des formes de notre entendement, ou, comme dit Kant, des intuitions *a priori* : d'où il résulte que notre connaissance est toute subjective, et ne nous permet de rien affirmer quant à l'essence des choses. Ces conclusions de Kant, non seulement Schopenhauer les admet, mais il s'applique à les confirmer et à les rendre sensibles par des considérations et des développements de toutes sortes.

« *L'idéalité du temps*, découverte par Kant, est déjà contenue dans la *loi d'inertie*, qui appartient à la mécanique. Car, au fond, ce que cette loi établit, c'est que le temps ne peut produire à lui seul aucun effet physique, que par conséquent, à lui seul et en lui-même, il ne change rien ni au repos ni au mouvement d'un corps. Il résulte déjà de là que le temps n'a aucune réalité physique, qu'il n'a qu'une existence idéale, transcendantale, c'est-à-dire qu'il tire son origine non des choses, mais du sujet connaissant. S'il était inhérent aux choses à titre de propriété ou d'accident, il faudrait que sa quantité, sa longueur ou sa brièveté, pût changer les choses en quelque mesure. Or il n'en est rien. Au contraire, le temps passe sur les choses sans leur imprimer la moindre trace. Car ce qui agit, ce sont seulement les causes qui se déroulent dans le temps, nullement le temps lui-même. Aussi, quand un corps est soustrait à toutes les influences chimiques, — comme, par exemple, le mammouth dans les monceaux de glace de la Léna, les moucherons dans l'ambre, un métal précieux dans un air complètement sec, les antiquités égyptiennes et même les chevelures des momies dans leurs nécropoles fermées, — des milliers d'années n'y changent rien. C'est cette absolue inefficacité du temps qui constitue, en mécanique, la loi d'inertie. Un corps a-t-il une fois reçu un mouvement, aucun temps ne peut le lui enlever, ou seulement le diminuer ; ce mouvement est absolument sans fin, si des causes physiques ne réagissent contre lui. De même, un corps au repos reposera éternellement, si des causes physiques n'interviennent pour le mettre en mouvement. Il résulte déjà de là que le temps n'est pas quelque chose qui soit en contact avec les corps, que le temps et les corps sont de nature hétérogène, que cette réalité qui appartient aux corps ne saurait être attribuée au temps, que, par conséquent, celui-ci est absolument idéal, exclusivement attaché à la représentation et à ses organes...

« Et, pour le dire en passant, celui qui veut se représenter très vivement les applications de cette loi d'inertie, n'a qu'à se transporter en imagination à l'extrémité du monde. Que là, dans l'espace vide, il tire un coup de pistolet : la balle continuera de voler, sans changer de direction, dans l'éternité des temps ; les billions d'années ne la fatigueront point, et jamais l'espace ni la durée ne s'épuiseront devant elle. Ajoutez que nous savons tout cela *a priori*, et que, pour cette raison même, nous le savons de toute certitude...

« Le temps n'est pas un simple mouvement ou une transformation quelconque des corps. Au contraire, tout mouvement, toute transformation n'a lieu qu'en lui, est conditionné par lui. L'horloge avance ou retarde, mais non le temps. Au contraire, la marche normale et uniforme d'après laquelle se déterminent l'avance ou le retard est précisément ce qu'on appelle le cours du temps. L'horloge mesure le temps, elle ne le fait point. Quand toutes les horloges s'arrêteraient, quand le soleil serait immobile, quand tout mouvement, toute transformation cesserait, le temps ne suspendrait pas un instant sa marche ; il continuerait son cours tranquille ; il s'écoulerait encore, sans qu'aucun changement rendît son écoulement sensible. Et pourtant nous ne pouvons le percevoir ; il ne nous est point donné du dehors et n'agit point en nous à la manière d'un objet. Que reste-t-il, sinon que le temps est en nous, qu'il s'identifie avec le développement propre et incessant de notre esprit, ou, comme dit Kant, qu'il est une forme de notre sens intérieur et de toutes nos représentations, le fondement sur lequel s'érige pour nous le spectacle du monde ?...

« Quant à l'*idéalité de l'espace*, la preuve la plus convaincante et en même temps la plus simple qu'on en puisse donner, c'est l'impossibilité où nous sommes de le supprimer en pensée, comme nous supprimons toute autre chose. Nous pouvons bien vider l'espace, supposer que tout, tout, absolument tout en soit absent, que tout s'évanouisse, que rien ne remplisse l'intervalle entre les étoiles fixes, et ainsi de suite ; mais *l'espace lui-même*, nous ne pouvons nous en débarrasser en aucune façon. Quoi que nous fassions, où que nous nous placions, il est là et n'a de fin nulle part ; car il est la base et la condition première de toutes nos représentations. C'est une preuve tout à fait certaine qu'il appartient à notre intelligence même, qu'il en est une partie intégrante, qu'il fournit la trame du tissu sur lequel vient s'appliquer ensuite la diversité du monde objectif. Il est là, aussitôt qu'un objet doit être représenté, et il accompagne ensuite tous les mouvements, tous les tours et détours de l'intelligence intuitive, aussi fidèlement que les lunettes qui sont sur mon nez accompagnent les tours et détours de ma personne, ou que l'ombre accompagne le corps. Quand je remarque qu'une chose est avec moi partout et en toute circonstance, j'en conclus qu'elle est attachée à moi. Il en est ainsi de l'espace : quoi que je puisse penser, quelque monde que je puisse me représenter, l'espace est toujours là d'abord, et ne veut pas bouger. Si maintenant, comme il s'ensuit de là évidemment, ce même espace est une fonction et même une fonction fondamentale de mon intelligence, son idéalité doit s'étendre à tout ce qu'il contient, à tout ce qui se représente en lui [1]. »

Tel le contenant, tel le contenu. Si l'espace et le temps ne sont que des formes de notre entendement, des cadres dans lesquels nous recevons les impressions du dehors, ou, pour parler sans figure, de simples manières de considérer les choses, et les seules manières dont nous puissions les considérer, des manières propres à nous et toutes subjectives, il s'ensuit que toute notre connaissance doit être empreinte du même caractère de subjectivité. Le monde que nous connaissons, c'est notre monde à nous ; il n'existe qu'en nous et pour nous. Nous le projetons au dehors dans l'étendue et la durée, mais ce serait une illusion de croire que nous puissions ainsi lui donner une existence réelle, indépendante de nous. Telles sont les conclusions de l'idéalisme transcendental. Quant au système opposé, qui tend à

---

1. *Parerga und Paralipomena*, deuxième partie, chap. III, §§ 29, 30.

identifier nos représentations avec la réalité des choses, il repose, selon Schopenhauer, sur une pétition de principe.

« D'après le réalisme, le monde, tel que nous le connaissons, doit exister indépendamment de notre connaissance. Or, essayons d'en supprimer tous les êtres connaissants et de n'y laisser subsister que la nature inorganique et végétale. Le rocher, l'arbre, le ruisseau sont là, et le ciel bleu. Le soleil, la lune et les étoiles éclairent ce monde, comme auparavant, mais inutilement, car aucun œil n'est là pour le voir. Maintenant, introduisons après coup un être connaissant. Aussitôt, dans l'intérieur de son cerveau, ce même monde se répète, se représente, exactement tel qu'il était à l'extérieur. Au premier monde s'en est ajouté un second, complètement séparé de lui, et qui pourtant lui ressemble trait pour trait. Le *monde subjectif*, le monde de l'intuition, dans l'espace subjectif de la connaissance, est exactement fait comme le *monde objectif*, dans l'espace objectif et infini. Mais celui-là a sur celui-ci l'avantage de la connaissance; il sait que cet espace au dehors est infini; il sait même indiquer à l'avance et sans calcul préalable, nettement, minutieusement, l'ordonnance régulière de tous les événements qui peuvent s'y produire; il n'est pas moins renseigné sur le cours du temps, et sur la relation de cause et d'effet qui règle au dehors tous les changements... N'est-il pas évident que ce monde absolument objectif que nous imaginions d'abord, et que nous croyions indépendant de notre cerveau et antérieur à toute connaissance, c'était déjà le second, le monde subjectif, celui de notre représentation, le seul que nous puissions concevoir [1] ? »

---

1. *Die Welt als Wille und Vorstellung*, suppléments au pre-

L'idéalité de notre connaissance est un thème favori de Schopenhauer. C'est un problème qui sollicite sans cesse son attention, sur lequel il exerce tour à tour sa sagacité de penseur, son talent d'écrivain, on serait tenté d'ajouter son imagination de poète. Cette idée du vaste univers resserré dans le cerveau d'un être pensant se retrouve, sous forme d'apologue, dans un fragment posthume. Le philosophe suppose qu'un bon génie lui révèle le mystère de la création : « Quelle merveille j'ai vue ! Dans ce monde des choses et des corps, deux de ces choses, deux corps étaient devant moi, pesants, de forme régulière, beaux à voir. L'un était un vase de jaspe, avec une bordure d'or et des anses d'or ; l'autre, un corps organisé, un animal, un homme. Après les avoir suffisamment admirés du dehors, je priai le génie qui m'accompagnait de me laisser pénétrer dans leur intérieur. Il me le permit. Dans le vase, je ne trouvai rien que la poussée de la pesanteur et je ne sais quelle obscure tendance que j'entendis désigner sous le nom d'affinité chimique. Mais quand je pénétrai dans l'autre objet, quelle surprise ! et comment dire ce que j'aperçus ? Tous les contes de fées, toutes les fables qui ont jamais été imaginées n'ont rien de plus incroyable. Je le dirai cependant, au risque de n'être pas cru. Dans cet objet donc, ou plutôt dans sa partie supérieure appelée la tête, qui, vue du dehors, semblait un objet comme tous les autres, circonscrit dans l'espace, pesant, etc., je trouvai quoi ? le monde lui-

mier livre, chap. 1ᵉʳ. — « Le dernier chaînon, dit ailleurs Schopenhauer, apparaît inopinément comme le point d'attache du premier ; la chaîne devient un cercle, et le matérialiste ressemble au baron de Münchhausen, qui, se débattant dans l'eau, enlève son cheval avec ses jambes et s'enlève lui-même par la queue de sa perruque, ramenée en avant. » (*Die Welt als Wille und Vorstellung*, livre 1ᵉʳ, § 7.)

même, le monde entier, avec l'immensité de l'espace, dans lequel tout est contenu, et l'immensité du temps, dans lequel tout se meut, et avec la prodigieuse variété des choses qui les remplissent l'un et l'autre ; et, ce qui est presque insensé à dire, je m'y aperçus moi-même, allant et venant [1]... »

Cependant il ne faut pas se méprendre sur la véritable pensée de Schopenhauer. Il ne nie pas la réalité du monde extérieur, et en cela il se sépare résolument de l'idéalisme absolu. Il conteste seulement au matérialisme, dont il se sépare tout aussi résolument, le droit d'affirmer cette réalité et de la poser comme un principe scientifique. Le seul monde qui soit à notre portée, c'est celui que nos sens nous représentent sous les conditions du temps et de l'espace. S'il en existe un autre, il faut qu'il soit en dehors du temps et de l'espace ; autrement, il se confondrait avec celui que nous connaissons. Mais, par cela même qu'il serait en dehors du temps et de l'espace, nous ne pourrions l'atteindre, il n'existerait pas pour nous, le temps et l'espace étant les formes uniques sous lesquelles nous puissions concevoir quoi que ce soit. Ainsi, de toute façon, et de quelque manière qu'on pose la question, le monde phénoménal, le monde de nos représentations, est le seul sur lequel nous puissions philosopher.

1. *Nachlass*, éd. Grisebach : *Neue Paralipomena*, § 107.

XIV

L'INTELLIGENCE ET LA RAISON

L'ESPACE et le temps, ces conditions premières de toute connaissance, ne sont que des cadres vides : c'est la causalité qui les remplit ; elle est le lien entre l'espace et le temps. L'espace seul, c'est l'étendue fixe et immobile ; le temps seul, c'est le flux incessant et insaisissable. Le temps et l'espace réunis, c'est la durée, la substance qui demeure, quand la forme et la qualité changent.

L'idée de cause est, comme les idées de temps et d'espace, inhérente à notre esprit ; elle n'est pas dérivée de l'expérience, qui au contraire n'est possible que par elle. C'est une erreur de croire, avec les matérialistes, que le principe de causalité résulte de l'habitude que nous avons de voir certains états en succession constante, comme s'ils sortaient l'un de l'autre. Nous voyons la nuit succéder régulièrement au jour, sans qu'il vienne à l'idée de personne de dire que le jour est la cause de la nuit [1]. Pour qu'il y ait causalité, il faut qu'un fait sorte *nécessairement* de l'autre, et cette nécessité l'intelligence la déclare *a priori*, en vertu d'une intuition immédiate.

Schopenhauer ne distingue pas la matière de la causalité ; ce sont pour lui des termes synonymes. En

---

[1]. *Die Welt als Wille und Vorstellung*, suppléments au premier livre, chap. IV.

effet, la réalité du monde extérieur étant problématique, ce qui reste de la matière c'est un ensemble de causes qui agissent sur notre organisme. « La matière n'est d'un bout à l'autre que causalité : c'est une vérité qui s'impose, pour peu qu'on y réfléchisse. L'essence de la matière est d'agir ; on ne peut lui en attribuer aucune autre, même en pensée. C'est parce qu'elle est active qu'elle remplit l'espace et le temps [1]. »

L'espace, le temps, la causalité, telles sont donc les trois formes de notre intuition ; ce sont comme des moules que nous présentons au monde extérieur, et dans lesquels nous le façonnons à notre convenance. Ce sont les instruments de notre représentation. Mais à chaque classe de représentations correspond une manifestation spéciale de notre faculté de connaître. Le temps et l'espace ont pour corrélatif, dans notre esprit, la sensibilité : une désignation qui n'est pas tout à fait exacte, dit Schopenhauer, puisque « sensibilité » suppose déjà « matière », mais qu'il faut conserver, en souvenir de « celui qui a ici frayé la voie ». Le corrélatif de la causalité ou de la matière, ce qui est tout un, c'est l'intelligence. « Reconnaître la causalité, c'est l'unique fonction de l'intelligence ; c'est aussi toute sa puissance. Mais cette puissance est grande, étendue ; elle comporte des applications multiples, bien qu'elle soit évidemment identique dans toutes ses manifestations. Inversement, toute causalité, c'est-à-dire toute matière, et, par suite, la réalité tout entière, n'existe que pour l'intelligence, par l'intelligence, dans l'intelligence. La première manifestation de l'intelligence, sa manifestation la plus simple et la plus ordinaire, c'est l'intuition du monde réel. Or, cette intuition consiste

---

1. Livre I", § 4.

essentiellement à connaître la cause par l'effet : aussi toute intuition est intellectuelle. Cependant l'intuition n'est possible que par la connaissance immédiate de quelque effet propre à lui servir de point de départ. Cet effet, c'est une action produite sur l'organisme animal. Celui-ci est donc l'*objet immédiat* du sujet auquel il est uni, et l'intuition de tous les autres objets a lieu par son intermédiaire. Les modifications que subit chaque organisme animal sont reconnues d'une manière immédiate, c'est-à-dire sont ressenties, et, l'effet étant aussitôt reporté à sa cause, on a l'intuition de cette cause comme d'un objet. »

L'impression qui est le point de départ de l'intuition reste vague et insignifiante, aussi longtemps qu'elle n'affecte que les sens. Recueillie par l'intelligence, elle prend de la précision et de la clarté. « De même que l'apparition du soleil découvre le monde visible, de même l'intelligence, d'un seul coup, par sa simple et unique fonction, transforme en intuition ce qui n'était que sensation sourde et obscure. Ce que ressent l'œil, l'oreille, la main, n'est pas l'intuition ; ce ne sont là que des données. Mais quand l'intelligence a rattaché l'effet à la cause, c'est seulement alors que le monde apparaît, étendu dans l'espace comme intuition, changeant dans sa forme, mais permanent à travers tous les temps comme matière ; car l'intelligence réunit l'espace et le temps dans la représentation de la matière, c'est-à-dire de l'activité. »

L'intelligence est répartie, dans une mesure variable, sur toute l'échelle de l'organisation animale. Elle est, dans sa fonction la plus humble, un moyen de conservation pour l'être qui se meut ; elle l'éclaire dans le choix de sa demeure, et elle l'aide à s'y adapter. Elle est inutile à la plante, qui tire sa nourriture du sol où elle a pris racine et dont elle ne peut se détacher sans mourir. Aussi la plante n'a pas de connaissance ; l'*irritabilité* est son mobile [1] ; l'instinct est son guide. L'animal est essentiellement « ce qui connaît », et ce qui règle ses mouvements d'après sa connaissance. « L'intelligence se manifeste partout, dans tous les animaux et dans tous les hommes, sous la même forme simple : connaissance de la causalité, passage de l'effet à la cause et de la cause à l'effet, rien de plus. Mais sa force de pénétration et l'étendue de son activité sont des plus variables. Les degrés sont infinis, depuis la simple notion du rapport de causalité entre l'objet immédiat et les objets médiats [2], notion qui suffit pour passer de l'impression subie par le corps à sa cause, et pour concevoir celle-ci comme un objet dans l'espace ; jusqu'à la pensée qui découvre l'enchaînement causal des objets médiats entre eux, et qui ne s'arrête pas avant d'avoir pénétré les combinaisons les plus complexes de causes et d'effets dans la nature. Car cette dernière opération appartient encore à l'intelligence, et non à la raison, dont les notions abstraites ne peuvent servir qu'à recevoir les connaissances immédiates de l'intelligence, à les fixer, à les relier entre elles, sans jamais produire la connaissance elle-même [3]. »

Chez les animaux inférieurs, le rapport qu'ils établissent entre la cause et l'effet n'a pour but que de leur faire connaître ce qui leur est utile et ce qui leur est nuisible. Chez l'homme, l'emploi le plus élevé de l'intelligence est la recherche des causes comme objet d'une curiosité désintéressée. C'est à l'intelligence et

---

1. Voir plus haut, p. 39.
2. C'est-à-dire, d'après ce qui précède, entre notre corps et les objets extérieurs.
3. *Die Welt als Wille und Vorstellung,* livre I*er*, § 6.

non à la raison que sont dues les grandes découvertes scientifiques. « Les auteurs de ces découvertes n'ont jamais fait que remonter, par une induction immédiate et légitime, d'un effet à une cause ; ils ont reconnu en même temps l'identité de la force physique qui se manifestait dans toutes les causes analogues ; mais il n'y a qu'une différence de degré entre leur travail et l'opération par laquelle l'animal perçoit comme un objet dans l'espace la cause qui agit sur son corps. »

L'intelligence scientifique, chez l'homme, est synonyme de *perspicacité*, de *pénétration*, de *sagacité* [1]. Dans la vie pratique, l'aptitude à saisir les rapports de causalité et à en tirer parti s'appelle *prudence*. Le manque de cette aptitude constitue la *sottise*. « Le sot ne voit pas la connexion des phénomènes, ni dans la nature où ils se produisent spontanément, ni dans les applications mécaniques, où ils sont combinés en vue d'une fin spéciale : aussi croit-il aisément à la sorcellerie et aux miracles. Il se laisse facilement mystifier et duper. Il ne saisit pas les motifs secrets des conseils qu'on lui donne, ou des jugements qu'il entend prononcer. Une chose lui manque toujours : la pénétration, la vivacité, la promptitude à appliquer la loi de causalité, en un mot, la force de l'intelligence. » Le manque de jugement, lorsqu'il résulte de l'inexpérience, c'est la *simplicité* ou la *niaiserie* [2] ; l'homme niais est novice dans la vie comme un enfant.

De même que Schopenhauer comparait tout à l'heure l'effet de l'intelligence, éclairant les vagues données de la sensation, à celui du soleil levant, de même il compare les notions abstraites et discursives de la

1. *Scharfsinn, Penetration, Sagacität.*
2. *Die Einfalt.*

raison à la lumière vacillante de la lune. Ce n'est plus qu'un jour indirect qui luit sur l'esprit. « Aussi longtemps que nous demeurons dans la connaissance intuitive, tout est clair, assuré, certain. Il n'y a là ni problème, ni doute, ni erreur. On ne veut pas, on ne peut pas aller plus loin. On se repose dans l'intuition ; on est satisfait de ce qu'on possède. L'intuition se suffit à elle-même. Aussi, le pur produit de l'intuition, comme par exemple une vraie œuvre d'art, ne peut jamais être faux, et le temps ne pourra jamais l'infirmer ; car ce qu'il donne, ce n'est pas une opinion, c'est la chose même. Mais, avec la connaissance abstraite, avec la raison, le doute et l'erreur se sont introduits dans la recherche théorique, l'inquiétude et le regret dans la conduite pratique. L'apparence peut bien, dans la représentation intuitive, déformer un instant la réalité ; mais, dans le domaine de la représentation abstraite, l'erreur peut régner pendant des milliers d'années ; elle peut courber sous son joug des peuples entiers, étouffer les plus nobles aspirations de l'humanité, et faire charger de chaînes par la main de ses dupes et de ses esclaves ceux-là mêmes qu'elle n'a pu abuser. Elle est l'ennemi contre lequel les esprits les plus sages de tous les temps ont soutenu une lutte inégale, l'ennemi à qui ils ont dû arracher peu à peu tout ce qui a constitué le patrimoine de l'humanité [1]. »

Lorsqu'on passe du domaine de l'intelligence dans celui de la raison, toutes les opérations de l'esprit changent de caractère. Dans la vie pratique, la prudence devient plus spécialement *prévoyance* ; dans la recherche théorique, l'observation devient *réflexion*. La

---

1. *Die Welt als Wille und Vorstellung*, livre Ier, § 8.

prévoyance n'est autre chose que la conduite réfléchie de la vie [1].

« Les animaux ne vivent que dans le présent ; l'homme vit, de plus, dans l'avenir et dans le passé. L'animal satisfait le besoin du moment ; l'homme prévoit le besoin à venir, il y pourvoit par les dispositions les plus ingénieuses, même pour un temps où il n'existera plus. L'animal vit sous l'empire de l'impression momentanée ; tous ses motifs d'agir sont tirés de l'intuition. L'homme se détermine d'après des notions abstraites : aussi le voit-on exécuter des plans réfléchis, agir d'après des maximes, sans tenir compte des circonstances passagères. Il peut, avec le plus grand calme, prendre des mesures pour sa propre mort. Il est capable de dissimuler, jusqu'à se rendre impénétrable, et d'emporter son secret dans sa tombe. Enfin il a réellement le pouvoir de choisir entre plusieurs motifs, car ce n'est que sous la forme de notions abstraites que plusieurs motifs peuvent s'offrir simultanément à la conscience...

« L'animal sent et perçoit ; l'homme, en outre, pense et sait ; tous les deux veulent. L'animal communique son impression et son humeur par des gestes et des cris ; l'homme communique ses pensées par le langage, ou, par le langage aussi, il les dissimule...

« C'est seulement par le langage que la raison réalise ses plus grands effets. C'est grâce à lui que plusieurs hommes peuvent s'unir dans une même entreprise, que des milliers d'autres peuvent diriger leurs efforts vers un but fixé d'avance, que l'État, que la civilisation devient possible. Du langage naît la science, la conservation de l'expérience passée, le groupement d'éléments

---

1. *Die Besonnenheit.*

communs sous un concept unique [1], la communication de la vérité, la propagation de l'erreur, toute pensée et toute invention, tous les dogmes et toutes les superstitions.

« L'animal n'apprend à connaître la mort que dans la mort même ; l'homme va au-devant d'elle à chaque heure avec une pleine conscience, et c'est ce qui répand une si grave mélancolie sur la vie, même pour celui qui n'a pas encore compris que la vie entière n'est faite que d'une succession d'anéantissements. La prescience de la mort est le principe des philosophies et des religions, qui sont le privilège de l'humanité. Mais on ne saurait dire si l'une d'elles a jamais produit ce que nous sommes autorisés à priser le plus dans la conduite de l'homme, la libre pratique du bien et la noblesse d'âme. Ce qui leur appartient sûrement aux unes et aux autres, et à elles seules, ce sont, d'un côté, les opinions les plus singulières et les plus hasardées des philosophes de toutes les écoles, et, de l'autre, les rites les plus étranges et parfois les plus cruels des différents cultes [2]. »

Ainsi le langage permet de dénommer et par conséquent de fixer les concepts ou les idées générales ; il permet de se rendre compte de la connaissance acquise, de la conserver dans la mémoire, de la communiquer de proche en proche. Il est l'instrument indispensable du *savoir*. Le savoir n'est autre chose que « la connaissance abstraite ou rationnelle ». Mais comme la raison se borne à reporter devant l'esprit ce qu'il a déjà reçu d'autre part, elle n'augmente pas, à vrai dire, notre connaissance ; elle lui donne seulement une autre

---

1. Concept, *Begriff* : voir plus haut, p. 41.
2. Livre Ier, § 8.

forme, plus commode pour l'usage. « La connaissance intuitive ne porte jamais que sur un cas isolé ; elle va au plus proche, et s'arrête là, parce que la sensibilité et l'intelligence ne peuvent embrasser proprement qu'un seul objet à la fois. Toute activité soutenue, combinée, méthodique doit donc procéder de principes, c'est-à-dire d'un savoir abstrait [1]. »

C'est aussi la réflexion soutenue par le langage qui construit les sciences au moyen de la coordination et de la subordination des concepts. Une science est d'autant plus parfaite, au point de vue de la forme, qu'elle a moins de coordination et plus de subordination. En d'autres termes, une science qui mérite vraiment ce nom ne se compose pas d'une infinité de cas particuliers simplement juxtaposés et rangés sous une vérité générale, mais d'une série de propositions allant du général au particulier, au moyen de concepts intermédiaires et de divisions fondées sur des déterminations de plus en plus restreintes. Les sciences les mieux construites sont les mathématiques. L'histoire est plutôt un savoir qu'une science. Mais « aucune science ne saurait se fonder uniquement sur la démonstration, pas plus qu'on ne peut bâtir en l'air ; toutes les preuves doivent nous ramener à une intuition, à une chose vue et qui n'est plus démontrable. Le monde entier de la réflexion repose sur le monde de l'intuition et y a ses racines [2]. »

Schopenhauer insiste beaucoup sur ce point. Les vérités générales rentrent tellement les unes dans les autres, que toute démonstration est semée d'écueils. Seul le fait particulier, dûment constaté, offre un

---

1. Livre Ier, § 12.
2. Livre Ier, § 14.

fondement solide ; c'est la terre ferme dont il faut s'écarter le moins possible. Schopenhauer a consacré un chapitre spécial, et l'un des plus intéressants de son livre, au *Rapport de la connaissance intuitive à la connaissance abstraite* ; il dit au commencement : « Comme les concepts empruntent tout leur contenu à la connaissance intuitive, comme par conséquent tout l'édifice de notre monde intellectuel repose sur le monde intuitif, nous devons pouvoir revenir de tout concept, fût-ce par des intermédiaires, aux intuitions dont il est tiré, ou aux concepts au moyen desquels il a été formé par abstraction. En d'autres termes, nous devons pouvoir appuyer tout concept sur des intuitions qui sont à l'abstraction ce que l'exemple est à la règle. Les intuitions fournissent le contenu réel de toutes nos réflexions. Là où elles manquent, nous pouvons nous dire que nous avons eu dans la tête non des idées, mais des mots. Sous ce rapport, notre entendement ressemble à une maison de banque, qui, pour être solide, doit avoir du numéraire dans ses caisses, afin de pouvoir au besoin solder les billets qu'elle émet. Les intuitions sont le numéraire, les concepts sont les billets. En ce sens, les intuitions pourraient être appelées aussi *représentations primaires*, et les concepts des *représentations secondaires* [1]. » Le concept, ou l'idée générale, n'est donc qu'une connaissance au second degré, *une représentation de la représentation*. Pour vérifier son contenu, il faut lui rendre la forme sous laquelle il est d'abord entré dans l'esprit. En d'autres termes, il faut constamment contrôler les données du raisonnement par l'expérience.

Il va sans dire que Schopenhauer rejette de prime

---

1. **Suppléments au premier livre**, chap. VII.

abord, comme viciée dans son principe et par conséquent stérile dans ses conclusions, toute philosophie qui prend son point de départ dans des idées de l'ordre transcendant, comme l'absolu, la substance, le fini et l'infini, l'être, le non-être ou l'identité. De tels systèmes flottent entre le ciel et la terre, sans point d'appui. En philosophie, comme en littérature, il n'y a que l'expérience qui puisse soutenir et nourrir la pensée. Schopenhauer partage, d'une manière générale, les gens qui écrivent en deux classes, ceux qui voient par eux-mêmes, et ceux qui redisent, les yeux fermés, ce que d'autres ont vu. « Dans la plupart des livres, sans parler de ceux qui sont absolument mauvais, on s'aperçoit bien vite que l'auteur a sans doute pensé, mais qu'il n'a pas regardé. Il est parti de la réflexion, et non de l'intuition, et c'est pour cela qu'il est médiocre et ennuyeux. Tout ce qu'il a pensé, le lecteur aurait pu, avec un peu de peine, le penser aussi : ce sont, en effet, des idées sensées, des développements de ce qui était contenu implicitement dans un thème donné. Mais par là on n'apporte réellement au monde aucune connaissance nouvelle : une telle connaissance ne se produit qu'au moment de l'intuition, par l'aperception immédiate d'un nouveau côté des choses. Au contraire, quand la pensée d'un auteur se fonde sur ce qu'il a vu, il semble que le lecteur reçoive une lettre d'un pays où il n'a jamais pénétré. Dès lors, tout est frais et nouveau, car tout est puisé directement à la source même de toute connaissance. »

Les auteurs vraiment intéressants, ceux que l'on continue de lire, ont les yeux constamment fixés sur le spectacle du monde. « On s'en aperçoit déjà à ce simple fait, que les plus différents d'entre eux se rencontrent souvent dans le détail : cela tient précisément à ce qu'ils parlent de la même chose qu'ils ont tous sous les yeux : le monde, la réalité sensible. On s'en aperçoit encore à ce qu'ils ont de frappant, d'original, d'approprié dans l'expression, celle-ci n'étant que le reflet de l'intuition ; à la naïveté des tours, à la nouveauté des images, à la justesse des comparaisons. Tous ces caractères distinguent les grandes œuvres, et n'appartiennent qu'à elles. Les écrivains médiocres n'ont à leur disposition que des tournures banales, des images usées. Quant à être naïfs, ils ne peuvent se le permettre, car ils mettraient ainsi à nu leur pauvreté. Il ne leur reste que d'être maniérés. Buffon a raison de dire que le style est l'homme même. Quand des esprits ordinaires se mêlent de poésie, ils n'ont à nous offrir que des idées et des passions qui leur ont été transmises par la tradition, c'est-à-dire sous forme abstraite, de prétendus « grands sentiments », qu'ils prêtent à leur héros, lesquels deviennent ainsi de pures personnifications, c'est-à-dire encore des abstractions, fades et ennuyeuses. Et quand ces gens se mettent à philosopher, ils empruntent quelques concepts abstraits, les plus vagues possible, avec lesquels ils jonglent comme avec des équations algébriques, espérant qu'il en sortira quelque chose. Mais tout ce qu'ils réussissent à prouver, c'est qu'ils ont tous lu le même livre. »

Même dans la vie pratique, la simple connaissance intuitive, l'aperception directe et instantanée des choses, nous guide souvent plus sûrement que la réflexion. Vauvenargues a dit : « Personne n'est sujet à plus de fautes que ceux qui n'agissent que par réflexion. » Et cela tient, dit Schopenhauer, à ce que l'intuition se suffit à elle-même, tandis que la réflexion a besoin de s'appuyer sur la mémoire. « De là l'avantage de la connaissance intuitive dans tous les cas où l'on n'a pas le temps de réfléchir, c'est-à-dire dans le commerce journalier, où, pour cette raison, les femmes excellent. Celui qui a vu le fond de l'homme en général, et qui a saisi aussi le caractère particulier de tel ou tel individu qu'il a devant lui, celui-là seul sera correct et sûr de lui-même dans ses rapports avec ses semblables. Tel autre aura beau savoir par cœur les trois cents règles de sagesse de Gracian [1], cela ne l'empêchera pas de commettre des balourdises, si la connaissance intuitive lui manque. La connaissance abstraite ne donne que la règle générale ; mais il est rare que le fait particulier soit exactement taillé sur ce patron. Il faut aussi que la mémoire rappelle la règle au moment opportun, ce qu'elle ne fait pas toujours très ponctuellement. Enfin, quand la règle est retrouvée, il faut y appliquer le cas particulier et tirer la conclusion. Avant que tout ce beau raisonnement soit fait, l'occasion a eu le temps de devenir chauve. »

La science abstraite, la science des livres, rend l'homme impropre à la vie. Lire, c'est penser avec la tête d'un autre ; or, à cet exercice, on finit par perdre l'usage de la sienne. Schopenhauer se plaît à peindre la misère intellectuelle du savant qui n'est savant que de la science d'autrui, et, sur ce chapitre, il se rencontre à son insu avec Montaigne. « De vrai, dit Montaigne en parlant des *savanteaux*, le plus souvent ils semblent être ravalés même du sens commun. Car le paysan et le cordonnier, vous leur voyez aller simplement et naïvement leur train, parlant de ce qu'ils savent. Ceux-ci, pour se vouloir élever et gendarmer de ce savoir qui nage en la superficie de leur cervelle, vont s'embarrassant et empêtrant sans cesse. Il leur échappe de belles

---

1. Voir plus haut, p. 107.

paroles, mais qu'un autre les accommode ! Ils savent la théorie de toutes choses : cherchez qui la mette en pratique. » Et Schopenhauer : « Le savant a sur l'ignorant l'avantage de posséder un grand nombre de faits et d'exemples ; mais l'ignorant qui a l'œil vif et l'esprit éveillé sait se passer de cette richesse. Un seul cas tiré de sa propre expérience l'instruit plus que mille cas n'instruisent le savant ; car ces cas le savant les connaît bien, mais ne les comprend pas... Aussi, tandis qu'une vue adéquate du monde intuitif imprime parfois le sceau de la sagesse au front d'un ignorant, les longues études du savant ne laissent souvent sur sa figure d'autres traces que celles de la fatigue. La tension excessive de sa mémoire, ses efforts contre nature pour amasser une science morte, l'ont épuisé. Il a l'air niais, hébété, idiot... Il a perdu la justesse du coup d'œil, à force de regarder les livres. D'ailleurs, ce torrent perpétuel de pensées étrangères qui entrent dans l'esprit ne peut qu'arrêter le cours de nos propres pensées [1]... On se gâte le cerveau, à force de lire et d'étudier... Mais cette manie de lecture n'est, chez la plupart des savants, qu'un moyen d'échapper au vide de leur esprit : *fuga vacui*. L'absence d'idées dans leur tête y attire celles des autres ; il faut qu'ils lisent leurs idées pour en avoir, semblables aux corps inertes, qui ne reçoivent leur mouvement que du dehors, tandis que les penseurs originaux sont des corps vivants, qui se meuvent d'eux-mêmes. »

Si notre raison peut nous égarer, soit dans la recherche philosophique, soit même dans la conduite de

---

1. « A recevoir tant de cervelles étrangères, et si fortes et si grandes, il est nécessaire que la sienne se foule, se contraigne et rapetisse, pour faire place aux autres. » (Montaigne, *Essais*, livre Ier, chap. XXIV : *Du pédantisme*.)

notre vie, est-ce à dire que l'intelligence, dans ses opérations plus simples, soit toujours un guide absolument sûr ? Non, dit Schopenhauer. Toute notre faculté de connaître est sujette à des « imperfections essentielles » et, en quelque sorte, organiques. « La forme de notre conscience de nous-mêmes est le temps, non l'espace. Aussi notre pensée ne procède-t-elle pas, comme notre intuition, sur trois dimensions, mais sur une seule ; elle évolue sur une ligne, sans largeur ni profondeur. De là résulte la plus grande des imperfections essentielles de notre intelligence. Nous ne pouvons rien reconnaître que successivement, et, dans un même moment, nous n'avons conscience que d'une seule chose. Encore est-ce à la condition d'oublier pendant ce temps toutes les autres et de n'en avoir aucune conscience, comme si elles cessaient d'exister pour nous [1]. » De là vient que notre pensée est si dispersée. Une impression des sens, une association d'idées imprévue, se jettent en travers de nos réflexions. L'attention se fatigue, comme l'œil quand il a longtemps fixé un objet. Nos inclinations, nos passions, qui nous gouvernent à notre insu, le désir, la crainte, l'espérance, teignent de leurs couleurs tout ce que nous regardons, tout ce que nous imaginons. Enfin, l'oubli nous prive à chaque instant d'une partie de nos connaissances acquises : inconvénient d'autant plus grave que, dans certains cas, l'oubli est presque volontaire. En effet, quand nous formons une idée générale, nous ne gardons que les caractères communs des objets que nous considérons, et nous laissons tomber leurs caractères différents. Or, ce que nous perdons ainsi, nous ne le retrouvons souvent que par une nouvelle association d'idées. « Il s'ensuit que nous

---

1. Suppléments au premier livre, chap. xv.

n'avons, en réalité, qu'une demi-conscience, avec laquelle nous avançons à tâtons dans le labyrinthe de notre vie et dans les ténèbres de nos recherches. Seuls, quelques clairs moments brillent sur notre route comme des éclairs. Mais, en général, quel espoir fonder sur des têtes dont les meilleures sont hantées chaque nuit par les rêves les plus bizarres et doivent reprendre leurs méditations au réveil ? Il est évident qu'une conscience ainsi bornée est peu propre à déchiffrer l'énigme du monde ; et des êtres d'une espèce supérieure, dont l'intelligence ne serait pas enfermée dans la forme du temps, dont la pensée serait vraiment une et complète, prendraient en pitié notre prétention de sonder l'infini...

« Ces imperfections essentielles de l'intelligence sont encore augmentées, dans les cas particuliers, par des imperfections non essentielles. L'intelligence n'est jamais à tous égards ce qu'il serait possible qu'elle fût. Les perfections dont elle est susceptible sont tellement divergentes, qu'elles s'excluent. Nul ne peut être à la fois Platon et Aristote, Shakespeare et Newton, Kant et Gœthe. Au contraire, les imperfections de l'intelligence font très bon ménage ensemble, et c'est pourquoi, dans la réalité, elle demeure le plus souvent au-dessous de ce qu'elle pourrait être. »

Enfin, l'intelligence est très inégalement partagée entre les hommes. La nature, dans la répartition de ses dons, est encore plus aristocratique que la société. Les esprits mal faits sont la règle, les esprits éminents sont rares, et le génie est un monstre. Cette inégalité creuse entre les hommes un abîme, que « la bonté du cœur » est seule capable de franchir. La bonté est le principe unifiant de la société, le vrai lien entre des êtres que leur intelligence séparerait à jamais. Encore ce lien est-il trop souvent rompu. Un esprit supérieur conversant avec un esprit médiocre est comme un cavalier monté sur un coursier fringant et devant faire route avec un piéton. Il mettra bien pied à terre pendant quelques instants pour marcher à côté de son compagnon ; mais l'impatience de sa monture le forcera bientôt à se remettre en selle et à laisser là le voyageur moins bien équipé.

XV

LE MONDE COMME VOLONTE

Schopenhauer vient de montrer, après Kant, que notre intelligence ne nous fait connaître que des phénomènes, c'est-à-dire des apparences, et qu'elle ne nous apprend rien sur la réalité des choses. Et comme ces apparences, ces images que nos sens nous présentent, ces représentations que nous nous formons des objets, sont dans notre esprit, et ne sont que là, c'est nous-mêmes, en quelque sorte, que nous regardons dans le monde extérieur; nous nous dédoublons dans un mirage. Une illusion perpétuelle nous environne et nous enveloppe, forme une barrière entre nous et les choses, et nous empêche de sortir de nous-mêmes. Y a-t-il un moyen de dissiper cette illusion?

Après avoir analysé nos représentations, après avoir cherché à découvrir ce qu'elles peuvent contenir d'existence réelle ou de rêve, ne nous est-il pas permis de demander si le monde n'a pas autre chose à nous offrir? Si le monde ne devait être, en effet, que représentation, apparition fugitive et inconsistante, miroir décevant d'une réalité inconnue, il serait à peine digne de notre attention. Mais n'y a-t-il pas en lui quelque chose de plus? Si ce quelque chose existe, il doit être différent de la représentation et indépendant de ses lois. Ce n'est pas du dehors que nous l'atteindrons. Donc descendons en nous-mêmes. Voyons si nous ne pouvons pas être pour nous-mêmes un objet de connaissance, un objet qui, dans ce cas, et quoi qu'il puisse nous apprendre, aura toujours sur le monde extérieur l'avantage de se révéler à nous sans intermédiaire.

Si le philosophe n'était que sujet connaissant, il s'observerait sans se comprendre, comme il observe le monde extérieur. « Il verrait ses actions suivre certains motifs, avec la constance d'une loi de la nature, comme il voit des changements survenir dans les objets à la suite de causes, d'excitations, de motifs. Quant à l'influence des motifs, elle ne lui serait pas plus claire que la liaison entre un effet quelconque qui lui apparaîtrait, et sa cause. L'essence intime des manifestations et des actions de son corps lui serait incompréhensible ; il l'appellerait, à son gré, ou une force, ou une qualité, ou un caractère, et il n'en saurait pas plus long. Mais il n'en est pas ainsi. Le sujet de la connaissance apparaît en même temps comme individu, et c'est à lui qu'est révélé le mot de l'énigme : ce mot est *Volonté*. Ce mot seul lui donne la clef de sa propre existence phénoménale, lui en fait connaître le sens profond, lui montre le ressort intérieur de son être, de son activité, de son mouvement. Le sujet de la connaissance, par son identité avec le corps, existe comme individu, et dès lors ce corps lui est donné de deux façons différentes : d'une part, comme représentation dans la connaissance phénoménale, comme objet parmi d'autres objets et soumis à leurs lois ; d'autre part, comme ce principe qui se révèle immédiatement à chacun et que désigne le mot de *volonté*. Tout acte véritable de notre volonté est en même temps et à coup sûr un mouvement de notre corps ; nous ne pouvons pas vouloir réellement un acte, sans le voir aussitôt apparaître comme mouvement corporel. L'acte volontaire et l'action du corps ne sont pas deux états différents que je reconnais comme s'ils étaient en dehors de moi et reliés par le lien de la causalité ; ils ne sont pas entre eux dans le rapport de la cause à l'effet : ils ne sont qu'un seul et même fait, donné de deux manières différentes, d'un côté comme révélation immédiate, et de l'autre comme représentation sensible. L'action du corps n'est autre chose que la volonté *objectivée*, c'est-à-dire devenue objet, transportée dans le monde de la représentation [1]. »

Cette identité du corps et de la volonté, continue Schopenhauer, je ne peux que la constater ; elle ne se démontre pas. La démontrer, ce serait la tirer, comme connaissance médiate, d'une autre connaissance qui serait plus immédiate qu'elle. Or elle est elle-même la plus immédiate de nos connaissances ; et si nous ne la saisissons, si nous ne la fixons d'abord comme telle, nous essayerons en vain de l'atteindre par une déduction quelconque. Elle est la *vérité philosophique par excellence*. Nous pouvons l'exprimer de différentes manières, dire, par exemple : « mon corps et ma volonté ne font qu'un », ou « ce que je nomme mon corps en tant que représentation, je le nomme ma volonté en tant qu'objet de connaissance immédiate », ou « mon corps est ma volonté devenue objet », ou enfin « mon corps, outre qu'il est représentation, est encore volonté, et ne peut plus être que cela ». Mais l'identité du corps et de la volonté demeure un fait d'aperception immédiate et, par là même, élevé au-dessus de toute discussion.

Mais qu'est-ce que la volonté, d'après Schopenhauer ?

---

1. *Die Welt als Wille und Vorstellung*, livre II, § 18.

Est-ce simplement, selon le sens ordinaire du mot, l'activité consciente d'un être intelligent ? Non. Il l'appelle ailleurs le *vouloir vivre*, la tendance à la vie qui est inhérente à toute créature ; et cette dénomination répond mieux à son idée. Schopenhauer embrasse, pour ne pas dire unifie, dans un même point de vue, toutes les manifestations vitales de la multiple nature. Le rôle de la philosophie n'est-il pas de montrer l'unité dans la diversité ? Voici comment il raisonne. Mon corps, comme simple représentation, est un objet, en tout semblable aux autres objets qui remplissent l'espace. Or, j'ai constaté que mon corps peut encore être connu d'une autre manière, absolument différente de l'intuition, et que je désigne par le mot de *volonté*. Ne suis-je pas autorisé à penser que les autres corps, qui ne me sont encore connus que comme représentation, sont aussi, à un autre point de vue, des phénomènes de volonté ? « Le nier, ce serait le fait de *l'égoïsme théorique*, qui considère tous les phénomènes, sauf sa propre individualité, comme des fantômes, de même que l'égoïsme pratique ne reconnaît que soi-même comme réel et traite de fantôme tout ce qui lui est étranger. L'égoïsme théorique ne pourra jamais être réfuté par des preuves ; mais il est certain qu'il n'a jamais été appliqué en philosophie que comme un sophisme à l'usage des sceptiques, et simplement pour la forme. A titre de conviction sérieuse, il ne pourrait se rencontrer que dans une maison d'aliénés, et il serait inutile de discuter avec ceux qui en seraient possédés ; il n'y aurait qu'à les renvoyer au médecin. Nous ne nous occuperons donc pas davantage de l'égoïsme théorique : ce n'est, pour nous, que le dernier retranchement du scepticisme, qui, par nature, aime la chicane. Notre connaissance, toujours liée à l'individu, est par cela même limitée ; mais chacun de nous, tout en étant un par lui-même, peut chercher à connaître tout ce qui n'est pas lui, et c'est ce qui explique, à vrai dire, le besoin d'une science philosophique [1]. »

Ce n'est pas seulement le scepticisme, c'est surtout le matérialisme que Schopenhauer entend combattre. Pour le matérialisme, la volonté, c'est-à-dire l'activité consciente et réfléchie, n'est qu'un mode particulier de la *force* qui régit le monde physique. Mais on peut bien calculer les effets d'une force, on ne peut pas dire ce qu'elle est en elle-même, on ne peut pas en pénétrer l'essence. Ranger la volonté sous le concept général de force, c'est donc définir une inconnue par une autre inconnue. De plus, la force est intimement liée au monde phénoménal, et ne nous permettra jamais de le dépasser. Au contraire, « ramener le concept de force à celui de volonté, c'est ramener un inconnu à quelque chose d'infiniment plus connu, que dis-je ? à la seule chose que nous connaissions immédiatement et absolument ; c'est élargir considérablement notre connaissance ». Schopenhauer renverse donc l'ordre des termes. La volonté devient le genre, et la force l'espèce. « Je dénomme le genre d'après l'espèce la plus parfaite, celle que nous pouvons en quelque sorte toucher de la main, et dont la connaissance immédiate nous conduit à la connaissance médiate de toutes les autres. Mais le lecteur s'exposerait à un perpétuel malentendu, s'il ne savait pas donner à ce concept l'extension que je réclame pour lui, et s'il persistait à réserver le mot de *volonté* pour l'unique espèce que ce mot a désignée jusqu'ici, pour la volonté guidée par l'intelligence et exclusivement déterminée par des

---

1. Livre II, § 19.

motifs, pour la volonté raisonnable, qui n'est que la manifestation la plus claire du vouloir. Il faut que nous isolions par la pensée l'essence intime et immédiatement connue de cette manifestation, et que nous la transportions sur les autres manifestations plus faibles et plus obscures du même vouloir [1]. »

Schopenhauer a raison de dire que ce n'est pas là une vaine discussion de mots. Mais une objection qu'on peut lui faire, si c'en est une, c'est que le poète prend ici la place du philosophe. Que l'univers entier soit doué par lui de volonté, cela n'explique pas pourquoi les éléments chimiques s'agrègent et se désagrègent, pourquoi la plante respire, pourquoi l'animal se meut, pourquoi l'homme pense. Il est, du reste, le premier à en convenir. Mais il a ouvert une grande vue sur la nature. « Celui qui voudra entrer dans ma manière de voir, y trouvera la clef de tous les phénomènes de la nature. Il n'aura pas de peine à en pénétrer l'essence intime, car son propre phénomène, dont il a une double connaissance, à la fois médiate et immédiate, lui fera comprendre les autres phénomènes, qu'il ne connaît que par une seule voie, la voie médiate de la représentation. Et ce n'est pas seulement dans les phénomènes en tout semblables au sien, dans les hommes et les animaux, qu'il trouvera la même essence intime, la même volonté. Il la reconnaîtra encore dans la force qui fait pousser la plante, qui cristallise le minéral, et qui dirige l'aiguille aimantée vers le pôle ; dans la commotion qu'il éprouve au contact de deux métaux hétérogènes ; dans les affinités des corps, qui se cherchent ou se fuient, s'unissent ou se séparent, et jusque dans la gravité qui entraîne puissamment toute

---

1. Livre II, § 22.

matière, et qui attire la pierre vers la terre et la terre vers le soleil [1]. »

Ainsi nous retrouvons la chose en soi, que Kant nous avait fait abandonner. C'est la volonté, l'impulsion à être, à vivre et à agir, qui soutient le monde et le féconde et le diversifie. Elle est en dehors du temps et de l'espace, quoique ses manifestations remplissent l'espace et s'échelonnent dans le temps. Elle échappe donc à notre connaissance intuitive, qui est liée aux conditions du temps et de l'espace. Mais nous constatons sa présence en nous, et, par analogie, nous la transportons dans les autres corps de la nature.

La volonté, une et identique dans son essence, ne diffère que par son mode d'activité. Elle agit dans le monde inorganique par des *causes,* et dans la vie animale par des *motifs.* L'*excitation* ou l'*irritabilité,* qui règne dans le monde végétal et dans la partie végétative de la vie animale, tient le milieu entre la cause proprement dite et le motif ou la causalité consciente [2]; suivant les cas particuliers, elle se rapproche de l'une ou de l'autre. Ainsi, l'ascension de la sève dans la plante est le résultat d'une excitation, tout en s'expliquant par les lois de la capillarité. Au contraire, les mouvements du *mimosa pudica,* tout en étant dus à de pures excitations, nous semblent presque déterminés par des motifs. Nous rangeons la respiration dans la classe des actes involontaires ; pourtant nous pouvons la ralentir ou l'accélérer ou la suspendre à notre gré. Déjà ces transitions, ces passages d'un règne de la nature à l'autre, montrent que c'est le même principe qui agit partout en elle. Nous qui sommes placés

---

1. Livre II, § 21.
2. Cause, *Ursache* ; excitation, *Reiz* ; motif, *Motiv.*

au haut de l'échelle, et qui lisons en nous-mêmes, nous trouvons dans notre propre activité un terme de comparaison, que nous appliquons au reste de l'univers. Mais, aux degrés inférieurs les plus éloignés de nous, nous voyons d'autres agents, qui ne peuvent pas s'analyser eux-mêmes, et qui n'en sont pas moins des manifestations de la même volonté, éternelle et infinie. « Si nous considérons d'un œil attentif les phénomènes du monde inorganique, la poussée irrésistible avec laquelle les eaux se précipitent vers les profondeurs, la persévérance avec laquelle l'aiguille aimantée revient toujours se tourner vers le pôle nord, l'ardeur avec laquelle le fer cherche l'aimant et s'attache à lui, la violence avec laquelle les deux pôles électriques vont se rejoindre, et qui, comme les désirs humains, est accrue par les obstacles ; si nous observons avec quelle rapidité, avec quelle spontanéité se constitue le cristal, dont la forme régulière est due évidemment à des efforts divergents que la solidification a brusquement arrêtés et contenus ; avec quel choix les corps que leur état liquide a délivrés des liens de la rigidité se cherchent et se fuient, s'unissent et se séparent ; si nous sentons enfin d'une manière tout à fait immédiate comment un fardeau, dont la tendance vers la masse terrestre est arrêtée par notre corps, pèse sur lui et le presse, — il ne nous faudra pas un grand effort d'imagination pour reconnaître, jusque dans ces faits si éloignés de nous, notre propre essence, cette même chose qui, en nous, poursuit ses fins à la lumière de l'intelligence, et qui là, dans les plus faibles de ses manifestations, n'est que tendance aveugle, obscure, bornée, invariable, mais qui néanmoins, étant partout la même, — comme l'aube et le plein midi sont le rayonnement du même soleil, — mérite toujours le nom de *volonté*, qui désigne la chose en soi de tout ce qui apparaît à la surface de ce monde, l'unique fond de tous les phénomènes [1]. »

Ainsi l'essence des choses, l'être en soi, c'est ce qui est commun à tous les phénomènes et en constitue le fond ; et ce concept est assez large, même assez vague, pour comprendre en effet tout le monde minéral, végétal, animal. Mais Schopenhauer ne s'en tient pas à une généralisation à laquelle on pourrait reprocher de n'aboutir qu'à une formule. Il distingue nettement entre eux les différents ordres de manifestation de la volonté ; il en marque les caractères, et il montre une grande sagacité dans cette analyse, à laquelle il revient souvent, jusque dans ses derniers écrits. Au degré inférieur, la volonté se manifeste par la force, qui, comme la volonté elle-même, est en dehors du temps et de l'espace, c'est-à-dire inconnaissable en elle-même. « Elle est toujours et partout présente, et l'on dirait qu'elle guette les circonstances qui lui permettront d'entrer en activité et de s'emparer d'une matière déterminée. Le temps n'existe que pour son apparition, il n'a aucune prise sur elle-même. Les forces chimiques dorment pendant des milliers d'années dans une matière, jusqu'au jour où un réactif les met en liberté ; c'est alors seulement qu'elles apparaissent ; mais le temps n'existe que pour leur apparition, non pour elles-mêmes. Dans le règne organique lui-même, nous voyons une semence desséchée conserver dans son sein, pendant trois mille ans, une force endormie, qui enfin, à la faveur des circonstances, s'éveille et surgit sous forme de plante [2]. » Dans le monde végétal et animal, les degrés sont

---

1. Livre II, § 23.
2. Livre II, § 25.

marqués par des types, qui participent, eux aussi, à l'immutabilité de la volonté. « Les types sont fixes ; ils ne sont soumis à aucun changement ; ils sont toujours et ne deviennent jamais, tandis que les individus qui en sortent naissent et passent, deviennent toujours et ne sont jamais. Ces *degrés de l'objectivation de la volonté* ne sont autre chose que les Idées de Platon : je le note en passant, ajoute Schopenhauer, afin de pouvoir employer désormais le mot *Idée* dans ce sens ; il faudra toujours l'entendre chez moi dans son acception vraie, dans l'acception primitive que Platon lui a donnée, et ne jamais l'appliquer à ces produits abstraits d'une scolastique raisonneuse que Kant a eu le tort de dénommer ainsi [1]. » Schopenhauer accuse souvent les philosophes d'avoir détourné le mot *Idée* de son sens primitif ; il ne voit pas que lui-même, ici, n'est pas tout à fait fidèle à la pensée de Platon.

A mesure qu'on s'élève dans l'échelle des êtres, l'individualité apparaît avec des caractères de plus en plus tranchés. Dans le règne inorganique, les forces naturelles agissent seules, avec une régularité inflexible et uniforme. « L'infaillibilité des lois de la nature a même quelque chose qui nous surprend et parfois nous effraye. Que, par exemple, deux corps se rencontrent dans de certaines conditions, aussitôt, suivant une loi fixe, une combinaison chimique a lieu ; mais que, dans mille ans, les mêmes conditions se retrouvent, soit par hasard, soit par les soins de l'homme, et immédiatement, à point nommé, le même phénomène se produira [2]. » Là, toute individualité disparaît ; seules, les circonstances extérieures peuvent modifier le phé-

---

1. Livre II, § 25.
2. Livre II, § 26.

nomène. Les plantes, à leur tour, n'ont d'autres particularités individuelles que celles qui résultent de l'influence du sol ou du climat. Chez les animaux, c'est le caractère de la race qui domine. Dans l'homme, enfin, la personnalité apparaît ; elle s'exprime par la physionomie, qui ne réside pas seulement dans les traits du visage, mais qui affecte toute la forme du corps. Chaque homme pourrait être considéré, dans une certaine mesure, comme l'expression d'une Idée particulière, comme une manifestation spéciale et caractéristique de la volonté qui anime l'univers.

« Nous voyons ainsi, au degré le plus bas, la volonté apparaître comme une poussée aveugle, comme un effort mystérieux et sourd, dans les forces de la nature et dans les milliers de phénomènes qu'elles produisent : phénomènes, en tout semblables et réguliers, et ne portant aucune trace de caractère individuel.

« Plus claire dans sa manifestation, à mesure qu'on s'élève de degré en degré la volonté n'agit plus, dans le règne végétal, par des causes proprement dites ; c'est maintenant l'excitation qui forme le lien de ses phénomènes. Cependant ce n'est encore qu'une impulsion aveugle et inconsciente ; et c'est avec ce même caractère qu'elle se montre dans la partie végétative de la vie animale, dans la production et dans le développement de chaque être vivant et dans l'entretien de son économie intérieure : ici encore, ce sont de pures excitations qui dominent d'une manière nécessaire la manifestation de la volonté.

« Nous arrivons enfin au point où l'individu qui représente l'Idée ne peut plus se procurer, par les simples mouvements résultant de l'excitation, la nourriture qu'il doit s'assimiler... De là, la nécessité de la locomotion déterminée par des motifs, et, par conséquent, celle de la connaissance, qui intervient ici comme un auxiliaire indispensable pour la conservation de l'individu et la propagation de l'espèce... Mais dès que cet auxiliaire est intervenu, le *monde comme représentation* apparaît tout à coup avec toutes ses formes, avec l'objet et le sujet, le temps et l'espace, la pluralité et la causalité. Le monde se manifeste maintenant sous sa seconde face : jusqu'ici, il n'était que volonté; le voilà volonté et représentation [1]. »

Il ne reste plus qu'un dernier degré à franchir, celui où la connaissance intuitive elle-même ne suffit plus. L'homme apparaît, « créature compliquée, multiple d'aspect, impressionnable et malléable, criblée de besoins et entourée de périls ». Une double lumière lui est nécessaire pour éclairer sa route. A l'intuition et à l'intelligence s'ajoute la raison, la faculté de combiner et de prévoir, la pleine et entière conscience des décisions, et la détermination de la volonté par des motifs. L'évolution est arrivée à son terme, et le type suprême de la vie animale est réalisé.

1. Livre II, § 27.

XVI

LA PRIMAUTÉ DE LA VOLONTÉ

On pourrait bien, en y regardant de près, trouver une contradiction dans le rapport que Schopenhauer établit entre nos facultés. L'intelligence est, pour lui, une fonction du cerveau ; il emploie même souvent les deux termes l'un pour l'autre. Or, le cerveau est une partie du corps, qui est lui-même un produit de la volonté. Comment l'intelligence vient-elle après coup éclairer la volonté, sa mère ? Il faut se souvenir ici, comme en plusieurs autres points, d'une parole de Schopenhauer : « Il n'y a rien de plus facile, mais aussi rien de plus inutile que de réfuter un philosophe. »

Quoi qu'il en soit, l'intelligence, tout en éclairant la volonté, lui reste inférieure. Schopenhauer a développé cette idée dans un long supplément, qu'il a intitulé *De la primauté de la volonté dans la conscience de nous-mêmes*, et qui contient, indépendamment de la thèse fondamentale, un grand nombre d'observations personnelles et intéressantes [1].

Ce qui se rencontre dans toute conscience animale, si faible qu'elle soit, c'est un désir, tour à tour satisfait

---

1. *Vom Primat des Willens im Selbstbewusstsein* : chap. xix des suppléments au second livre.

ou contrarié. Nous savons non seulement que l'animal *veut*, mais *ce* qu'il veut ; et comme les objets de sa volonté sont, en général, identiques à ceux de la nôtre, nous n'hésitons pas à lui attribuer toutes les affections que nous observons en nous-mêmes. Nous parlons de sa tristesse, de sa joie, de son amour, de sa répugnance, de sa crainte, de sa colère. Au contraire, nous n'osons pas affirmer que l'animal pense, juge, sache, comprenne ; nous n'avons qu'une notion vague des limites de sa connaissance. « La volonté est donc bien, dans tous les êtres animaux, l'élément primaire et essentiel ; l'intelligence n'est que l'élément secondaire et accidentel, un instrument au service de la volonté, instrument plus ou moins compliqué, selon les exigences de ce service. »

Si nous parcourons du haut en bas l'échelle hiérarchique des animaux, nous trouvons que l'intelligence y devient de plus en plus faible, mais nous ne remarquons nullement une dégradation correspondante de la volonté. Le moindre insecte veut ce qu'il veut, aussi résolument et aussi parfaitement que l'homme ; il n'y a de différence que dans *ce* qu'il veut, et ceci dépend de l'intelligence. La volonté est simple en elle-même ; sa fonction est uniquement de vouloir ou de ne pas vouloir ; et, en vertu de sa simplicité, elle ne comporte pas de degrés ; elle est toujours égale à elle-même. « Elle ne présente de degrés que dans sa *manière d'être affectée*, qui va du penchant le plus faible jusqu'à la passion, et dans sa *facilité à être affectée*, qui va du tempérament flegmatique jusqu'au tempérament colérique. L'intelligence, au contraire, n'a pas seulement des degrés dans sa *manière d'être affectée*, depuis la torpeur jusqu'à la fantaisie ou à l'enthousiasme ; elle en a dans son essence même, dans sa perfection plus ou moins grande, depuis l'animal placé au plus bas de l'échelle et qui n'a qu'une perception confuse, jusqu'à l'homme, et, dans l'espèce humaine, depuis l'imbécile jusqu'à l'homme de génie. »

L'intelligence, même dans sa plus grande perfection, se fatigue après un long effort. Le cerveau, comme toutes les autres parties du corps, a besoin de repos. La volonté, au contraire, est infatigable. Elle montre, dès le berceau de l'homme, qu'elle est l'élément primitif de son être. Un nourrisson, qui n'a qu'une lueur d'intelligence, témoigne par des cris le besoin de vouloir qui surabonde en lui; il veut avec énergie, avant même de savoir *ce* qu'il veut. Au contraire, l'intelligence se développe lentement, parallèlement à l'évolution du cerveau et au degré de maturité de tout l'organisme. « Ce qui atteste aussi l'infatigable énergie de la volonté, c'est un défaut plus ou moins commun à tous les hommes, et dont on ne triomphe que par l'éducation : j'entends la *précipitation*. Il y a précipitation, quand la volonté se met prématurément à la besogne... L'intelligence n'a pas encore eu le loisir de faire la moitié de sa besogne à elle, d'étudier et de comparer les circonstances, et de délibérer sur ce qu'il convient de faire, quand déjà la volonté a pris les devants, et, avec un seul mot : « A mon tour maintenant! » est entrée en activité, sans que l'intelligence lui ait opposé la moindre résistance. Car l'intelligence n'est qu'un valet, l'esclave de la volonté ; elle n'agit pas, comme celle-ci, par une impulsion propre. Aussi, un signe de la volonté suffit pour la mettre au repos, tandis qu'elle-même ne réussit que par un suprême effort à imposer à la volonté une courte trêve, pour pouvoir prendre à son tour la parole... Ce que le frein est à un cheval indompté, l'intelligence l'est à la volonté humaine ; les instructions, les avertissements, l'éducation que lui donne l'intelligence, doivent la guider, la refréner. En elle-même, elle est une force impétueuse et sauvage, comme celle qui précipite les eaux d'une cataracte : nous savons même qu'en allant au dernier fond des choses on trouverait les deux forces identiques... De toutes ces considérations, il résulte avec évidence que la volonté est l'élément primitif et métaphysique, l'intelligence l'élément secondaire et physique. Et, comme tout objet physique, l'intelligence est soumise à la loi d'inertie. Elle n'entre en jeu que sous l'influence d'un agent, la volonté, qui la domine, la dirige, l'excite à l'effort, lui communique, en un mot, l'activité qui ne lui est pas inhérente par nature. L'intelligence cède au repos, dès qu'elle le peut; elle se montre paresseuse, peu disposée à agir. Un effort continu la fatigue, au point de l'émousser, de l'épuiser, comme la pile de Volta s'épuise par des décharges répétées. Aussi tout travail soutenu de l'esprit demande-t-il des moments de trêve, sous peine d'amener un hébétement, une incapacité de penser, d'abord temporaire, mais qui devient durable quand l'intelligence est tenue trop longtemps en éveil, tendue sans relâche et outre mesure. Avec l'âge, l'impuissance de la pensée peut dégénérer en idiotie et en folie; mais alors ce n'est pas l'âge qu'il faut accuser, c'est uniquement le surmenage persistant et tyrannique de l'intelligence, ou du cerveau. C'est ainsi que Swift est devenu fou, que Kant est tombé en enfance, que Walter Scott, Wordsworth, Southey et d'autres génies d'ordre inférieur ont fini dans une torpeur complète de la pensée. Gœthe a conservé jusqu'à la fin la clarté, la vigueur et l'activité de son esprit, parce que, homme du monde et courtisan, il ne s'est jamais forcé au travail intellectuel. »

L'intelligence joue si bien le rôle secondaire dans

la vie humaine, qu'elle ne peut accomplir librement sa fonction que si l'action de la volonté est suspendue. « Une grande *frayeur* nous étourdit au point que nous restons comme pétrifiés, ou que nous faisons le contraire de ce que nous devrions faire : ainsi, environnés d'un incendie, nous allons nous jeter au milieu des flammes. Dans la *colère*, nous ne savons plus ce que nous faisons, encore moins ce que nous disons. Un *excès de zèle* nous aveugle, nous rend incapables de peser les arguments d'autrui, de rassembler et de coordonner les nôtres. La *joie* nous ôte toute réflexion, tout scrupule, toute réserve ; le *désir* agit presque dans le même sens. La *crainte* nous empêche de voir et de saisir les moyens de salut qui nous restent et qui souvent sont à portée de notre main. Aussi, quand il s'agit d'affronter un danger subit, ou de lutter contre des adversaires ou des ennemis, les meilleures armes sont le *sang-froid* et la *présence d'esprit*. Le sang-froid consiste en ce que la volonté se tait, pour que l'intelligence puisse agir ; la présence d'esprit, en ce que la pression des événements qui inquiètent la volonté ne trouble pas la marche tranquille de l'intelligence. La première de ces deux qualités est la condition de la seconde ; elles sont parentes, et très rares l'une et l'autre. »

Il est d'autres cas, où la pensée est faussée par les inclinations d'une manière plus lente, plus intermittente, mais aussi plus durable. « L'*espérance* et la *crainte* nous font voir comme vraisemblable et proche, l'une ce que nous désirons, l'autre ce que nous voudrions éviter ; toutes deux agrandissent leur objet. L'espérance est, selon l'expression de Platon, le rêve de l'homme éveillé. La volonté force l'intelligence, son humble servante, quand celle-ci ne peut pas lui procurer l'objet désiré, à lui en fournir au moins l'image. Elle lui assigne le rôle d'un consolateur, qui, comme la nourrice fait avec l'enfant, doit apaiser son maître avec des contes qui aient tout l'air de la vérité. Et l'intelligence, asservie à cette tâche, est obligée de mentir à sa propre nature et de violer toutes ses lois, en admettant comme vrai ce qui n'est ni vrai ni vraisemblable, ce qui est à peine possible, et tout cela pour calmer et bercer pendant quelques instants cette maîtresse intraitable et inquiète, la volonté... Enfin, l'*amour* et la *haine* faussent complètement notre jugement. Chez nos ennemis, nous ne voyons que défauts ; chez nos favoris, que qualités, et leurs défauts mêmes nous paraissent aimables. L'*intérêt personnel*, de quelque nature qu'il soit, exerce sur nous la même influence mystérieuse : ce qui lui est conforme nous paraît aussitôt équitable, juste, raisonnable ; ce qui lui est contraire, nous le trouvons très sincèrement injuste et abominable, déraisonnable et absurde. De là tous les préjugés : préjugés de caste, préjugés professionnels, nationaux, préjugés de secte et de religion... L'esprit refuse d'admettre ce qui répugne au cœur. »

Il y a cependant des cas où les fonctions de l'intelligence sont stimulées par l'aiguillon de la volonté. « Celle-ci joue alors le rôle d'un cavalier qui, en donnant de l'éperon à son cheval, le pousse à un galop qui excède la mesure naturelle de ses forces. » Sous l'influence d'un vif désir ou d'une nécessité pressante, nous montrons souvent une perspicacité qui ne nous est pas habituelle, ou nous découvrons en nous des talents qui nous étaient inconnus. De là le phénomène surprenant de « l'astuce des sots ». De là aussi le proverbe : « Nécessité est mère des arts », proverbe très juste, remarque Schopenhauer, à condition qu'on en excepte les beaux-arts. Même chez les animaux, l'intelligence s'accroît dans le danger. Le lièvre reste tranquillement couché dans le sillon d'un champ, et laisse le chasseur passer tout près de lui; les insectes, quand ils ne peuvent s'échapper, font le mort. « La mémoire aussi est accrue sous l'impulsion de la volonté. Une mémoire, même faible à l'ordinaire, retient avec une fidélité parfaite ce qui touche à la passion dominante du moment. L'amoureux n'oublie aucune occasion favorable, l'ambitieux aucune circonstance qui s'accorde avec ses projets. L'avare n'oublie jamais une perte subie, ni l'homme fier une blessure faite à son honneur. Le vaniteux retient le moindre mot d'éloge, la moindre distinction dont il a été l'objet. Le même phénomène s'observe chez les animaux : un cheval s'arrêtera devant l'auberge où il a un jour reçu l'avoine; les chiens ont une admirable mémoire des circonstances, des lieux et des temps où ils ont attrapé de bons morceaux; le renard ne perd pas le souvenir des cachettes où il a déposé une proie. » Ainsi la volonté, l'intelligence et la mémoire, quand elles agissent de concert, se prêtent un appui mutuel et doublent leur énergie. Mais dès que le désaccord se met entre elles, c'est la volonté qui l'emporte et qui domine. Alors l'intelligence a beau lui tracer une ligne de conduite, et lui reprocher ses défaillances quand elle s'en écarte; la volonté semble un instant se soumettre, puis reprend ses habitudes, suit ses penchants et ses goûts, dont l'ensemble constitue le caractère; « et l'intelligence reste seule avec ses plaintes impuissantes, et le chagrin même que lui cause sa compagne indocile finit par la réconcilier avec elle ».

L'intelligence et la volonté sont donc, au fond, indépendantes l'une de l'autre. Mais c'est dans celle-ci, c'est-à-dire dans les penchants, dans les habitudes, dans le caractère, dans tout ce qui constitue la vie morale, que réside l'essence de l'homme et sa vraie valeur. On ne saurait reprocher à personne de manquer d'esprit ; on excuse même volontiers un imbécile en disant « qu'il n'en peut mais » ; cependant nul ne songe à invoquer la même excuse pour un malfaiteur. L'opinion est guidée par un instinct très sûr dans la manière dont elle assigne les responsabilités. « Les dons supérieurs de l'esprit ont passé de tout temps pour un présent de la nature ou des dieux ; c'est même pour cela qu'on les a appelés des dons. On les considérait, en quelque sorte, comme différents de l'homme, comme lui étant échus par faveur. Mais on n'a jamais considéré de même les qualités morales, bien qu'elles aussi soient innées ; on les a regardées, au contraire, comme émanant de l'homme, comme sa propriété essentielle, comme l'élément constitutif de son moi. Conformément à cette manière de voir, toutes les religions promettent pour les qualités de la volonté ou du cœur une récompense après cette vie ; aucune ne promet rien aux qualités de l'intelligence et de l'esprit. La vertu attend sa récompense dans l'autre monde ; la sagesse espère la sienne ici-bas ; le génie ne demande rien ni dans ce monde ni dans l'autre : il est à lui-même sa récompense. »

C'est sur les qualités morales que se fondent les amitiés durables. Qui ne prendra pour ami un homme honnête et bienveillant, plutôt qu'un homme simplement spirituel ? L'esprit, le génie, la beauté, sont éclipsés par la bonté du cœur. « Un esprit borné, un visage grotesque, se transfigurent en quelque sorte, lorsqu'ils sont accompagnés d'une extraordinaire bonté de cœur ; il semble dès lors qu'une beauté d'essence supérieure s'y attache, et qu'en eux parle une sagesse devant laquelle toute autre doit rester muette. Car la bonté du cœur est une qualité transcendante ; elle appartient à un ordre de choses qui dépasse la vie actuelle ; aucune autre perfection ne peut lui être comparée. Là où elle existe à un haut degré, elle élargit le cœur, au point qu'il embrasse le monde entier, qu'il renferme tout en lui, qu'il n'exclut rien. Elle nous identifie avec tous les êtres. Elle nous inspire aussi envers les autres cette indulgence sans bornes que l'on n'a d'ordinaire que pour soi-même. L'homme idéalement bon n'est pas capable de s'irriter. Quand même ses défauts intellectuels ou physiques lui auront attiré des railleries blessantes, il ne s'en prendra qu'à lui-même d'en avoir fourni le prétexte, et il continuera, sans se faire violence, à se montrer bienveillant envers les railleurs, soutenu par l'espoir qu'ils reviendront de leur erreur et finiront eux-mêmes par se reconnaître en lui. » L'intelligence, la beauté, le génie, nous valent l'admiration des hommes : la bonté nous attire leur sympathie, et, si nous nous interrogeons nous-mêmes avec sincérité, nous trouverons que c'est sur le degré de notre bonté que nous mesurons involontairement l'estime que nous avons pour nous-mêmes. « Voilà pourquoi nous jetons un regard indifférent, complaisant même, sur les sottises et les folies de notre jeunesse, tandis que les défauts de caractère qu'on a pu nous reprocher, les mauvaises actions que nous avons pu commettre, se dressent encore devant nous comme un remords dans l'extrême vieillesse. »

Ainsi toute notre expérience du monde nous démontre la *primauté* de la volonté et de ce qui en dépend, et quand nous interrogeons notre conscience, elle nous répond de même. La jeunesse, l'âge mûr, la vieillesse, les accidents de notre vie, le hasard de nos rencontres, mille circonstances influent sur le cours de nos idées et les modifient sans cesse. Mais sur quoi repose, en fin de compte, l'identité de notre personne ? Est-ce sur la forme du corps, qui change constamment dans toutes ses parties, sauf dans l'expression du regard ? Est-ce sur la mémoire, qui s'affaiblit, ou se perd tout à fait ? « Elle repose sur l'identité de la volonté et sur son caractère immuable, dont la persistance du regard est le signe extérieur. C'est le cœur et non la tête qui fait l'homme. Sans doute, par suite de nos relations avec le dehors, nous sommes habitués à considérer comme notre moi véritable le sujet de la connaissance, le moi connaissant, qui s'alanguit le soir, s'évanouit dans le sommeil, et brille au matin d'un éclat plus vif, après avoir renouvelé ses forces. Mais ce moi est une simple fonction du cerveau, ce n'est pas notre moi le plus propre et le plus profond. Notre moi véritable est ce qui est caché derrière l'autre et ce qui ne connaît au fond que deux choses : vouloir ou ne pas vouloir, être satisfait ou n'être pas satisfait, avec toutes les modifications que comportent ces divers états, et qu'on appelle sentiments, émotions, passions. C'est ce moi qui produit l'autre ; il reste éveillé quand l'autre dort, et il subsiste quand l'autre est anéanti par la mort. »

Derrière le moi qui est le sujet connaissant, et qui n'est qu'une fonction du cerveau, se trouve un autre moi, qui est l'essence même et le fond de notre être, qui se manifeste par le *vouloir vivre*, et qui est indestructible. L'indestructibilité, tel est le dernier et le suprême caractère que Schopenhauer attribue à la volonté. Il cite en note, dans une autre partie de son livre, une comparaison de Gœthe, dont il s'attribue la première idée. «Notre âme, dit un jour Gœthe à Eckermann, est de nature indestructible, c'est une force qui se soutient d'éternité en éternité. Ainsi le soleil : il semble s'éteindre, mais c'est une pure apparence, bonne pour nos yeux terrestres; en réalité, il ne s'éteint jamais et répand sans cesse sa lumière. » Ces paroles sont empruntées à une conversation qui date de 1824. Or, Schopenhauer disait déjà, dans la première édition de son livre : « Le soleil réel brille sans interruption, tandis que le soleil apparent s'enfonce dans le sein de la nuit. Quand l'homme redoute la mort, parce qu'il y voit son anéantissement, c'est comme s'il s'imaginait que le soleil puisse s'écrier au soir : *Malheur à moi! je descends dans l'éternelle nuit.* » Schopenhauer continue, en expliquant son image : « La terre tourne, va du jour à la nuit; l'individu meurt; mais le soleil fait luire sans interruption un éternel midi. A la volonté de vivre est attachée la vie ; et la forme de la vie, c'est le présent sans fin. Peu importe que les individus, manifestations de l'Idée, naissent et disparaissent dans le temps, semblables à des rêves passagers [1]. » L'idée de Gœthe est simple et nette. Celle de Schopenhauer, avec les développements qu'il lui donne, devient contradictoire. Si la volonté est l'essence de l'homme, identique avec lui, et indestructible, comment se peut-il que l'homme s'anéantisse, quand la volonté survit? C'est une de ces questions que les disciples de Schopenhauer lui posaient quelquefois, et auxquelles il refusait de répondre, en disant qu'elles étaient de l'ordre transcendant, et que le philosophe n'était pas tenu de résoudre toutes les énigmes du monde.

---

1. *Die Welt als Wille und Vorstellung*, livre IV, § 54.

XVII

LES IDÉES PLATONICIENNES
LE BEAU

La philosophie de Schopenhauer a deux antécédents, le rationalisme de Kant et l'idéalisme de Platon. Sa théorie de la connaissance dérive de Kant, son tableau des arts s'inspire de Platon. Les Idées de Platon sont l'expression la plus poétique, la plus séduisante, qui ait jamais été donnée de l'idéalisme. Les Idées, les seules réalités, dont les objets prétendus réels ne sont que des copies imparfaites, deviennent, chez Schopenhauer, les types des espèces, manifestations immédiates de la volonté, et élevées, comme elle, au-dessus des conditions du temps et de l'espace. Les Idées sont toujours et ne deviennent jamais, tandis que les individus qui les représentent à nos yeux deviennent, c'est-à-dire naissent et disparaissent.

Les Idées sont comme des formes dans lesquelles le *vouloir vivre* universel se particularise. Elles sont la raison d'être des phénomènes, et elles traversent, comme telles, le monde minéral, végétal, animal, le phénomène montrant toujours le rapport des choses au sujet pensant, ou les rapports des choses entre elles, et l'Idée exprimant leur essence intime.

« Quand les nuages passent dans le ciel, les figures

qu'ils tracent ne leur sont pas essentielles, elles leur sont indifférentes ; mais que, vapeur élastique, ils se rassemblent, se dispersent, s'étendent, se déchirent, sous le choc du vent, c'est là leur nature, l'essence des forces qui se manifestent en eux, leur Idée ; les figures ne sont que pour l'homme qui les observe par hasard.

« Quand le ruisseau dévale sur les rochers, les vagues, les remous, les reflets d'écume qu'il offre au spectateur lui sont indifférents et ne lui sont pas essentiels ; mais qu'il obéisse à la pesanteur, qu'il se comporte comme un fluide sans élasticité, sans résistance, sans forme, et transparent, c'est son essence, son Idée...

« Ce qui apparaît dans le nuage, dans le ruisseau, n'est que la plus faible répercussion de cette volonté qui s'annonce plus parfaite dans la plante, plus parfaite encore dans l'animal, et avec toute sa perfection dans l'homme... Pour celui qui a saisi cela, et qui sait distinguer la volonté de l'Idée et l'Idée du phénomène, les événements de ce monde ne seront plus que les signes révélateurs de l'Idée de l'homme... Dans les aspects multiples de la vie humaine, dans le changement incessant des événements, il ne considérera que l'Idée, seule permanente et essentielle, en qui le *vouloir vivre* a trouvé son expression la plus complète, et qui se montre sous ses différentes faces dans les qualités, les passions, les erreurs et les prérogatives du genre humain : égoïsme, haine, amour, crainte, audace, légèreté, stupidité, ruse, esprit, génie, etc., qui tous se concrètent diversement dans les individus, et jouent devant nous la grande et la petite comédie du monde, où c'est tantôt un fétu, tantôt une couronne qui fait mouvoir les acteurs. Il finira même par s'apercevoir que tout se passe dans le monde comme dans les drames de Gozzi, où ce sont toujours les mêmes personnages qui paraissent, ayant mêmes pensées et même sort. Il est vrai que les motifs et les événements changent d'une pièce à l'autre, mais l'esprit des événements reste le même. Les personnages d'une pièce ne se souviennent plus de ce qui s'est passé dans l'autre, où pourtant ils ont joué leur rôle. Voilà pourquoi, après toutes les expériences qu'ils ont pu faire dans leur carrière, ni Pantalon n'est plus agile ou plus généreux, ni Tartaglia plus honnête, ni Brighella plus vaillant, ni Colombine plus vertueuse [1]. »

Comment connaîtrons-nous les Idées ? Comment les distinguerons-nous des individus qui n'en sont que la figure passagère et imparfaite, des phénomènes qui n'en sont que la manifestation obscure ? C'est en changeant les conditions de notre faculté de connaître, dans la mesure même où l'objet à connaître est changé.

Originairement, notre connaissance est au service de notre volonté ; elle a pour but l'entretien et le développement de notre vie physique. Ce qu'elle a en vue, ce ne sont pas les choses en elles-mêmes, mais les rapports des choses avec nous et leurs rapports entre elles. Elle ne demande pas, en présence d'un objet, ce qu'il est, mais où, quand et pourquoi il est, et surtout ce qu'il peut être pour nous. Notre connaissance ordinaire se distingue essentiellement par deux caractères : elle se borne, quant aux objets, à leurs rapports, et, quant à nous, elle est subordonnée à notre personnalité. Elle est donc limitée, asservie de deux côtés à la fois, et il faut qu'elle s'affranchisse de cette double servitude, qu'elle se rende complètement libre, si elle veut entrer dans le domaine des Idées pures.

---

1. *Die Welt als Wille und Vorstellung*, livre III, § 35.

La connaissance ne peut s'affranchir que dans l'homme. « Chez les animaux, la servitude de la connaissance à l'égard de la volonté ne peut jamais être supprimée ; chez les hommes, elle ne l'est qu'à titre exceptionnel. Cette différence entre l'homme et l'animal a sa marque extérieure dans les proportions différentes de la tête et du tronc. Chez les animaux inférieurs, les deux parties sont mal délimitées ; la tête est dirigée vers la terre, où se trouvent les objets de leur volonté. Même chez les animaux supérieurs, la tête et le tronc sont moins séparés que chez l'homme. Chez celui-ci, la tête est librement posée sur le tronc ; elle est portée par lui, elle ne le sert pas. Ce privilège de l'homme trouve sa plus haute expression dans l'*Apollon du Belvédère* ; la tête du dieu des Muses porte au loin ses regards ; elle se dresse si fièrement sur les épaules, qu'elle paraît complètement indépendante du corps et délivrée du soin de pourvoir à son entretien [1]. »

Désintéressement absolu, oubli de la personnalité, tels sont les caractères de la connaissance, lorsqu'elle s'élève aux Idées pures. « Lorsqu'on a renoncé à la façon vulgaire de considérer les choses..., lorsqu'on a porté toute la puissance de son esprit dans l'intuition et qu'on s'y est plongé tout entier, lorsqu'on a l'âme pleine de la contemplation d'un objet que la nature nous a présenté, paysage, arbre, rocher ou édifice, et que, selon une expression caractéristique, on s'est perdu dans cet objet, c'est-à-dire qu'on a oublié son individu, sa volonté..., lorsque, enfin, l'objet est affranchi de toute relation avec ce qui n'est pas lui, et le sujet de toute relation avec la volonté : alors ce qui est ainsi connu n'est plus telle ou telle chose parti-

---

1. Livre III, § 33.

culière, c'est l'Idée, la forme éternelle, la manifestation immédiate de la volonté. » La pensée de Schopenhauer, dépouillée de la terminologie de son système, est que l'idéal n'est pas un objet d'analyse, mais de contemplation, et que l'art, qui s'en inspire, est un jeu de la fantaisie, jouissant librement du spectacle de l'univers, et affranchie des besoins et des misères de l'existence commune : telle était aussi l'opinion de Schiller, cet autre disciple de Kant. La contemplation, ainsi comprise, est une sorte d'union mystique avec la nature. « Celui qui se sera ainsi absorbé et perdu dans la contemplation de la nature, croira sentir au fond de lui-même qu'il est devenu la condition et, pour ainsi dire, le support du monde et de toute existence objective ; il ne verra plus dans celle-ci que le corrélatif de sa propre existence. Il aura attiré la nature en lui ; elle ne sera plus qu'un accident de son être. Il pourra dire avec le poète : « Ces monts, ces flots, ces nuages « ne sont-ils pas une partie de mon âme, et moi une « partie d'eux-mêmes [1] ? »

La contemplation pure et désintéressée, et l'union intime avec la nature, qui en est la suite, telle est la première condition de l'art et le résumé de toutes ses règles. L'art a son origine dans la connaissance des Idées, et son but est la communication de cette connaissance. Son objet le distingue essentiellement de tous les ordres de sciences. Les sciences naturelles et les sciences historiques reposent sur le principe de la causalité. Les sciences mathématiques étudient le temps et l'espace. Les unes et les autres ont pour objet le phénomène, c'est-à-dire le monde qui change.

---

1. Livre III, § 34. — *Are not the mountains, waves and skies a part — Of me and of my soul, as I of them*. (Lord Byron, *Childe Harold*, chant III.)

L'art est la réprésentation du monde dans ce qu'il a de permanent. « La science suit le cours instable et ininterrompu des causes et des effets ; chaque découverte la pousse à une découverte nouvelle ; elle n'est jamais arrivée à son terme, et son but n'est jamais atteint : autant vaudrait vouloir atteindre à la course le point où les nuages touchent l'horizon. L'art, au contraire, a partout son terme. Il arrache l'objet de sa contemplation au torrent universel ; il le tient isolé devant lui ; et cet unique objet, qui disparaissait dans le torrent, cette partie insignifiante, devient pour lui le représentant du tout, l'équivalent de cette pluralité infinie qui remplit l'espace et le temps. L'art s'en tient donc à cet unique objet. La roue du temps est arrêtée ; les relations disparaissent. Ce n'est que l'essence, l'Idée qui constitue l'objet de l'art [1]. »

Le génie, inspirateur des arts, est l'aptitude à contempler les Idées. Il exige, comme condition préalable, un oubli complet de la personnalité, des intérêts et des ambitions de la vie ordinaire. Il est tout objectif, c'est-à-dire dirigé vers le monde extérieur ; il n'est plus que pur sujet connaissant, « œil limpide de l'univers », et cela pendant tout le temps qui lui est nécessaire pour réaliser sa conception dans un art déterminé, ou, selon l'expression de Gœthe, pour « fixer dans des pensées éternelles ce qui flotte dans le vague des apparences [2] ». On présente ordinairement l'imagination comme un élément essentiel du génie, ce qui est juste, dit Schopenhauer ; mais on a voulu aussi les identifier complètement l'un à l'autre, ce qui est une erreur. L'imagination peut aider le génie

---

1. *Die Welt als Wille und Vorstellung*, livre III, § 36.
2. *Was in schwankender Erscheinung schwebt, — Befestiget mit dauernden Gedanken.* (*Faust*, Prologue dans le ciel.)

à parfaire l'œuvre de la nature; elle lui fait voir dans les choses non ce que la nature y a mis, mais ce qu'elle a voulu y mettre, et ce qu'elle y aurait mis infailliblement, si elle était plus qu'une ouvrière inégale, une mandatrice souvent infidèle de l'Idée. Mais là où l'imagination règne seule, elle s'amuse à construire des châteaux en Espagne, bons pour flatter le caprice individuel, mais qui ne font voir que des relations, et encore des relations chimériques. L'imagination grandit le cercle de la vision poétique, elle ne saurait le remplir toute seule.

L'homme ordinaire, « ce produit industriel que la nature fabrique à raison de plusieurs milliers par jour », ne voit que les relations des choses. Qu'un objet se présente à lui, il le range vite sous un concept, et ne s'y intéresse plus. Un paysage où il n'y a que des arbres, des rivières et des rochers, est vide pour lui; même devant la nature, il lui faut une société, tout au moins celle d'un livre. La pierre de touche d'un homme, la marque de sa valeur, c'est son aptitude à supporter la solitude. L'homme de génie s'arrête peu aux relations des choses; il considère leur essence, et il s'attarde et se plaît dans cette considération. De là vient qu'il se conduit souvent si gauchement dans la vie. « Pour l'homme ordinaire, l'intelligence est une lanterne qui éclaire le chemin; pour l'homme de génie c'est le soleil qui fait apparaître le monde. » Dans la conversation, l'homme de génie songe moins à la personne à qui il parle qu'à la chose dont il parle et qui tient son esprit occupé. Il dit souvent ce qu'il ferait mieux de taire. Il est porté au monologue. Enfin, il a des faiblesses qui frisent la folie : aussi appelle-t-on quelquefois l'enthousiasme poétique une aimable folie. Mais ce qui compense toutes les misères du génie, c'est la sérénité que donne la contemplation prolongée de l'idéal, « sérénité comparable à celle des dieux d'Épicure ». L'homme de génie seul échappe à la tyrannie de la volonté, toujours exigeante et jamais satisfaite, et la roue d'Ixion sur laquelle nous sommes tous attachés cesse de tourner pour lui.

Le beau, c'est l'Idée même, comme objet de contemplation. Chaque chose, étant l'expression d'une Idée, peut apparaître comme belle. Il faut seulement que les deux conditions essentielles de toute aperception artistique soient remplies : il faut, d'un côté, que nous ayons conscience de nous-mêmes comme pur sujet connaissant, et, de l'autre, que l'objet soit considéré non au point de vue de ses relations avec nous-mêmes ou avec d'autres objets, mais au point de vue de l'Idée qu'il représente. L'objet le plus insignifiant peut prendre, à la lumière de son Idée, tous les caractères du beau. Quel homme de goût peut regarder sans émotion certains tableaux d'intérieur des peintres hollandais, dont le sujet paraît insignifiant, mais où respire dans chaque détail l'inaltérable sérénité de l'artiste ? Cependant les objets peuvent être plus ou moins propres à exprimer la beauté, selon qu'ils rendent la contemplation de l'Idée plus ou moins facile, ou que l'Idée elle-même répond à une espèce plus ou moins élevée dans l'échelle des êtres. Voilà pourquoi la beauté humaine dépasse toute autre beauté, et pourquoi le but suprême de l'art est de révéler sous une forme sensible l'essence de l'humanité.

Au-dessous de l'homme, le monde végétal, par la variété de ses formes et l'immobilité de ses attitudes, devient aisément un objet de contemplation. Quel est l'homme, même d'une intelligence ordinaire, qui soit absolument insensible au charme d'un beau paysage ?

Aussi longtemps que la nature s'offre simplement à nos regards, qu'elle ne cherche, pour ainsi dire, qu'un œil qui la contemple, elle ne provoque en nous que le sentiment du beau. Mais qu'elle se présente à nous avec un déploiement de force qui nous paraisse menaçant pour notre propre existence, qu'elle nous frappe par le contraste de sa grandeur démesurée avec notre faiblesse, voilà notre contemplation troublée, et nous retombons tout d'un coup du monde de la représentation dans le monde de la volonté. Mais, par un effort instantané, nous réagissons contre l'impression de terreur qui nous a saisis, avant même qu'elle ait eu le temps de se fixer. Nous faisons abstraction d'un danger qui n'était qu'imaginaire ; nous rentrons dans la sérénité de notre contemplation, qui, par la secousse qu'elle a subie, n'a pris que plus d'ampleur et de majesté. Nous nous sentons victorieux, non seulement de notre propre volonté, mais de la volonté universelle ; nous avons le sentiment du sublime.

Le sentiment du beau et le sentiment du sublime ont donc un élément commun, la contemplation indépendante de la volonté. Le sentiment du sublime contient un élément de plus, le rapport d'hostilité que nous reconnaissons entre l'objet contemplé et nous, et dont nous sommes obligés de faire abstraction. Il s'ensuit qu'il y a des transitions entre le beau et le sublime, des degrés dans le sublime, selon que ce dernier élément se présente avec plus ou moins de force et d'instantanéité.

Une plaine déserte et nue, vaste et silencieuse, sans aucun être vivant qui l'anime, sans verdure, sans eau courante, nous inquiète d'abord par l'absence de tout ce qui est nécessaire à notre subsistance. Mais cette impression n'a rien de pressant, de violent, et nous la surmontons aussitôt : c'est un degré inférieur du sublime.

« Voici un autre aspect de la nature, qui nous donnera le sentiment du sublime à un degré supérieur : une tempête déchaînée ; un demi-jour à travers des nuages noirs et menaçants ; des rochers à pic, énormes, dénudés, qui ferment l'horizon et enserrent la vue ; une solitude complète ; des eaux mugissantes, qui jettent leur écume ; le gémissement du vent dans les gorges. Notre dépendance, notre lutte contre la nature ennemie, et notre volonté qui se brise dans cette lutte, se présentent à nos yeux dans une intuition immédiate. Mais tant que l'angoisse personnelle ne prend point le dessus, tant que la contemplation esthétique persiste, le pur sujet connaissant promène son regard tranquille sur cette image de la nature en furie et de la volonté écrasée ; impassible et indifférent, il n'est occupé qu'à reconnaître les Idées dans les objets mêmes qui menacent et terrifient la volonté : c'est précisément dans ce constraste que réside le sentiment du sublime.

« Quand nous méditons sur l'infinité du monde dans l'espace et dans le temps, sur la longue série des siècles passés et des siècles futurs, ou encore quand le ciel nocturne nous montre dans leur réalité des mondes sans nombre, nous nous sentons réduits à rien ; nous nous sentons, en tant qu'individus, corps animés, phénomènes passagers de la volonté, comme une goutte d'eau dans l'Océan ; nous nous évanouissons, nous nous écoulons dans le néant. Mais aussitôt notre conscience s'élève contre ce fantôme de notre anéantissement, contre le mensonge de cette impossibilité. Elle nous révèle, comme vérité immédiate, que tous ces mondes n'existent que dans notre représentation, ne sont que des modifications dans le sujet éternel de la connaissance pure. Et ce sujet, support nécessaire des mondes et des temps, c'est nous, du moment que nous avons abdiqué notre personnalité. Alors la grandeur du monde, qui auparavant nous inquiétait, repose en nous. Notre dépendance vis-à-vis de lui est supprimée ; c'est lui qui dépend de nous. Tout cela ne se passe pas dans notre réflexion ; nous le sentons dans notre conscience ; nous sentons qu'en un sens nous ne faisons qu'un avec le monde, et que son immensité, loin de nous écraser, nous élève. Ce sentiment qui nous élève au-dessus de nous-mêmes, c'est le sentiment du sublime [1]. »

Ce dernier exemple peut servir de transition à un autre genre de sublime, celui qui se rapporte uniquement à l'homme, et auquel la nature n'a point de part. Un acte d'héroïsme ou d'abnégation nous paraît sublime, parce qu'il dépasse la mesure ordinaire des forces ou des vertus humaines. Cependant nous sentons que c'est toujours l'humanité qui se présente à nous, l'humanité à laquelle nous appartenons ; et nous nous grandissons nous-mêmes, en nous associant par la pensée à la grandeur morale d'un de nos semblables.

Ce que le sentiment du sublime, dans toutes ses variétés, ajoute au sentiment du beau, c'est un effort de l'intelligence, qui augmente sa faculté de compréhension. Mais les deux sentiments sont de même nature et ont la même marque caractéristique, qui est de donner lieu à un pur état contemplatif. L'être humain oublie pour un instant le souci de sa conservation et les suggestions de l'égoïsme. C'est une délivrance momentanée, un avant-goût de l'affranchissement complet par la suppression du *vouloir vivre*, qui sera le dernier mot de la morale de Schopenhauer.

1. *Die Welt als Wille und Vorstellung*, livre III, § 39.

XVIII

LES ARTS

Les arts traduisent la beauté ou, ce qui revient au même, les Idées, telles qu'elles se manifestent aux différents degrés de l'échelle des êtres. Au degré inférieur règnent les forces élémentaires de la matière, « les représentations les plus simples et les plus rudimentaires de la volonté, les basses fondamentales de la nature [1] ». Ce sont principalement la pesanteur et la résistance, ces deux forces opposées, qui constituent la vie de la pierre et la manifestation de la volonté qui est en elle. Faire ressortir le conflit de ces deux forces, telle est la tâche de la belle architecture : car Schopenhauer écarte de prime abord et exclut du domaine de l'art l'architecture pratique, celle qui n'a pour but que de donner un abri à l'homme ou à l'animal.

Si la masse d'un édifice n'obéissait qu'à la pesanteur, elle s'effondrerait en un bloc informe, adhérent au sol ; mais la résistance, cette autre propriété de la matière, ou, pour parler avec Schopenhauer, cette autre manifestation de la volonté dans la nature, intervient pour maintenir l'édifice en équilibre. Par exemple, l'entablement ne peut peser sur le sol que par l'intermédiaire

1. *Die Grundbasstöne der Natur*.

des colonnes ; la voûte, qui se porte elle-même et où chaque pierre est à la fois charge et support, ne satisfait sa tendance vers la terre qu'à l'aide des piliers. Ainsi l'art contient et concilie les forces contraires, rend leur opposition visible à l'œil, et la transforme en harmonie. Pour que l'édifice soit beau, il faut que chaque partie supporte un poids exactement proportionné à sa résistance, et qu'elle-même ne soit ni plus ni moins soutenue qu'il n'est nécessaire. Une colonne qui ne porte rien, ou une colonne torse qui semble plier sous sa charge, sont des fautes de goût. Un pilier carré, où la diagonale est supérieure à la longueur des côtés, a des épaisseurs inégales qu'aucune fin ne justifie : aussi est-il moins agréable à l'œil que la colonne ronde. Quant aux ornements, comme ceux des chapiteaux et des architraves, ils appartiennent à la sculpture ; l'architecture les admet, mais elle peut s'en passer. En somme, la théorie de Schopenhauer, à laquelle on ne peut refuser le mérite de l'originalité, substitue à la correspondance des lignes la balance des forces, c'est-à-dire à la symétrie extérieure, qui ne frappe que la vue, une sorte de symétrie intérieure, qui parle à la fois aux yeux et à l'esprit. Il estime que la vraie patrie de l'architecture, en tant qu'elle poursuit une fin esthétique, est le Midi : aussi est-ce dans l'Inde, en Égypte, en Grèce et à Rome qu'elle a produit ses monuments les plus parfaits. Dans le Nord, la rigueur du climat et l'inégalité de la température nécessitent des cloisons, des fenêtres étroites, des toits aigus ; et l'art, ne pouvant déployer librement sa beauté propre, se rejette sur les ornements de détail, pour lesquels il emprunte l'aide de la sculpture.

Le thème préféré et tout à fait spécial de la sculpture, c'est la beauté humaine, c'est-à-dire l'expression parfaite de la volonté éclairée par l'intelligence. La beauté peut être envisagée au double point de vue de l'espace et du temps. Dans l'espace, elle s'exprime par la forme ; la forme belle, c'est la beauté dans le sens étroit du mot. Dans le temps, elle se traduit par le mouvement et par l'attitude qui en est le signe. La beauté du mouvement, c'est la grâce. La marque caractéristique de la grâce est la mesure ; elle ne veut rien de trop ni de trop peu. Le trop se trahit par des gestes désordonnés et des attitudes contournées ; le trop peu engendre la raideur. La grâce doit être aisée, sans quoi elle n'est plus la grâce ; elle doit rendre nettement visible à l'œil l'intention qui a dicté le mouvement. La beauté peut exister sans la grâce ; mais la grâce n'existe pas sans la beauté, puisque l'aisance du mouvement suppose un corps harmonieusement bâti. Leur union constitue la plus haute manifestation de la volonté dans la nature et l'objet le plus digne de notre contemplation idéale.

Comment l'artiste arrive-t-il à réaliser la beauté ? Est-ce, comme on a l'habitude de le dire, en imitant la nature ? Non, car à quoi reconnaîtra-t-il les œuvres parfaites de la nature et les distinguera-t-il de ses tentatives manquées, s'il ne porte en lui une conception de la beauté qui lui serve de mesure ? D'ailleurs, la nature a-t-elle jamais produit un homme parfaitement beau en toutes ses parties ? Ou bien, d'après une opinion que Xénophon prête à Socrate, l'artiste se mettra-t-il en quête de beautés partielles, éparses dans divers individus, pour en composer un ensemble ? Pas davantage, car la même question se pose aussitôt : à quoi reconnaîtra-t-il que telle forme est belle et que telle autre ne l'est pas ? Nous reconnaissons immédiatement la beauté, parce qu'elle n'est que l'expression parfaite de cette volonté qui est en nous-mêmes. L'homme ordinaire en a le vague pressentiment. L'artiste de génie en a la claire aperception. « Il comprend la nature à demi-mot ; il exprime nettement ce qu'elle n'a fait que balbutier. Cette beauté de la forme qu'elle a mille fois essayé de réaliser sans y réussir, il l'imprime au marbre rebelle, et il présente son œuvre à la nature, en disant : « Voilà ce que tu as voulu faire. » Et le connaisseur répond, comme un écho : « Oui, c'est cela. » C'est ainsi que le génie grec a su trouver l'archétype de la forme humaine et l'imposer comme canon à l'art sculptural [1]. »

Comme la sculpture a pour objet la beauté unie à la grâce, elle a une prédilection pour le nu ; elle ne tolère le vêtement que dans la mesure où il ne cache pas la forme ; elle se sert de la draperie, non comme d'un voile, mais comme d'un moyen indirect pour indiquer la position ou l'attitude du corps. Le nu est pour la sculpture, et l'on peut ajouter pour la littérature grecque, une forme de la simplicité. Les Grecs « parlaient nu » ; ils savaient distinguer entre la beauté du langage et les parures du style.

La beauté, quoiqu'elle réponde à une manifestation précise de l'Idée, n'est point immuable ; elle se particularise dans les individus, et devient alors le *caractère*. Le caractère, c'est la beauté de l'individu, de même que la beauté est le caractère de l'espèce. Les anciens, quelque net que fût leur idéal de beauté, l'ont incarné dans une variété de types. Bacchus, Apollon, Hercule, Antinoüs sont différents l'un de l'autre, sans être moins beaux l'un que l'autre ; chacun exprime l'Idée de l'humanité sous une autre face. Le caractère et la beauté, loin de s'exclure ou de se nuire, se font valoir récipro-

---

1. *Die Welt als Wille und Vorstellung*, livre III, § 45.

quement : la beauté ennoblit le caractère ; le caractère fait vivre la beauté. Le caractère, sans la beauté, c'est l'individualité exagérée, l'originalité outrée, la caricature. La beauté, sans le caractère, c'est la forme froide et vide, l'académie. Le caractère, dans la sculpture, s'exprime par les traits du visage, par les mouvements et les attitudes, même par la forme du corps ; à ces moyens d'expression, la peinture en ajoute d'autres, la couleur, la lumière et surtout le regard.

Dans la peinture, la beauté n'apparaît guère que jointe au caractère. Son domaine est la vie humaine dans toute l'étendue de ses manifestations. L'action la plus ordinaire et, en apparence, la plus insignifiante, retracée par la main du génie, peut ouvrir un jour sur l'essence de l'humanité. C'est à peine si Schopenhauer admet une hiérarchie, une échelle de dignité entre les divers sujets qui peuvent solliciter le pinceau d'un artiste. Une scène d'intérieur d'un peintre hollandais a pour lui la même valeur qu'un grand tableau d'histoire, qui souvent a besoin d'une explication pour être compris. Il établit une distinction entre ce qu'il appelle le sens *extérieur* ou *nominal* et le sens *intérieur* ou *réel* d'une peinture. Le sens nominal regarde l'histoire ou, si l'on veut, la littérature ; le sens réel seul appartient à l'art et intéresse le connaisseur. « Une action de la plus haute importance historique peut être la plus banale du monde, au point de vue de son sens intérieur, et inversement, une scène de la vie journalière peut avoir un sens intérieur très profond, lorsqu'elle dévoile les replis cachés de l'être humain, lorsqu'elle fait éclater aux yeux l'activité humaine, le vouloir humain. D'un autre côté, deux actions extérieurement très différentes peuvent avoir le même sens intérieur. A ce point de vue, il importe peu que ce soient des ministres qui jouent le sort des nations sur une carte géographique, ou des paysans attablés dans un cabaret qui se disputent en jouant aux cartes ou aux dés [1]. » Pour rendre plus claire la distinction qu'il vient de faire, Schopenhauer cite comme exemple le sujet souvent traité de Moïse sauvé des eaux. « Moïse trouvé par une princesse égyptienne, voilà le sujet nominal, un fait très important pour l'histoire. Le sens réel de ce sujet, c'est-à-dire ce qui est effectivement offert à nos regards, c'est un enfant, abandonné sur un berceau flottant, et recueilli par une femme de haute naissance : un fait qui a dû se produire souvent. Le costume seul peut renseigner ici le spectateur instruit sur l'événement précis dont il est question. Mais le costume se rapporte au sens nominal; il n'est d'aucune importance pour le sens réel, qui ne connaît que l'homme en tant qu'homme. »

Tout ce que la pensée ajoute à un tableau, est plutôt nuisible qu'utile à l'effet immédiat produit sur la vue. Au nom de ce principe, Schopenhauer condamne l'allégorie, que Winckelmann considérait comme l'objet le plus élevé de l'art. « Une allégorie est une œuvre d'art qui signifie autre chose que ce qu'elle représente. Or l'Idée, comme tout ce qui est intuitif, s'exprime par elle-même, directement et avec une entière perfection; elle n'a besoin d'aucun intermédiaire pour se rendre claire... L'allégorie a pour mission de figurer un concept; elle détourne l'esprit du spectateur de l'image visible, intuitive, pour le diriger sur une représentation d'un tout autre genre, abstraite, n'ayant rien d'intuitif, et complètement étrangère à l'œuvre d'art. Dans ce cas, le tableau ou la statue doit exprimer ce qu'on exprime

---

[1]. Livre III, § 48.

d'ordinaire et beaucoup mieux par l'écriture [1]. » *La Nuit* du Corrège, *le Génie de la Gloire* d'Annibal Carrache, *les Heures* de Poussin sont de belles toiles ; mais elles ne sont belles que de leur beauté intrinsèque, par les figures qu'elles présentent à nos yeux. Comme allégories, « elles ne valent pas une inscription ». Dans *la Nuit* du Corrège, la lumière surnaturelle qui part de l'enfant est même, malgré la beauté de l'exécution, une impossibilité physique. Schopenhauer renvoie l'allégorie à la poésie, et, revenant à Winckelmann, il conclut en disant qu'on peut avoir le plus vif sentiment du beau et le jugement le plus sûr dans l'appréciation d'une œuvre isolée, sans être en état d'expliquer philosophiquement la nature du beau et de l'art, de même qu'on peut être un homme très bon et très vertueux, avoir la conscience la plus délicate, savoir peser la valeur d'une action morale avec la rigueur d'une balance de précision, sans être capable de construire sur une base philosophique une théorie de l'activité humaine.

Avant de quitter le domaine des arts plastiques, Schopenhauer insiste encore une fois sur la nécessité absolue qui s'impose à l'artiste de parler aux yeux et à l'imagination. La notion abstraite, ou le concept, l'allusion historique ou morale, l'allégorie, le symbole, peuvent intéresser le simple curieux ou l'observateur superficiel. L'image concrète et visible, l'aperception immédiate de l'Idée, sont faites pour le connaisseur, plus ou moins artiste lui-même, seul juge en dernier ressort. « En conséquence, quelle que soit l'utilité pratique du concept, quelles que soient ses applications, sa nécessité, sa fécondité dans les sciences, il n'en reste pas moins éternellement stérile pour l'art. Au contraire,

---

1. Livre III, § 50.

l'Idée, une fois conçue, devient la source véritable et unique de toute œuvre d'art digne de ce nom. L'Idée, dans sa vigueur primitive, réside au sein de la vie, de la nature, du monde ; mais elle n'est accessible qu'au vrai génie, ou à l'homme que l'enthousiasme a élevé momentanément jusqu'au génie. Les œuvres saines et fortes, celles qui portent en elles l'immortalité, ne peuvent naître que d'une conception immédiate. Et c'est précisément parce que l'Idée est et demeure intuitive que l'artiste n'a aucune conscience *in abstracto* de l'intention ni du but de son œuvre. Ce n'est pas un concept, mais une Idée qui plane devant lui : voilà pourquoi il ne peut rendre aucun compte de ce qu'il fait; il travaille, comme [on dit, d'inspiration, inconsciemment, presque instinctivement. Tout au rebours, les imitateurs, les maniéristes, partent du concept. Ils notent ce qui plaît et ce qui fait de l'effet dans les chefs-d'œuvre, l'ajustent dans leur esprit, le formulent en concepts, c'est-à-dire par voie d'abstraction, et en font, avec une application circonspecte, un pastiche avoué ou inavoué. Semblables aux plantes parasites, ils sucent leur nourriture, ils la tirent des œuvres d'autrui, et ils prennent, comme les polypes, la couleur de leur nourriture. On pourrait encore les comparer à des machines qui broient très menu et mélangent tout ce qu'on y jette, mais qui ne peuvent rien digérer; les éléments étrangers se retrouvent toujours et peuvent être isolés dans le mélange. Le génie seul, dans cette comparaison, est un corps organique, qui s'assimile, qui transforme et qui produit. Il peut bien se former à l'école des prédécesseurs et par l'étude de leurs œuvres, mais il ne devient fécond qu'au contact de la vie et du monde... Les contemporains, c'est-à-dire ce que chaque époque produit d'esprits obtus, n'ont eux-mêmes que des concepts, et ne peuvent s'en détacher. Ces gens prodiguent leurs applaudissements aux œuvres maniérées ; mais ces mêmes œuvres, après quelques années, ont perdu leur saveur, parce que l'esprit du temps, leur seule raison d'être, c'est-à-dire les concepts courants se sont transformés. Seules, les œuvres vraies, puisées directement au sein de la nature et de la vie, restent, comme la nature et la vie elles-mêmes, éternellement jeunes, et gardent leur vigueur primitive. Elles n'appartiennent pas à une époque, mais à l'humanité. L'époque, à laquelle elles dédaignent de plaire, et dont elles dévoilent indirectement les erreurs, leur fait peu d'accueil ; on ne les reconnaît que tard et de mauvais gré. Mais, en revanche, elles ne peuvent vieillir ; on finit toujours par revenir à elles et par y prendre goût ; et alors elles ne sont plus exposées à l'oubli ni au mépris, car elles ont été couronnées et sanctionnées par le petit nombre de juges éclairés qui apparaissent çà et là dans le cours des siècles, et dont les suffrages lentement accumulés constituent l'arrêt définitif de la postérité [1]. »

Les arts s'adressent à deux seulement de nos cinq sens, les sens nobles, la vue et l'ouïe. Les arts plastiques constituent la part de la vue ; la musique est la part de l'ouïe. La musique a cela de commun avec les arts plastiques, qu'elle exclut le concept ou l'abstraction ; elle s'y oppose même encore plus énergiquement que les arts plastiques, et, dans son effort pour dépasser le phénomène, elle pénètre encore plus avant dans l'essence des choses. Elle n'exprime plus seulement les Idées, cette première manifestation de la volonté, mais la volonté elle-même, principe des Idées. Elle traduit, dans

---

[1] Livre III, § 49.

sa libre explosion du sein de la conscience humaine, tous les mouvements du *vouloir vivre* qui anime l'univers. Elle est la langue universelle, aussi claire que l'intuition elle-même ; et pourtant, grâce à ce qu'elle touche de si près à l'essence des choses, elle a en elle on ne sait quoi d'ineffable et de mystérieux. « Elle passe à côté de nous comme un paradis familier, quoique éternellement lointain, à la fois parfaitement intelligible et tout à fait inexplicable, parce qu'elle nous révèle tous les mouvements les plus intimes de notre être, mais dépouillés de la réalité qui les déforme [1]. » Les observations de Schopenhauer sur la musique datent de son séjour à Dresde. Nous savons même que c'est dans cette ville et dans les dernières années de sa jeunesse qu'il fit les deux découvertes qui lui donnèrent l'idée d'une philosophie nouvelle. L'une était que la *chose en soi* de Kant devait s'appeler la volonté ; l'autre, que l'expression directe et adéquate de la volonté était la musique. Le rapprochement de ces deux faits, en apparence si éloignés l'un de l'autre, est caractéristique pour Schopenhauer, et montre quelle part importante l'imagination avait eue dans la construction de son système.

Certains rapports qu'il établit entre la langue musicale et les manifestations de la volonté sont tout extérieurs, et ne prouvent guère autre chose que le plaisir qu'il prenait à suivre sa comparaison, à l'étendre et à la développer. Que, par exemple, les quatre voix de l'harmonie, la basse, le ténor, le contralto et le soprano, ou les quatre notes de l'accord parfait, la tonique, la tierce, la quinte et l'octave, correspondent aux quatre degrés de l'échelle

---

1. Livre III, § 52.

des êtres, c'est-à-dire au règne minéral, au règne végétal, au régne animal et à l'homme, c'est un pur jeu d'esprit. Mais d'autres remarques sont d'un observateur profond, qui aime la musique, qui la comprend, et qui en a senti les effets ; et elles expliquent en partie l'influence que Schopenhauer a exercée sur Richard Wagner [1]. « Il est dans la nature de l'homme de former des vœux, de les voir accomplis et d'en former aussitôt de nouveaux, et cela indéfiniment. Il faut même, pour son bonheur et son bien-être, que le passage du désir à la satisfaction et de celle-ci à un nouveau désir soit rapide, car la satisfaction retardée amène la souffrance, et l'absence de désir est cette langueur stérile qu'on appelle l'ennui. La mélodie répond à ces alternatives. Elle s'écarte sans cesse et par mille détours du ton fondamental ; elle ne va pas seulement aux intervalles harmoniques, la tierce et la quinte ; elle passe par tous les degrés, par la septième dissonante, par les intervalles augmentés ; mais elle finit toujours par revenir à la tonique. Les écarts de la mélodie représentent les aspirations multiples de la volonté ; son retour à un intervalle harmonique, ou mieux encore au ton fondamental, exprime la satisfaction du désir. » Inventer une mélodie, quand on a le génie musical, c'est donc éclairer le fond le plus secret du cœur humain ; et, selon le mouvement que le musicien aura donné à sa mélodie, il aura traduit tel ou tel mouvement de la volonté, directement, spontanément, dans une langue que sa propre raison ne comprend pas et qui est comme une voix de la nature.

---

1. Selon Richard Wagner, Schopenhauer est le premier philosophe qui ait su donner une explication claire des effets de la musique et lui assigner sa place dans l'ensemble des arts. (Voir l'article sur Beethoven, au 9ᵉ volume des œuvres complètes ; 3ᵉ éd., Leipzig, 1898.)

« De même que le passage rapide du désir à la satisfaction et de celle-ci à un nouveau désir donne le bonheur et le bien-être, de même une mélodie vive, sans grands écarts, exprime la gaieté. Une mélodie lente, entremêlée de dissonances douloureuses, et ne revenant au ton fondamental qu'après une suite de mesures, rappelle la satisfaction différée, entravée ; elle est triste. L'affaissement de la volonté, la langueur, ne pourrait mieux s'exprimer qu'en appuyant indéfiniment sur la note fondamentale ; l'effet devient bientôt insupportable. Une mélodie monotone, insignifiante, donne à peu près la même impression. Les motifs courts et faciles d'un air de danse rapide semblent nous parler d'un bonheur vulgaire et à la portée de tout le monde. L'*adagio maëstoso*, avec ses motifs prolongés, ses larges périodes, ses écarts lointains, nous montre des aspirations grandes et nobles vers un but éloigné et finalement atteint. L'*adagio* simple raconte les souffrances d'un cœur généreux, qui dédaigne les bonheurs mesquins. Mais ce qui tient vraiment de la magie, c'est l'effet des modes majeur et mineur. N'est-il pas étonnant que le simple changement d'un demi-ton, la substitution de la tierce mineure à la majeure nous pénètre aussitôt d'un sentiment pénible, d'une angoisse, dont le retour du mode majeur nous délivre tout aussi vite ? L'*adagio* atteint, dans le mineur, l'expression de la douleur extrême ; c'est une plainte déchirante. »

Tous ces sentiments, la musique les reproduit dans leur généralité. Elle n'exprime pas telle ou telle douleur, telle ou telle joie, mais la joie et la douleur mêmes, quel que soit l'être humain qui les éprouve, quelle que soit la cause qui les ait provoquées. Elle donne la quintessence du sentiment, sans aucune nuance particulière, sans aucun trait individuel. Et cependant, chacun la comprend, comme si elle s'adressait à lui seul. De là vient que « notre imagination cherche à donner un corps à ce monde invisible et pourtant si animé, à revêtir de chair et d'os ces essences subtiles, à les incarner dans des images tirées du monde réel ». Telle est l'origine du chant avec paroles, et enfin de l'opéra. Mais la musique, lorsqu'elle consent à s'allier avec la parole, ne doit jamais se subordonner ; elle doit toujours se souvenir que, comme langage du cœur, elle se suffit, et que tout autre langage est inférieur à celui-là. Elle rend sensible l'essence intime des choses, dont les autres arts ne montrent que le dehors. Ce caractère de la musique explique certains effets particuliers qu'elle produit sur nous. « Lorsque, en présence d'un spectacle quelconque, d'une action, d'un événement, nous percevons les sons d'une musique appropriée, cette musique semble nous en révéler le sens profond ; elle en est comme le commentaire clair et fidèle. Et d'autres fois, quand nous sommes sous le charme d'une symphonie, il nous semble voir défiler devant nous tous les événements possibles de la vie et du monde ; pourtant, quand nous y réfléchissons, nous ne pouvons découvrir aucun lien entre les airs exécutés et nos visions. » Le monde pourrait être appelé une incarnation de la musique, aussi bien qu'une incarnation de la volonté. C'est au nom de cette analogie, ou de ce parallélisme, que Schopenhauer condamne la musique imitative, quoique les grands maîtres eux-mêmes ne l'aient pas toujours dédaignée. En effet, ce que la musique imitative imite, ce n'est pas la volonté, c'est le phénomène. La vraie musique ne sait que donner une voix aux émotions intimes. Elle est comme Dieu, elle ne connaît que le cœur.

XIX

L'HISTOIRE ET LA POÉSIE

L'ART a pour domaine la nature entière ; mais l'humanité reste toujours son objet principal. L'artiste n'est-il pas un homme, et le monde n'est-il pas « sa représentation » ? Quoi d'étonnant qu'il se mette en imagination au centre de ce monde où pourtant il tient une si petite place, et que les choses qui l'environnent, y compris les cieux étoilés, ne lui apparaissent plus que comme un fond de tableau, comme un décor sur la scène où se joue le drame de sa destinée ?

Dévoiler la destinée humaine, c'est aussi l'œuvre de la poésie, et c'est enfin la tâche que se donne l'histoire. Mais l'histoire et la poésie, tout en ayant, en apparence, le même objet, l'envisagent par des côtés différents, et l'intérêt qu'elles offrent au philosophe n'est pas le même.

Schopenhauer a toujours manifesté un injuste mépris pour l'histoire. Lui qui n'estimait en tout que l'aperception directe, la vue immédiate des choses, comment pouvait-il apprécier l'histoire, qui ne se fonde que sur le témoignage d'autrui ? Dans sa jeunesse, sa mère lui reprochait déjà de négliger les historiens pour les poètes [1], et plus tard il ne changea rien, sur ce point,

---

1. Voir plus haut, p. 8-9.

à ses habitudes. Que reproche-t-il à l'histoire ? Il la met d'abord sur la même ligne que l'expérience sensible, la connaissance phénoménale, toujours fragmentaire et bornée. « Sans doute, l'expérience et l'histoire nous apprennent à connaître l'homme ; mais elles nous montrent plutôt les hommes que l'homme ; elles nous fournissent des notions empiriques sur la manière dont les hommes se conduisent les uns envers les autres, notions d'où nous pouvons tirer des règles pour notre propre conduite ; mais elles ne nous ouvrent aucune vue profonde sur l'essence de l'humanité [1]. »

Pour le philosophe, la poésie, bien qu'elle ne soit qu'une œuvre d'imagination. est plus instructive que l'histoire, qui prétend ne se fonder que sur l'observation : la première nous donne la vérité générale, celle de l'Idée ; la seconde ne nous donne que la vérité particulière, fuyante et hypothétique. « Le poète choisit ; il place, comme il l'entend, des caractères importants dans des situations importantes. L'historien prend, comme ils viennent, caractères et situations. Il n'a pas à examiner et à choisir les événements et les personnages d'après leur signification intime et vraie, celle qui exprime l'Idée ; il faut qu'il s'en tienne au côté extérieur, à l'apparence, à la relation, aux suites et aux résultats. Il ne lui est pas permis de considérer les choses en elles-mêmes, d'après leur caractère propre et leur marque essentielle ; il ne doit voir que l'enchaînement, l'influence d'une époque sur une autre, et surtout des époques passées sur l'époque présente. Aussi n'omettra-t-il jamais une action peu importante en elle-même, et même vulgaire, si elle est d'un roi, et si elle a eu des suites, tandis qu'une action très signi-

---

1. *Die Welt als Wille und Vorstellung*, livre III, § 51.

ficative d'un particulier, si elle est restée sans résultat, ou un individu très distingué, mais qui n'a pas eu d'influence, lui seront indifférents... Sans doute, même au point de vue propre de l'histoire, l'essence intime, l'importance réelle des phénomènes, le noyau caché sous ces téguments, ne peuvent jamais disparaître tout à fait ; tout au moins peuvent-ils être trouvés et reconnus par celui qui les cherche ; néanmoins tout ce qui a une valeur absolue et non relative, je veux dire le développement de l'Idée, se rencontrera avec plus d'évidence et de netteté dans la poésie que dans l'histoire. C'est pourquoi, quelque paradoxale que cette assertion paraisse, la première contient plus de vérité réelle et intrinsèque que la seconde. »

Il faut ajouter que, même dans cette recherche d'un intérêt secondaire, dans cette poursuite de la vérité phénoménale qui est l'unique but de l'histoire, le fil conducteur échappe souvent des mains de l'historien. « Il lui est impossible de posséder toutes les données, d'avoir tout vu, tout contrôlé. A chaque instant, l'original de son tableau se dérobe, ou un faux modèle s'y substitue, et cela si fréquemment, que je crois pouvoir admettre que, dans l'histoire, il y a plus de faux que de vrai. Le poète, au contraire, a devant lui l'Idée de l'humanité, prise d'un certain côté, précisément celui qu'il doit représenter ; c'est sa propre nature qui lui apparaît en elle, et à laquelle il donne une forme objective. Son modèle est là, devant ses yeux, ferme, net, en pleine lumière, et ne peut lui échapper. Aussi nous montre-t-il, dans le miroir de son esprit, l'Idée pure et claire, et sa peinture est-elle, jusque dans le détail, vraie comme la vie elle-même. »
Ce que Schopenhauer estime le plus dans l'histoire, ce sont les discours que les historiens anciens prêtent à

leurs héros. « Dans ces discours, ils deviennent poètes ; ils se rapprochent du genre épique, et ils restent du moins fidèles à la vérité intime, quand la vérité extérieure leur est inconnue. »

Au point de vue philosophique, Schopenhauer trouve la biographie, surtout l'autobiographie, plus intéressante que l'histoire proprement dite. « D'une part, en effet, dans une biographie, les données sont ordinairement plus immédiates et plus abondantes. D'autre part, dans l'histoire proprement dite, ce ne sont pas tant les hommes qui agissent, que les peuples et les armées ; et quand ce sont des individus qui entrent en scène, ils apparaissent dans un tel éloignement, avec un entourage et une suite si considérables, ils sont si bien couverts de costumes officiels, de lourdes cuirasses impénétrables, qu'il est vraiment difficile de reconnaître sous toutes ces enveloppes les battements d'un cœur humain. Au contraire, la vie d'un individu, fidèlement dépeinte, nous montre, dans une sphère étroite, la manière d'agir des hommes avec toutes ses nuances et sous toutes ses formes, la probité, la vertu, même la sainteté des uns, la perversité, la bassesse, la malignité de la plupart, la scélératesse de quelques-uns. Ajoutez à cela qu'à notre point de vue actuel, c'est-à-dire au point de vue du sens intime des phénomènes, il est parfaitement indifférent que les circonstances dans lesquelles une action se déroule soient petites ou grandes, qu'il s'agisse du lopin de terre d'un paysan ou du domaine d'un souverain. Tout cela, sans importance en soi, n'a de valeur que par son influence sur la volonté. »

Schopenhauer n'est pas moins sévère pour cette science qui tient un peu de l'histoire et beaucoup de la philosophie, et qu'on appelle la philosophie de l'histoire. Il la traite d'autant plus durement, que c'était un thème favori de l'école hégélienne. « Tous ceux qui s'occupent ainsi à régler la marche du monde, ou, comme ils disent, à construire l'histoire, ignorent la vérité capitale de toute philosophie, à savoir que la même chose existe dans tous les temps, que le *devenir* et le *naître* sont de pures apparences, que les Idées seules demeurent, que le temps est une conception idéale. C'est ce que dit Platon, et c'est ce que dit Kant [1]. Ce qu'il faut donc chercher à comprendre, c'est ce qui *est*, ce qui est réellement, aujourd'hui et toujours, c'est-à-dire les Idées, au sens platonicien. Les sots seuls s'imaginent que quelque chose de grand va naître. De là l'importance qu'ils attribuent à l'histoire dans leur philosophie. Ils la construisent d'emblée sur l'hypothèse d'un plan universel, d'après lequel tout est régi pour le mieux et aboutit finalement et nécessairement à un état de félicité parfaite. Ils croient à l'entière réalité de ce monde, et ils placent le but de la vie dans ce misérable bonheur terrestre dont tous les efforts de l'homme et toutes les faveurs du sort n'ont jamais pu faire qu'une chose creuse, décevante, caduque et triste, et dont ni constitutions ni législations, ni machines à vapeur ni télégraphes ne feront jamais quelque chose de beaucoup meilleur. Ces philosophes constructeurs et glorificateurs de l'histoire sont des réalistes niais, de naïfs optimistes, par conséquent de plats compagnons et des philistins incarnés, et tout spécialement encore de mauvais chrétiens ; car le véritable esprit et la sub-

---

1. Schopenhauer oublie, dans ses jugements sur l'histoire, que Kant a été l'un des fondateurs de la philosophie de l'histoire. Voir surtout l'article intitulé *Idee zu einer allgemeinen Geschichte in weltbürgerlicher Absicht* (1784), et le compte rendu des *Idées sur la philosophie de l'histoire* de Herder (1785).

stance du christianisme, aussi bien que du brahmanisme et du bouddhisme, consistent à reconnaître le néant du bonheur terrestre et à s'en détourner avec mépris vers une existence différente et même contraire [1]. »

Schopenhauer, quand il arrive à parler des hégéliens, contient difficilement sa mauvaise humeur. Certes, la plupart de ces constructeurs d'histoire étaient de mauvais chrétiens ; ils le savaient, et c'était même le moindre de leurs scrupules. Mais ce qui rendait leurs constructions fragiles, ce n'était pas précisément l'importance qu'ils donnaient aux réalités, c'était plutôt la part trop grande qu'ils faisaient à l'Idée, — l'Idée hégélienne, bien entendu, aussi différente de celle de Platon que de celle de Schopenhauer. Au fond, ce qui déplaît surtout à Schopenhauer dans la philosophie de l'histoire, c'est sa tendance presque invincible à l'optimisme. Le philosophe qui étudie les faits est tenté de les soumettre à des lois ; il voit dans leur succession une suite logique et, selon la tournure de son esprit, un plan providentiel. Mais c'est là une illusion, dit Schopenhauer. L'humanité marche, mais nul ne sait si c'est en avant ou en arrière, ou si elle tourne simplement dans un cercle. En tout cas, si, dans le flux des événements, il y a quelque chose de permanent, c'est l'Idée de l'humanité, et cette Idée ce n'est ni à l'histoire ni à la philosophie de l'histoire, mais à la philosophie pure qu'il appartient de la dégager. « La vraie philosophie de l'histoire consiste à s'assurer que, sous les changements infinis et désordonnés des événements, c'est toujours le même être qu'on a devant soi, identique et immuable, faisant aujourd'hui ce qu'il a fait hier et ce qu'il fera demain. Elle reconnaît que tous les faits, anciens et mo-

---

[1]. Suppléments au troisième livre, chap. xxxviii.

dernes, survenus en Orient ou dans l'Occident, ont un fond identique, et que, malgré la diversité des circonstances, des costumes et des mœurs, l'humanité est partout la même. Ce fond identique, qui persiste à travers tous les changements, ce sont les qualités primordiales du cœur et de l'esprit humains, — beaucoup de mauvaises, peu de bonnes. La devise générale de l'histoire devrait être : *Eadem, sed aliter.* Celui qui a lu Hérodote, a étudié assez d'histoire pour en faire la philosophie, car il y trouve déjà tout ce qui fera l'histoire des temps postérieurs : des agitations, des actions et des souffrances, et toute la destinée de la race humaine, telle qu'elle ressort des qualités mentionnées et de la constitution physique du globe. »

Voilà donc l'histoire « vaincue par l'art et exclue de a science ». Il semble que tout soit dit. Mais Schopenhauer, dans un dernier jugement, revient sur cet arrêt, qui lui paraissait sans doute à lui-même trop rigoureux. L'histoire, dit-il, est pour l'espèce humaine ce que la raison est pour l'individu. Grâce à sa raison, l'homme n'est pas, comme l'animal, enfermé dans le présent; il connaît son passé, et, d'après son passé, il peut régler son avenir. « De même, un peuple qui ne connaît pas sa propre histoire est borné au moment présent de la génération vivante; il ne se comprend pas lui-même; il ne comprend pas sa propre existence actuelle, ne pouvant pas la rapporter à un passé qui la lui explique; il peut encore moins préjuger l'avenir. L'histoire seule donne à un peuple une entière conscience de lui-même. L'histoire peut donc être considérée comme la conscience raisonnée du genre humain. »

La définition est excellente, mais elle n'est pas en parfait accord avec ce que Schopenhauer vient de dire dans le même chapitre. Si, en effet, l'humanité est condamnée à tourner dans un cercle, quel profit peut-elle tirer de ses expériences passées ? Schopenhauer va jusqu'à dire que « toute lacune dans l'histoire universelle ressemble à une lacune dans la conscience et dans la mémoire d'un homme ». Mais un ensemble de faits où il ne doit pas y avoir de lacune, c'est bien une suite, un enchaînement, et, quelle que soit la loi qu'on reconnaisse dans cet enchaînement, on y apporte quelque chose de ce qui se nomme la philosophie de l'histoire. Ce que Schopenhauer semble apprécier le plus dans l'histoire, ce sont les monuments, temples, palais, inscriptions, ou même documents écrits, qui fournissent au philosophe une occasion de méditer sur les destins de l'humanité. Mais la diversité même de ses jugements témoigne d'une certaine gêne dans son appréciation générale. L'histoire n'entre pas dans son système : or un système de philosophie qui est obligé de faire abstraction du développement historique de l'humanité est un système incomplet.

Quant à la poésie, Schopenhauer en classe les divers genres d'après leur degré d'objectivité. La poésie est « l'art de mettre l'imagination en jeu par le moyen des mots ». Les mots n'expriment jamais que des idées générales ou abstraites ; mais ces idées dérivent elles-mêmes des représentations particulières que nous nous sommes faites des choses. Le poète, par une voie inverse, combine les mots de telle sorte qu'ils évoquent devant l'esprit l'image des choses, et que l'abstrait redevienne concret. « De même que le chimiste, en combinant des liquides parfaitement clairs et transparents, obtient un précipité solide, de même le poète tire de la généralité abstraite et transparente des concepts, par la manière dont il les unit, le concret, l'individuel, la représentation visible. La maîtrise, en poésie comme en chimie, consiste à obtenir chaque fois le précipité que l'on veut [1]. »

Le poète ne peut peindre que deux choses, le monde ou lui-même. Quand il se peint lui-même, il doit élever, en quelque sorte, sa personne à une puissance supérieure, où elle représente l'humanité. En exprimant ce qu'il a ressenti dans certaines circonstances, il n'est tout à fait vrai que s'il a exprimé en même temps ce que des millions d'êtres, passés, présents ou à venir, ont ressenti ou ressentiront dans des circonstances analogues. Même le poète lyrique, s'il est vraiment grand [2], n'est jamais entièrement subjectif. Il peint d'abord les mouvements de sa volonté, tantôt satisfaite, tantôt contrariée, avec l'accent de la joie ou de la tristesse. Mais en même temps l'aspect de la nature environnante lui donne la conscience de lui-même comme pur sujet connaissant, indépendant de la volonté, et apaise pour un instant ses inquiétudes maladives. C'est ce contraste entre la volonté, toujours active et presque toujours souffrante, et la nature impassible et sereine, qui constitue l'inspiration lyrique.

Dans les autres genres de poésie, l'élément subjectif ou personnel se réduit de plus en plus. Il n'apparaît que par intervalles dans le genre épique, et enfin il ne laisse plus aucune trace dans le drame, « le genre de poésie le plus objectif et à bien des égards le plus parfait et le plus difficile ».

---

1. Livre III, § 51.
2. Schopenhauer a la haine du poète médiocre, « forgeur de rimes et corrupteur du goût ». Il appelle sur lui le fouet de la satire, pour l'amener « à lire du bon, au lieu d'écrire du mauvais », et il lui souhaite le sort de Marsyas, qui a su mettre en fureur même le paisible dieu des Muses.

Même entre les variétés du genre dramatique, Schopenhauer établit une hiérarchie. Il n'accorde qu'un rang inférieur à la comédie, qui peint, elle aussi, les contrariétés de la vie humaine, mais avec un mélange d'espoirs et de succès, fait pour nous maintenir en belle humeur. Elle veut nous apprendre que la vie, en fin de compte, est bonne et même gaie ; mais elle fait bien de baisser à temps le rideau, pour ne pas nous laisser voir ce qui vient après. Quant au drame bourgeois, les infortunes qu'il nous présente sont de celles qui peuvent être écartées par la main des hommes ; elles en deviennent moins effrayantes. « Au contraire, les malheurs des grands inspirent une terreur absolue, parce qu'aucune intervention humaine ne peut les empêcher. Les rois n'ont qu'à se sauver eux-mêmes ou à périr. En outre, la chute est d'autant plus profonde qu'on tombe de plus haut. Ce qui manque aux personnages bourgeois, c'est la hauteur de chute [1]. »

Le premier des genres poétiques, et pour la difficulté de l'exécution et pour la puissance de l'impression produite, c'est la tragédie. Elle a pour objet « de montrer le côté terrible de la vie, les douleurs sans nombre et les angoisses de l'humanité, le triomphe de la méchanceté, le règne narquois du hasard, la perte irrémédiable du juste et de l'innocent ; elle est le symbole vivant du monde et de notre existence ». L'essence du genre tragique est « de nous mettre sur le chemin de la résignation ». Tout ce que Schopenhauer voit dans la tragédie peut s'y trouver en effet, mais ne s'y trouve pas nécessairement. Il est même certain que Shakespeare et Corneille, aussi bien que Schiller et

---

1. Suppléments au troisième livre, chap. xxxvii.

Gœthe, sans parler de Sophocle et d'Eschyle, auraient unanimement protesté contre une définition qui ferait de la tragédie le règne du hasard et le triomphe de la méchanceté. Schopenhauer appelle le docteur Samuel Johnson, — avec une de ses injures favorites, — un plat optimiste, pour avoir reproché à Shakespeare de méconnaître dans certains de ses drames « la justice poétique ». Mais lui-même n'assigne-t-il pas un but moral à la tragédie, en lui demandant de préparer le spectateur à la résignation ? La tragédie n'enseigne ni la résignation ni le courage, ni la vertu ni le vice. Si elle a une mission sociale, c'est d'élever l'âme par le spectacle des grands héroïsmes et des grandes douleurs, et c'est ainsi que les Grecs l'entendaient. Schopenhauer accommode ses jugements sur la tragédie, comme ses jugements sur l'histoire, aux besoins de son système.

Un mérite commun à tous les arts, depuis l'architecture jusqu'à la poésie, c'est qu'ils complètent la réalité, tantôt en la *rectifiant*, tantôt en la *fixant*. La nature est capricieuse et souvent incohérente ; elle peut gaspiller ses trésors, parce qu'elle est inépuisable. L'art est ménager de ses ressources, parce qu'elles sont limitées ; il calcule ses effets, parce qu'il a besoin de concentrer son effort. Un paysage nous plaît dans la nature ; mais, dans ce paysage, tout n'a pas attiré notre attention ; nous trouverions même, si nous devions en faire l'analyse, que tel ou tel détail gâte l'effet de l'ensemble. L'artiste rectifie ou supprime ce qui forme désaccord. De plus, le spectacle qui nous a charmés ne dure pas. Que le soleil soit seulement voilé par un nuage, et tout se décolore. Nous-mêmes, nous sommes compris dans le changement universel ; nous passons avec les choses qui passent, et de nos impressions il nous reste un pâle souvenir. L'art fixe l'image passagère, et fait durer l'instant fugitif. De même, dans la vie, celle des nations comme celle des individus, que de forces perdues ! Que d'hommes qui ne peuvent donner leur mesure, parce que l'époque ne leur est pas favorable, ou que le hasard les contrarie ! L'art ne souffre pas de tels accidents. Quand le poète crée un caractère, il le place dans des situations où il puisse se déployer et se montrer sous toutes ses faces. En même temps, par la forte empreinte qu'il lui donne, il le grave dans notre imagination. L'homme qui a le sens artistique arrête par la pensée le cours du temps ; il oublie que ce n'est qu'un spectacle mouvant qu'il a devant les yeux, et que lui-même fait les frais de la représentation. L'art est le grand réparateur, le grand consolateur, au milieu de l'instabilité et de la dispersion des choses.

XX

LA LIBERTÉ. LE CARACTÈRE

Nous arrivons au point culminant de la philosophie de Schopenhauer, à l'aboutissement final de toutes les considérations qui ont précédé. L'homme a d'abord reconnu en lui un principe actif, cause de toutes les manifestations de sa vie et ne pouvant être ramené lui-même à aucune cause antérieure, s'exprimant dans un corps qui est sa forme visible, qui est son phénomène : ce principe, c'est la volonté. Il a trouvé ensuite que cette volonté est identique avec le principe actif qui engendre l'univers, qui se multiplie et se métamorphose à travers la série des êtres, depuis la pierre jusqu'à l'homme même. Arrivée aux degrés supérieurs, la volonté s'éclaire par l'intelligence ; elle prend conscience d'elle-même dans les créations de l'art et de la poésie. Enfin elle se pose en face d'elle-même, se demande quel est son rôle dans le monde et si son œuvre est bonne ou mauvaise, et, selon la réponse qu'elle est obligée de se donner, « elle s'affirme ou se nie ». Alors elle n'a plus seulement des *motifs* qui l'excitent et la stimulent, mais aussi des *quiétifs* qui l'arrêtent et l'apaisent.

Déjà la peinture, dans certaines de ses œuvres, comme la *Sainte Cécile* de Raphaël, nous avait préparés à cette dernière évolution de la volonté. « L'art, après avoir suivi les Idées à travers toutes leurs manifestations, depuis les degrés inférieurs où règne la cause proprement dite, jusqu'à la sphère de l'activité déterminée par des motifs, l'art nous montre enfin la volonté se supprimant elle-même, grâce à cet unique et grand *quiétif,* à cet immense apaisement que lui procure la parfaite connaissance de sa nature [1]. »

L'art est donc un premier pas vers l'affranchissement de l'homme ; il le soustrait momentanément à la sujétion de la volonté. Mais pour qu'il soit complètement libre, il est nécessaire que la volonté elle-même, éclairée par l'expérience de la vie, par un exercice persévérant de l'intelligence, abdique son pouvoir sur lui : il faut toujours entendre le mot de volonté dans le sens de l'impulsion vitale, avec les besoins et les désirs qui l'accompagnent, dans un sens où il devient presque synonyme de passion.

Ici se pose, avant toute autre recherche, la question de la liberté, et Schopenhauer, en profond moraliste qu'il est, n'a garde de l'éviter. Il rejette, comme on doit s'y attendre, la liberté pure et simple, ou le *libre arbitre,* c'est-à-dire le pouvoir de se décider entre plusieurs actions également possibles, sans obéir à aucune détermination antérieure ; il met le libre arbitre sur la même ligne que la *liberté d'indifférence,* ou le pouvoir d'agir sans motif. Une telle manière d'entendre la liberté est contraire à un des principes fondamentaux de sa doctrine, la supériorité de la volonté sur l'intelligence. « On a considéré la volonté, dit-il, comme un acte de la pensée ; on l'a identifiée avec le jugement : c'est ce qu'ont fait, par exemple, Descartes et Spinosa [2]. Ce serait

---

1. *Die Welt als Wille und Vorstellung,* livre III, § 48.
2. L'assertion est inexacte, du moins pour Spinosa : voir l'introduction des *Principes de la philosophie cartésienne.*

donc par la vertu de son intelligence que chaque homme deviendrait ce qu'il est. Il viendrait au monde à l'état de zéro moral, reconnaîtrait les choses de ce monde, et là-dessus se déciderait à être tel ou tel, à agir de telle ou telle manière ; il pourrait aussi, après plus ample information, adopter une nouvelle manière d'agir, c'est-à-dire devenir un autre homme. Mis en présence d'une chose, il commencerait par la reconnaître pour bonne, en suite de quoi il la voudrait, tandis qu'en fait il la veut d'abord, et ensuite il la déclare bonne. A mon sens, toute l'ancienne manière de voir est le contraire du véritable rapport des choses [1]. »

Schopenhauer est partisan de la liberté, mais avec une distinction importante, qui est une conséquence logique de son système. La volonté, comme chose en soi, comme principe de l'univers, ne peut être que libre. Ne reconnaissant rien au-dessus d'elle, elle ne peut être soumise à aucune détermination. Mais, d'un autre côté, par ses manifestations, elle est engagée dans le conflit des phénomènes. Or, tout phénomène est conditionné. Tout ce qui compose la nature n'est qu'un enchaînement de cause à effet, de principe à conséquence, et l'activité humaine ne saurait échapper à cette loi universelle. Donc la volonté, libre en elle-même, se détermine dans ses manifestations. C'est par cette distinction que Schopenhauer prétend concilier la liberté avec la nécessité. « La liberté qui appartient à la volonté, en tant que chose en soi, ne s'étend point au phénomène. La personne morale a beau être la manifestation d'une volonté libre ; elle-même n'est jamais entièrement libre. Néanmoins, comme c'est cette volonté libre qui se manifeste en fin de compte dans la

---

1. *Die Welt als Wille und Vorstellung*, livre IV, § 55.

personne et dans sa conduite, chacun de nous, dans son sens intime, se juge libre jusque dans la moindre de ses actions particulières, et s'imagine que dans chaque cas donné il pourrait agir indifféremment de telle ou telle manière. C'est seulement par l'expérience et après réflexion qu'il reconnaît que son action jaillit avec une entière nécessité du choc de son caractère avec les motifs. »

Les derniers mots indiquent de quelle manière, selon Schopenhauer, nos actes sont déterminés. L'acte dépend du motif, et le motif tient au caractère. C'est donc, en dernière analyse, le caractère qui règle la direction de notre activité.

Le caractère, c'est la marque de l'individu, c'est ce qui le distingue au sein de l'espèce. « Toute chose dans la nature a ses propriétés et ses forces, qui à chaque sollicitation déterminée répondent par une réaction également déterminée, et qui constituent son caractère : de même l'homme a son caractère, d'où ses actions procèdent avec nécessité, par l'intermédiaire des motifs. » Mais le caractère peut revêtir plusieurs formes. Kant avait déjà distingué entre le *caractère intelligible* et le *caractère empirique* [1]. Le premier, c'est l'essence de l'individu, inaltérable et indivisible ; le second, c'est sa conduite, telle qu'elle se révèle aux yeux de l'expérience, dans la série de ses actes particuliers. Le caractère empirique n'est, en quelque sorte, que le déploiement du caractère intelligible dans le temps et dans l'espace. « Le caractère de chaque homme, s'il a vraiment quelque chose d'individuel et s'il ne se ramène pas tout entier à celui de l'espèce, peut être envisagé comme une Idée particulière, répondant à une manifestation originale de

---

1. *Critique de la raison pure : Logique transcendentale* ; II. *Dialectique*, livre II, chap. II, 9ᵉ section.

la volonté. Cette manifestation serait alors son caractère intelligible, dont le caractère empirique serait le phénomène. Le caractère empirique est complètement déterminé par le caractère intelligible, dont il présente le reflet dans le cours d'une existence humaine. Mais cette détermination ne s'étend qu'à l'essentiel, non aux circonstances extérieures et accessoires, qui fournissent les motifs... Par exemple, c'est une question accessoire de savoir si l'on joue des noix ou une couronne; mais de savoir si l'on triche ou si l'on joue honnêtement, c'est une question essentielle : celle-ci tient au caractère intelligible, l'autre dépend des circonstances. Comme un thème unique peut donner lieu à cent variations, ainsi le même caractère peut apparaître en cent existences différentes. Mais quelle que soit la variété des influences extérieures, et de quelque manière que le caractère empirique se comporte dans la vie, il faut toujours qu'il réponde au caractère intelligible dont il est l'expression [1]. »

Nous n'avons aucune intuition immédiate sur le caractère intelligible, même sur le nôtre. Nous jugeons les autres d'après leur conduite, et nous n'avons pas d'autre mesure pour nous juger nous-mêmes. C'est en nous voyant à l'œuvre que nous pouvons dire ce que nous valons et ce que nous sommes. Chacune de nos actions est un trait de plus dans la peinture que nous faisons de notre personne dans le cours de notre vie.

Schopenhauer distingue encore une troisième forme du caractère : c'est le *caractère acquis*, « celui qu'on se fait dans la vie et par l'usage du monde, celui dont on parle lorsqu'on loue un homme d'avoir du caractère, ou qu'on le blâme de n'en avoir pas. Le caractère

---

1. *Die Welt als Wille und Vorstellung*, livre II, § 28.

empirique, forme visible du caractère intelligible, étant invariable, conséquent avec lui-même, comme tout phénomène de la nature, on pourrait croire que l'homme aussi devrait se montrer toujours pareil, conséquent, et n'avoir pas besoin de se faire, à force d'expérience et de réflexion, un caractère artificiel. Il n'en est rien. L'homme est bien toujours le même, mais on ne se comprend pas toujours soi-même ; on méconnait sa propre nature, jusqu'à ce qu'on ait acquis une expérience suffisante de ce qu'on est... Chacun trouve en lui des dispositions pour tout ce que l'homme peut désirer et atteindre. Mais dans quelle mesure lui ont-elles été départies ? c'est ce que l'expérience seule lui apprendra. Il a beau n'écouter que les désirs qui sont conformes à son caractère, il n'en sent pas moins, à de certains moments, et sous certaines influences, s'éveiller en lui des désirs contraires, inconciliables avec les premiers, et qu'il doit faire taire, s'il veut donner suite aux autres. Notre route sur terre est une ligne, et non une surface. Si nous voulons atteindre quelque bien et le posséder, il faut que nous en laissions à droite et à gauche et sans regret une infinité d'autres. Si nous ne sommes pas capables de ce renoncement, si, comme des enfants devant une boutique de la foire, nous tendons les mains vers tout ce qui nous fait envie, nous faisons de notre ligne de conduite une surface ; nous nous mettons à courir en zigzag, à poursuivre des feux follets, et nous n'arrivons à rien... C'est pourquoi ni le vouloir ni le pouvoir ne suffisent à eux seuls ; il faut encore savoir ce qu'on veut, savoir aussi ce qu'on peut. Tant qu'on n'en est pas là, et en dépit de ce que le caractère empirique peut avoir de conséquent avec lui-même, on est un homme sans caractère. On est bien obligé de rester fidèle à soi-même et de parcourir sa carrière, traîné qu'on est par son démon ; mais on ne va pas droit devant soi ; on ne trace jamais qu'une ligne tremblée, flottante, avec des vacillements, des écarts, des retours, sources de regrets et de chagrins. On voit bien devant soi tous les objets grands ou petits que l'homme peut désirer ou atteindre ; mais on ne sait pas quels sont, parmi ces objets, ceux qui nous conviennent, ceux qui sont à notre portée, ou seulement à notre goût. On enviera à son semblable une situation qui pourtant n'est conforme qu'à son caractère à lui, et dans laquelle on se sentirait malheureux jusqu'à n'y pas pouvoir durer. Le poisson ne se sent bien que dans l'eau, l'oiseau dans l'air, la taupe sous la terre : de même l'homme ne respire à l'aise que dans une atmosphère qui lui est appropriée [1]. »

Le caractère acquis est donc le fruit de la connaissance de nous-mêmes. Instruits par l'expérience, nous savons ce que nous voulons et ce que nous pouvons ; « nous avons fait provision de maximes que nous tenons toujours sous la main », et que nous appliquons aux cas particuliers ; enfin nous réglons notre conduite avec réflexion, comme si elle était le résultat, non plus de notre volonté, mais de notre pensée.

Jusqu'à quel point le caractère acquis peut-il différer du caractère empirique ? En d'autres termes, jusqu'à quel point l'homme peut-il déterminer son caractère, ou du moins le régler, en prévenir les écarts ? Sur cette question, les déclarations de Schopenhauer varient quelque peu, et sa doctrine aussi présente « une ligne un peu flottante ». Le moraliste en lui, qui se borne à décrire ce qu'il a observé, n'est pas toujours d'accord

---

[1]. Livre IV, § 55.

avec le métaphysicien, qui a la garde d'un système. Le moraliste, dans le passage qui précède, semble admettre que nous pouvons changer non seulement les moyens de satisfaire nos désirs, mais nos désirs eux-mêmes, ce qui revient à dire que l'intelligence peut diriger la volonté. Mais voici le métaphysicien qui arrête le moraliste, et lui souffle à l'oreille que la conduite est l'expression du caractère, que le caractère est la manifestation de la volonté, et que la volonté est immuable. Et le métaphysicien finit par avoir raison. « D'après l'ancienne doctrine, l'homme n'aurait qu'à délibérer sur ce qu'il voudrait être, et il le serait ; en cela consisterait le libre vouloir. L'homme serait son propre ouvrage, fait à la lumière de la connaissance. Et moi je dis : il est son propre ouvrage avant toute connaissance ; la connaissance ne vient qu'après coup, pour éclairer le travail fait. » Aussi Schopenhauer ne prend pas la peine de nous donner des préceptes. La philosophie, selon lui, même en morale, doit rester théorique ; elle est simple spectatrice des choses. Vouloir diriger les hommes, modeler les caractères, ce sont « des prétentions du vieux temps. La vertu ne s'enseigne pas plus que le génie. Nos systèmes de morale ne feront jamais des hommes vertueux, de grands caractères, des saints, pas plus que nos théories sur l'art ne susciteront des poètes, des statuaires, des musiciens. » On dit souvent que l'homme est l'artisan de sa destinée ; Schopenhauer dit que c'est notre démon qui nous mène.

XXI

LA DOULEUR DE VIVRE

Quand l'homme, ayant pris conscience de lui-même, sachant enfin ce qu'il veut et ce qu'il peut, se met à considérer ce monde où un sort inconnu l'a jeté, que trouve-t-il devant lui ? Il n'obéit plus, comme l'animal, comme l'enfant, à un aveugle besoin de conservation. Il sent bien encore en lui quelque chose qui le porte à agir et à désirer, à se répandre au dehors et à attirer à lui ce qui est à sa portée ; mais c'est une aspiration sereine et claire, capable de se maîtriser, de s'exciter ou de se ralentir, ou même de s'anéantir tout à fait. Alors il fait un retour sur lui-même. Avant de s'engager plus avant dans la vie, il jette un regard en arrière sur le chemin parcouru. Quel besoin avait-il de s'efforcer et d'agir, et quel bien lui en est-il resté ? De quel prix a-t-il payé ses jouissances ? Jusqu'ici, il a été « traîné par son démon » : le suivra-t-il encore, maintenant qu'il le connaît et qu'il peut s'affranchir de lui ? Toutes questions qui se ramènent à une seule : la vie vaut-elle ce qu'elle nous coûte, et, si nous étions libres de choisir, ne ferions-nous pas un marché de dupe en acceptant l'existence ?

« On a peine à croire à quel point est insignifiante et vide, aux yeux du spectateur étranger, à quel point stupide et irréfléchie, chez l'acteur lui-même, l'existence que coulent la plupart des hommes : une agitation qui se traîne et se tourmente, une marche titubante et endormie, à travers les quatre âges de la vie, jusqu'à la mort, avec un cortège de pensées triviales. Ce sont des horloges qui, une fois montées, marchent sans savoir pourquoi. Chaque fois qu'un homme est conçu, l'horloge de la vie se remonte, et elle reprend sa petite ritournelle qu'elle a déjà jouée tant de fois, mesure par mesure, avec des variations insignifiantes. Chaque individu, chaque visage humain, chaque vie humaine, n'est qu'un rêve sans durée de l'esprit infini qui anime la nature, du *vouloir vivre* indestructible; c'est une image fugitive de plus, qu'il esquisse en se jouant sur sa toile immense, l'espace et le temps, une image qu'il laisse subsister un instant, et qu'il efface aussitôt, pour faire place à d'autres [1]. »

Telle est la vie humaine, dans son apparition générale et commune. Toute fugitive qu'elle est, elle pourrait encore nous plaire, si du moins elle n'exigeait rien de nous. Mais il faut que nous la remplissions avec des actes. Chaque être est, pour son compte, une personnification du *vouloir vivre* universel. Or, vouloir vivre, c'est faire effort. Quand l'effort est contrarié, il se traduit par une souffrance. Quand il aboutit, il procure une satisfaction ; mais cette satisfaction dure peu, car elle est suivie aussitôt d'un nouvel effort ; et cette continuité d'efforts, lors même qu'ils seraient tous heureux, cause un état d'inquiétude, qui est encore une souffrance.

Donc vouloir vivre, faire effort et souffrir, telles sont les trois phases invariables de toute existence. La

---

1. *Die Welt als Wille und Vorstellung*, livre IV, § 58.

souffrance est d'autant plus vive que l'intelligence est plus éclairée ; mais elle apparaît dès les degrés inférieurs de l'animalité. Tout ce qui sent est destiné à souffrir. « A mesure que la volonté revêt une forme plus accomplie, la souffrance aussi devient plus manifeste. La plante n'a pas de sensibilité ; donc elle ignore la douleur. Un faible commencement de souffrance se montre chez les animaux tout à fait infimes, les infusoires et les radiés. Même dans les insectes, la faculté de sentir et de souffrir est encore très limitée. Il faut arriver jusqu'aux vertébrés, avec leur système nerveux complet, pour la voir grandir et suivre les progrès de l'intelligence. Ainsi, selon que la connaissance s'éclaire et que la conscience s'élève, la misère va croissant. Elle atteint son plus haut degré dans l'homme ; et là encore elle est d'autant plus grande que l'individu est plus intelligent et plus éclairé : celui en qui réside le génie souffre le plus. C'est en ce sens, c'est-à-dire en l'appliquant au degré de l'intelligence et non pas seulement au savoir abstrait, que j'entends le mot de l'*Ecclésiaste* : « Qui accroît sa science, accroît aussi sa douleur [1]. »

Mais, peut-on objecter, n'y a-t-il pas des moments où l'ardeur de vouloir s'apaise, où l'homme, ayant obtenu satisfaction sur un point qui lui paraissait essentiel, consent à ne plus rien désirer, où, sentant son existence assurée, il ne demande plus qu'à laisser couler tranquillement ses jours ? Mais alors, continue Schopenhauer, alors se présente devant lui son second ennemi, plus redoutable que le premier, parce qu'il paralyse ses forces et le laisse sans défense : l'ennui. « Alors intervient le désir de nous délivrer du fardeau de l'existence, ou du moins de le rendre insensible, le

---

[1]. Livre IV, § 56.

désir de tuer le temps, c'est-à-dire de fuir l'ennui. Aussi voyons-nous la plupart des gens à l'abri du besoin et des soucis, une fois débarrassés de tous leurs autres fardeaux, être enfin à charge à eux-mêmes, considérer comme un gain toute heure écoulée, et s'appliquer, pour ainsi dire, à réduire cette vie que jusqu'alors ils mettaient tous leurs efforts à conserver. L'ennui n'est pas le moindre de nos maux ; il met à la longue sur les figures une véritable expression de désespérance [1]. »

Ainsi la vie oscille entre la douleur et l'ennui, pire que la douleur. La satisfaction n'est qu'une délivrance ; elle fait taire momentanément le besoin, qui renaît aussitôt sous une autre forme. Nous ne jouissons de la satisfaction qu'indirectement, par le souvenir de la privation passée. La souffrance, au contraire, se présente à nous sans intermédiaire. Tout plaisir est, par essence, *négatif*. La douleur seule est *positive* ; et quand nous cherchons à lui échapper par l'absence de désir, nous n'avons d'autre refuge qu'un état de langueur, une attente sans objet, l'ennui.

D'après cela, dit Schopenhauer, on pourrait concevoir trois formes de la vie, qui seraient comme les éléments dont se composerait à des doses diverses chaque existence particulière. « La première serait marquée par l'énergie de la volonté, la violence des passions ; elle se montre dans les grands caractères historiques, dans les héros d'épopée ou de drame ; mais elle peut se rencontrer aussi dans une sphère plus humble ; car ici la grandeur des objets ne dépend pas de leurs rapports extérieurs, mais de la puissance avec laquelle ils agissent sur la volonté. La seconde forme serait celle de la pure con-

---

1. Livre IV, § 57.

naissance, de la contemplation des Idées, privilège de l'intelligence affranchie de la volonté : c'est la vie du génie. Viendrait enfin la léthargie profonde de la volonté, et, par suite, celle de l'intelligence au service de la volonté, l'attente sans but, l'ennui où se fige la vie [1]. »

Devant ce triste aspect de la vie, quelle sera l'attitude du sage ? L'erreur du commun des hommes est de croire que la cause de leur souffrance est en dehors d'eux. Ah! si telle circonstance avait pu tourner autrement, si tel hasard avait pu ne pas se produire, un malheur aurait été évité. Mais la destinée a cent prises sur nous; que nous lui échappions par un côté, elle nous reprend par un autre. Chacun de nous a en lui une certaine capacité de souffrir : il faut que la mesure soit remplie. L'un, frappé par une grande douleur, est arrivé à mépriser les petits ennuis; l'autre, que l'on croit heureux, se tourmente pour des contrariétés insignifiantes; un troisième, faute de maux réels, s'en crée d'imaginaires. En réalité, chacun paye son tribut, en grosse ou en menue monnaie. Le sage a reconnu qu'il est dans la nature de l'être humain de ne jamais se satisfaire; il s'attache donc de prime abord à un grand objet, sachant bien qu'il ne l'atteindra jamais, mais sachant aussi qu'il ne l'abandonnera jamais, soit la poursuite du vrai, soit la réalisation du beau. Il vivra avec « son grand chagrin », toujours en querelle avec sa destinée, mais du moins réconcilié avec lui-même, dans une certaine humeur mélancolique, qui ne sera pas le parfait bonheur, mais qui le préservera du moins de la contagion des petits plaisirs et des petites douleurs.

Le « grand chagrin » du sage et la consolation par l'idéal sont la partie la moins pessimiste de la morale

---

1. Livre IV, § 58.

de Schopenhauer ; mais cette partie suffit pour le distinguer des pessimistes purs, des apôtres de la désespérance. Quant aux optimistes déclarés, il les engage, pour se convaincre que le monde est mauvais, à visiter les hôpitaux, les lazarets, les prisons, les retraites où se cache la misère. Il oublie que dans ces mêmes lieux se montre aussi la vertu que lui-même estime la première de toutes, la sympathie humaine, la pitié.

Le monde est mauvais — la vie est bonne : de ces deux formules opposées, quelle est la vraie? ou plutôt, comme tout est relatif, laquelle contient le plus de vérité? Établir, comme on l'a fait, le bilan des biens et des maux, comme on dresse l'actif et le passif d'un compte courant, et voir de quel côté est l'excédent, c'est une opération peu philosophique. Le bonheur ne se mesure pas, ne se chiffre pas; c'est un sentiment, et le sentiment n'a pas d'étendue dans l'espace. Deux sentiments ne peuvent se comparer que par leur degré d'intensité dans celui qui les éprouve; ils n'ont aucune valeur tangible en eux-mêmes. Il est donc impossible de prouver, ni que les biens l'emportent sur les maux, ni que les maux l'emportent sur les biens, car ce n'est pas là un fait d'expérience ou de calcul.

Ce que l'on peut contester à Schopenhauer, c'est la vérité du principe dont il déduit sa théorie morale. « La vie, c'est l'effort. » Oui, si l'état primitif est l'immobilité. Or, une chose immobile est une pure abstraction de l'esprit; elle n'existe nulle part dans la réalité. La matière elle-même, qu'on appelle inerte, est, par essence, le point de départ d'un mouvement : sans quoi nous ne la percevrions pas. Le mouvement, c'est le fait primordial et universel, qui sert de base à tous les phénomènes. Schopenhauer l'appelle la volonté; il l'appellerait aussi bien la vie. La vie n'est donc pas l'effort, c'est l'état naturel, c'est l'expansion libre, spontanée et irrésistible des êtres. Schopenhauer ne manque aucune occasion de censurer les philosophes qui, dédaigneux de l'expérience, posent en tête de leur système un principe dont ils extraient le contenu par voie de déduction. Pourtant c'est bien un principe de ce genre qui forme la base de sa théorie morale.

Il continue : « L'effort, c'est la douleur. » Oui, répondra le « plat optimiste », si l'effort excède les forces de l'être. Mais la nature elle-même n'a-t-elle pas marqué la limite où l'effort doit s'arrêter ? Cette limite, c'est la fatigue. L'effort, la fatigue, le repos, tel est le rythme de l'activité humaine. Il y a un effort sain, qui mesure son élan, qui se soulage dans le repos, et qui est accompagné de jouissance, comme toutes les manifestations naturelles de la vie ; et il y a un effort malsain, surexcité par la passion, qui se précipite, s'épuise et souffre. Schopenhauer n'a vu que le dernier ; c'est un côté de la vie, surtout de la vie artificielle, compliquée, fiévreuse, créée par un certain état de société ; ce n'est pas la vie tout entière ; ce n'est pas, surtout, la vie simple, primitive et vraie, telle que la nature l'a faite.

De l'optimiste ou du pessimiste, lequel a raison ? L'un et l'autre, mais chacun dans les limites de cette partie de la vérité générale qu'il lui est donné de saisir. Il est bon qu'il y ait beaucoup de philosophes, car, la vue de l'homme étant bornée, et la condition de bien voir étant de ne considérer qu'un objet, nous pouvons, avec leur aide, et en les consultant successivement, faire le tour complet des choses. Schopenhauer a vu ce qu'il a voulu voir, ou plutôt ce que son tempérament le portait à voir ; mais il l'a vu avec une telle énergie et il l'a peint avec une telle puissance, que sa peinture fait illusion, et il nous semble réellement, en le lisant, que le monde misérable où il nous introduit est le seul monde qui existe.

XXII

L'INDIVIDU ET L'ESPÈCE

Ce qui augmente à nos yeux la détresse de l'existence terrestre, c'est la sereine indifférence de la nature vis-à-vis des êtres qu'elle appelle à la vie, qui croissent, dépérissent et meurent, sans qu'elle paraisse s'en émouvoir. Une seule chose, Schopenhauer ne cesse de le répéter, une seule chose est indestructible : la volonté. Elle a ses formes dans lesquelles elle se manifeste : ce sont les Idées platoniciennes. A chaque Idée correspond une espèce, et c'est l'espèce qui intéresse la nature, c'est sur elle que se porte toute sa sollicitude. Aussi elle allume partout le désir de la reproduction, et elle répand les germes avec une telle profusion, qu'elle peut en perdre le plus grand nombre sans que la source de la vie tarisse jamais. N'a-t-elle pas devant elle cette triple infinité, le temps, l'espace, et la série de tous les individus possibles ?

« Considérez l'insecte placé sur votre chemin : le moindre écart, le mouvement le plus involontaire de votre pied, décide de sa vie ou de sa mort. Voyez la limace des bois, dépourvue de tout moyen de fuir, de résister, de donner le change à son adversaire ou de se cacher devant lui, une proie offerte au premier venu. Voyez le poisson se jouer insouciant dans le filet prêt à se fermer, la grenouille trouver dans sa propre paresse un obstacle à la fuite qui la sauverait. Voyez l'oiseau qui ne sent pas le faucon planer sur lui, les brebis que du fond d'un buisson le loup dénombre et couve du regard. Armés d'une courte prévoyance, tous ces êtres promènent sans malice leur existence au milieu des dangers qui la menacent à chaque instant. En abandonnant ainsi sans retour ces organismes construits avec un art inexprimable non seulement à la rapacité du plus fort, mais encore au hasard le plus aveugle, au caprice d'un fou ou à l'espièglerie d'un enfant, la nature déclare que l'anéantissement de ces individus lui est indifférent, ne peut pas lui nuire, n'est absolument rien au fond, et que dans tous ces accidents l'effet est aussi peu important que la cause. C'est ce qu'elle énonce très clairement, et elle ne ment jamais ; seulement elle ne commente pas ses sentences, elle parle plutôt le langage laconique des oracles. Pourquoi la mère de toutes choses s'inquiète-t-elle si peu de jeter ses enfants sans protection entre mille dangers toujours menaçants ? Elle sait que, quand ils tombent, ils retombent dans son sein où ils sont à l'abri, et que leur chute n'a été qu'un jeu sans conséquence [1]. »

Si la nature n'est pas plus émue par la mort d'un être animé que par la chute d'une feuille, c'est qu'elle est sûre de la permanence de l'espèce et, par conséquent, de la durée indéfinie de la vie. L'espèce ne vieillit pas, et c'est dans le sentiment de leur identité avec l'espèce que les individus eux-mêmes puisent la sécurité dans laquelle ils vivent. La mort est pour l'espèce ce que le sommeil est pour l'individu. « Comme le monde

---

1. *Die Welt als Wille und Vorstellung*, suppléments au quatrième livre, chap. XLI.

s'évanouit à l'entrée de la nuit, sans cesser un seul instant d'exister, ainsi les hommes et les animaux semblent disparaître dans la mort, sans cesser pour cela de poursuivre en paix leur existence réelle. » Même l'individu est assuré de sa durée, du moins quant à la partie essentielle et indestructible de son être, la volonté. Mais l'intelligence, faculté secondaire, et avec elle la conscience, meurent à chaque renouvellement de l'être, à chaque renaissance. Il s'ensuit cette singulière conséquence, que, dans chaque descendant d'une race, la même volonté se présente, mais accompagnée d'une autre intelligence, et que chacun, tout en obéissant à la même impulsion, se fait une autre idée de la vie et de ce qu'elle peut lui offrir. Ainsi la mort est impuissante à rompre le lien entre les générations qui se succèdent. « Sans doute, ajoute Schopenhauer, comme l'intelligence s'éteint avec l'individu, la volonté ne peut pas compléter l'une par l'autre les connaissances qu'elle a acquises dans les différents stades de sa carrière. Mais, à la suite de chaque nouvelle conception de la vie, telle qu'un renouvellement de la personnalité peut seul la lui fournir, elle se modifie, prend une direction nouvelle, et, ce qui est l'essentiel, elle se voit sollicitée à se prononcer une fois de plus sur la valeur de l'existence [1]. »

Telle est la forme sous laquelle Schopenhauer prétend renouveler l'ancienne doctrine de la métempsycose; mais il préfère, dit-il, pour sa théorie, le nom de *palingénésie* [2]. La métempsycose est le passage de l'âme une et indivisible d'un corps dans un autre; la palingénésie est une renaissance avec l'adjonction d'éléments nouveaux,

---

1. Suppléments au quatrième livre, chap. XLIII.
2. *Parerga und Paralipomena*, deuxième partie, § 140.

reliés par la persistance de ce qui constitue l'être, c'est-à-dire de la volonté. Et comme, d'après Schopenhauer, dans la transmission des qualités morales par l'hérédité, la volonté vient du père et l'intelligence de la mère, c'est, en réalité, le père qui survit dans les descendants [1].

On sait que Lessing, dans sa dernière philosophie, avait émis des idées semblables ; mais il s'est gardé, dans une théorie qui n'était déjà qu'une hypothèse, d'introduire un élément hypothétique de plus en fractionnant l'être humain ; et du reste, avec sa nature d'esprit, s'il avait dû abandonner l'une ou l'autre de nos facultés, ce n'est pas l'intelligence qu'il aurait sacrifiée. « Pourquoi, dit-il, chaque individu ne pourrait-il pas exister plus d'une fois sur cette terre ? Cette hypothèse est-elle ridicule, par la raison qu'elle est la plus ancienne ? Pourquoi ne reviendrais-je pas chaque fois que je serais capable d'acquérir des connaissances ou des aptitudes nouvelles ? Ai-je tant fait en une fois, que je ne pourrais rien gagner à revenir ? Ou serait-ce inutile, parce que j'ai oublié que je suis déjà venu ? Heureusement que je l'ai oublié ! Le souvenir de mes états précédents m'empêcherait seulement de faire un bon usage de mon état présent. Et ce qu'il me faut oublier maintenant, l'ai-je donc oublié pour toujours ? Ou aurais-je à regretter le temps perdu ? L'éternité n'est-elle pas à moi [2] ? »

La palingénésie est, selon Schopenhauer, la forme logique de l'immortalité. La conviction profonde qui est gravée dans le cœur de l'homme, et qui lui dit que la

---

1. Schopenhauer a consacré un chapitre spécial à l'hérédité des qualités morales (Suppléments au quatrième livre, chap. XLIII), et il cite un grand nombre d'exemples à l'appui de sa théorie. Mais il est bien entendu que l'expérience et l'histoire fourniraient autant d'exemples du contraire. Voir Th. Ribot, l'*Hérédité psychologique*.

2. *L'Éducation du genre humain*, à la fin.

mort ne saurait atteindre le fond de son être, a pour corollaire cette autre conviction que son existence est déterminée par des causes antérieures à sa naissance. Ce qui est sorti du néant doit rentrer dans le néant; ce qui ne veut pas périr doit se croire incréé, éternel, indépendant du temps. Ce qui est avant et ce qui est après ne sont que deux lignes pareilles, tracées en deux directions différentes. Schopenhauer, en poète philosophe qu'il était, a souvent exprimé cette idée sous forme humoristique. « Rejetez donc vos chimères, et cherchez la vérité en vous laissant guider par la nature. Apprenez d'abord à reconnaître dans tout jeune animal qui s'offre à vos yeux l'espèce qui ne vieillit jamais. C'est l'espèce qui prête à l'individu naissant une jeunesse temporaire, reflet de son éternelle jeunesse; c'est elle qui le fait paraître aussi neuf et aussi frais que si le monde datait d'aujourd'hui. Demandez-vous sincèrement si l'hirondelle de ce printemps-ci n'est pas la même que celle du premier printemps, ou si le miracle d'une création sortie du néant s'est renouvelé un million de fois pour aboutir autant de fois à un anéantissement absolu. Je le sais bien, si j'allais gravement affirmer à quelqu'un que le chat qui en ce moment joue dans la cour est toujours le même que celui qui faisait les mêmes gambades il y a trois cents ans, il me prendrait pour un fou; mais je sais aussi que c'est une chose bien plus folle de s'imaginer que le chat d'aujourd'hui soit absolument différent de celui d'il y a trois siècles [1]. » Toujours faudrait-il supposer que le chat s'est perpétué de mâle en mâle pendant trois cents ans, et qu'aucune chatte n'a dérangé la lignée par une intervention indiscrète.

Schopenhauer veut résoudre l'éternelle énigme de la

---

1. Suppléments au quatrième livre, chap. XLI.

mort en rayant simplement le temps du nombre des réalités. Le temps, comme Kant l'a enseigné, n'est qu'une forme de notre entendement, une des conditions sous lesquelles nous percevons les choses; il n'a pas d'existence en dehors de nous. C'est une pure illusion de notre esprit. Ce que nous appelons le passé, le présent et l'avenir n'est, en réalité, qu'un seul instant, indivisible et toujours présent. Le philosophe n'ira donc pas dire aux hommes : « Vous avez bien commencé par la naissance, mais vous ne finirez pas par la mort. » Il leur dira : « Vous existez, vous n'êtes pas néant », et il leur rappellera la maxime attribuée à Hermès Trismégiste : « Ce qui est sera toujours. » Et si même alors le cœur angoissé fait retentir sa vieille complainte : « Je vois tous les êtres sortir du néant et y retomber après un court intervalle », le philosophe répondra : « N'existes-tu pas ? Ne le possèdes-tu pas, le moment présent, ce moment précieux que tous, enfants du temps, vous désirez avec tant d'ardeur ? Ne l'as-tu pas en ton pouvoir ? Et comprends-tu comment tu y es arrivé ? Connais-tu les chemins qui t'ont mené jusqu'à lui ? Les connais-tu assez pour pouvoir dire qu'ils te seront fermés par la mort ? L'existence de ton être après la destruction de ton corps te semble impossible et inconcevable : mais l'est-elle plus que ton existence actuelle et la route qui t'y a mené ? Comment douterais-tu que les voies secrètes qui t'ont été ouvertes sur le moment présent te conduiront également à tout moment présent que te réserve l'avenir ? »

La palingénésie est une de ces fantaisies poétiques que Schopenhauer semait à travers son système et sur lesquelles l'imagination du lecteur pouvait se donner carrière ; sa *Métaphysique de l'amour* en est une autre, mais plus originale. « Il y a quelque chose de tout particulier dans le sérieux profond et inconscient avec lequel deux jeunes gens de sexe différent qui se voient pour la première fois se considèrent l'un l'autre, dans le regard scrutateur et pénétrant qu'ils jettent l'un sur l'autre, dans l'inspection minutieuse que tous leurs traits et toutes les parties de leur personne ont à subir. Cet examen, cette analyse, c'est la *méditation du Génie de l'espèce* sur l'enfant que leur rencontre a rendu possible et sur la combinaison de ses qualités [1]. » Que le résultat de l'examen soit favorable de part et d'autre, que cette première rencontre amène un rapprochement plus intime, les deux jeunes gens croiront suivre leur préférence, chercher la satisfaction d'un désir personnel : en réalité, ils sont guettés par le génie mystérieux qui veille à la propagation de l'espèce et qui a besoin d'instruments pour l'accomplissement de ses desseins.

Le moyen que le Génie de l'espèce emploie pour s'insinuer dans les cœurs et les diriger selon ses vues, c'est l'instinct qui attire les sexes l'un vers l'autre, et qui, comme tous les instincts, ignore le but auquel il tend. Le premier pas d'un individu nouveau vers l'existence, sa véritable entrée dans la vie, c'est le premier regard que les futurs parents échangent entre eux [2]. Il semble alors qu'une nouvelle Idée s'annonce, qui, comme toutes les Idées, fait effort pour se mani-

---

1. Suppléments au quatrième livre, chap. XLIV.
2. Ces délires sacrés, ces désirs sans mesure,
   Déchaînés dans vos flancs comme d'ardents essaims,
   Ces transports, c'est déjà l'humanité future
   Qui s'agite en vos seins.
         (Mᵐᵉ Ackermann, *l'Amour et la Mort*.)

   Ne supprimez point...
   Quelque petit savant qui veut venir au monde.
         (Molière, *les Femmes savantes*.)

fester et pour s'emparer de la part de matière que la loi de causalité lui a livrée en partage. Cet effort, de plus en plus impétueux, c'est la passion qui s'allume dans le cœur des amants. La passion est aveugle; l'Amour a un bandeau sur les yeux. Pourtant l'instinct, éclairé par on ne sait quelle lumière intérieure, choisit avec un tact merveilleux ce qui peut le satisfaire. Le penchant amoureux se porte d'abord vers la santé, la force, la beauté, et par conséquent vers la jeunesse qui en est l'expression : ne s'agit-il pas, avant tout, d'appeler à la vie un être qui soit capable de vivre, et qui réunisse en lui les qualités essentielles de l'espèce? Mais l'instinct, ou le Génie qui se cache derrière lui, est encore plus explicite dans son choix. Chacun des deux amants cherche dans l'autre les qualités qui lui manquent à lui-même, afin que l'être qui doit sortir d'eux possède dans un ensemble harmonieux toutes les perfections qu'ils peuvent lui donner. C'est pour cette raison, pense Schopenhauer, que les grandes femmes plaisent aux petits hommes, et que les blonds aiment les brunes. La femme sait aussi qu'elle ne peut transmettre à l'enfant que l'intelligence, tandis que la volonté vient du père. Ce qui la captivera donc dans un homme, c'est la fermeté, le courage, peut-être aussi la bonté et la droiture. Le manque d'intelligence ne l'arrêtera pas : tous les moralistes ont remarqué que la bêtise ne nuit pas auprès des femmes. Les hommes, au contraire, seront rarement déterminés, dans leur amour, par les qualités du caractère : de là vient que tant de Socrates ont trouvé leurs Xantippes. Toujours et partout, c'est le Génie de l'espèce qui médite sur les générations futures. Ce génie « est comme un immortel vis-à-vis des hommes mortels, et ses vues diffèrent des nôtres autant que l'infini diffère du fini ».

L'intensité du désir s'accroît à mesure qu'il *s'individualise*, c'est-à-dire qu'il est dirigé vers un objet unique. Le pur instinct sexuel est moins vif que la passion exclusive ; il est plus vulgaire aussi, parce qu'il ne tend à la conservation de l'espèce que par la quantité, sans égard à la qualité. Mais il peut arriver qu'il y ait entre un homme et une femme, entre leurs qualités physiques et morales, une concordance exceptionnellement heureuse, œuvre profonde et mystérieuse de la nature, inconcevable à notre esprit, comme tout ce qui tient à la *chose en soi* ; il peut arriver que tel individu dont le Génie de l'espèce se promet l'existence ne puisse naître que de cet homme et de cette femme. La passion emprunte alors à la source dont elle découle un caractère presque surnaturel. « L'idée d'une félicité infinie attachée à la possession d'une certaine femme, ou d'une douleur inexprimable provenant de sa perte, ne peut avoir pour unique principe les besoins d'un être éphémère ; c'est le soupir du Génie de l'espèce, qui a trouvé une occasion unique, à saisir ou à perdre, pour atteindre son but. L'espèce seule a une vie infinie et, par conséquent, des désirs infinis ; seule aussi, elle a des satisfactions sans fin et des douleurs sans fin. Mais quand ces sentiments sont emprisonnés dans l'étroite poitrine d'un mortel, quoi d'étonnant que le vase se brise ? » Ce sont là les grandes passions, qui naissent souvent d'un regard, comme celle de Roméo et de Juliette ; elles peuvent conduire au suicide ou à la folie.

Le Génie de l'espèce est toujours en guerre avec les génies protecteurs des individus. Il pousse des hommes distingués à épouser des mégères ; il leur prend le bonheur de leur vie en échange d'une courte joie ; il fait dépendre le sort des nations d'un caprice. Les anciens ont senti cela, dit Schopenhauer, quand ils ont armé le dieu Cupidon de flèches meurtrières, qu'ils lui ont bandé les yeux et lui ont donné des ailes : symboles de sa cruauté, de sa perfidie et de son humeur changeante. Quand l'homme a payé son tribut à l'espèce, il retombe dans sa pauvreté, et il s'aperçoit qu'il a été dupe d'une illusion. Alors Thésée abandonne Ariane. Si la passion de Pétrarque avait été satisfaite, son chant aurait cessé, comme celui de l'oiseau quand il a posé ses œufs dans son nid.

Schopenhauer dit, en finissant, que sa métaphysique de l'amour déplaira sans doute aux amoureux qui se sont laissé prendre au piège. Il accorde aussi, « pour la consolation des natures tendres », que l'amour passionné peut s'associer dans une certaine mesure à une amitié fondée sur l'accord des caractères. Ces réserves faites, et quelques autres encore, il est certain que sa théorie, et par les fines observations de détail, et par l'originalité de la forme, a de quoi intéresser les lecteurs philosophes. Son Génie de l'espèce est une personnification mythologique, digne de figurer dans l'Olympe grec. Il ne reste qu'à lui mettre un arc et des flèches à la main, mais sans bandeau sur les yeux, pour en faire le compagnon d'Éros, dont il corrigerait parfois les méprises.

XXIII

L'AFFIRMATION ET LA NÉGATION
DE LA VOLONTÉ

La volonté de vivre se manifeste, à son degré le plus humble, dans la conservation du corps, dans les efforts que fait chaque être pour assurer le maintien de son existence et le fonctionnement de ses organes. Elle fait un pas de plus, lorsque, dépassant les limites de l'existence particulière, elle tend à se perpétuer dans la série des générations futures. C'est là l'affirmation de la volonté dans l'ordre physique.

Lorsqu'on passe à l'ordre moral, on trouve l'individu en compétition avec d'autres individus de la même espèce, ayant tous, en fait ou en apparence, un égal droit aux biens que la nature a répandus devant eux. Alors naît un conflit, d'autant plus ardent que chacun se considère avec d'autres yeux qu'il ne considère ses semblables. Chacun trouve en soi la volonté tout entière, comme un sentiment immédiat, primitif, accompagné de certitude. Les autres, au contraire, ne sont pour lui que des phénomènes que son intelligence lui révèle ; ils n'existent pour lui qu'à titre de représentation, et cette représentation, au fond, est dépendante de lui. Il en résulte « que chaque individu, si petit qu'il soit, un rien dans l'espace sans bornes, se considère néanmoins comme le centre du monde, et se préoccupe avant tout de sa conservation et de son bien-être. Au point de vue de la nature, chacun sera toujours prêt à tout sacrifier à sa personne, et verra sans peine le monde s'anéantir, s'il peut ajouter à ce prix un instant de plus à la durée de son moi, cette goutte dans un océan. Cette manière d'être est l'*égoïsme* [1]. »

Quand l'égoïsme devient agressif, quand la volonté d'un individu fait irruption dans le domaine où s'affirme la volonté d'un autre individu, il y a *injustice*, sous quelque forme qu'elle se produise, depuis la violation de la propriété jusqu'à l'attentat contre la personne. L'injustice commise appelle l'intervention de la société, qui se voit menacée tout entière dans le tort fait à l'un de ses membres. L'injustice entraîne le châtiment, non comme un salaire dû à la faute ou au crime, mais comme un moyen d'en prévenir le retour. Schopenhauer n'admet le châtiment que dans un but préventif, soit pour désarmer le coupable, soit pour avertir ceux qui seraient tentés de l'imiter. C'est ce qui distingue la punition de la vengeance : celle-ci regarde le passé, celle-là considère l'avenir. La société n'a pas le droit de rendre le mal pour le mal, d'ajouter une souffrance à une autre souffrance ; mais elle a le devoir, comme le droit, de diminuer la souffrance dans la mesure du possible, et, dans la même mesure, d'empêcher le mal qui pourrait survenir. « La société, ou l'État qui est la société organisée, est un moyen par lequel l'égoïsme armé de raison échappe aux conséquences de ses propres fautes. Chacun contribue au bien de tous, sachant que son propre bien y est com-

---

[1]. *Die Welt als Wille und Vorstellung*, livre IV, § 61. — Voir aussi : *Die Grundlage der Moral*, § 14.

pris. L'État, au moyen des forces humaines qu'il réunit en lui, réduit de plus en plus le reste de la nature à son service : il pourrait donc, s'il atteignait complètement son but, arriver à expulser du monde le mal sous toutes ses formes, et nous faire ainsi un pays de cocagne ou quelque chose d'approchant. Mais l'État est toujours resté très loin de son but ; et d'ailleurs, lors même qu'il l'atteindrait, il ne pourrait supprimer la multitude des maux inséparables de la vie et qui la maintiennent dans la souffrance ; enfin, si tous les maux venaient à disparaître, il resterait encore l'ennui, qui prendrait aussitôt leur place, de sorte que la douleur ne perdrait aucune de ses positions [1]. »

A côté de la justice temporelle, dont la garde est confiée à l'État, il y a la justice éternelle, qui a son siège au sein de l'homme même. Celle-ci n'a pas le regard tourné vers l'avenir ; elle ne vise pas les conséquences de l'acte, mais l'acte même, qui est contre nature. Elle est infaillible et immédiate ; elle suit la faute de si près, que la faute et le châtiment ne font qu'un. Elle se traduit par le *remords*, ou l'angoisse de la conscience [2]. Comment ce sentiment, qui s'associe à la méchanceté, et qui pourtant lui ressemble si peu, comment s'explique-t-il dans le système de Schopenhauer ? L'homme, quelque perverti qu'il soit par la passion ou l'envie, sent vaguement encore que c'est la même volonté, entraînant avec elle les mêmes douleurs, qui s'agite en lui et en chacun de ses semblables. « En vain l'espace et le temps mettent une barrière entre lui et les autres

---

1. Livre IV, § 62.
2. Schopenhauer emploie les deux expressions de *Gewissensbiss* et *Gewissensangst* ; la première (la *morsure* de la conscience) marque une impression momentanée et douloureuse, la seconde un état d'inquiétude prolongé.

individus, entre lui et les douleurs qu'ils endurent, qu'ils endurent par sa faute ; en vain ces douleurs lui sont représentées comme étrangères à sa personne : il sent qu'au fond, abstraction faite de la représentation et de ses formes, c'est la même volonté de vivre qui apparaît en tous, et qui, se méconnaissant elle-même, se frappe avec ses propres armes : tandis que, dans l'une de ses manifestations, elle veut augmenter son bien-être, du même coup elle impose une vive souffrance à l'autre. Il sent que lui, le méchant, il est cette volonté, qu'il l'est tout entière ; qu'il n'est pas seulement le bourreau, mais aussi la victime ; qu'il n'est séparé de cette victime et de ce qu'elle souffre que par un rêve décevant, dans les formes de l'espace et du temps [1]. » L'ancienne doctrine de la migration des âmes enseignait que toute souffrance qu'un être infligeait à un autre être dans cette vie devait être expiée dans une vie ultérieure par une souffrance pareille : si l'on supprime de cet enseignement l'idée de temps, c'est-à-dire si l'on suppose que tout se passe dans l'existence présente, on trouvera dans la migration des âmes la forme symbolique du remords de conscience.

L'identité originelle de tous les êtres, qui se révèle vaguement à la conscience de l'homme injuste, apparaît à l'état de claire connaissance aux regards de celui qui a su maîtriser l'aveugle élan de sa volonté. La négation, aussi bien que l'affirmation de la volonté, a ses degrés, depuis la simple justice jusqu'à l'esprit de charité et d'abnégation. L'homme qui, dans l'affirmation de la volonté qu'il trouve en lui, ne va pas jusqu'à nier la même volonté chez les autres, en d'autres termes, celui qui, tout en maintenant son droit, sait

---

1. Livre IV, § 65.

respecter le droit d'autrui, lors même qu'il n'y est contraint par aucune loi, est l'homme *juste*. La justice est une vertu purement négative : la *bonté* lui est supérieure ; elle est active et prévenante. Elle ajoute à la justice la bienveillance et la grâce. Elle nous porte à refuser un service qui nous est dû, ou qui nous est offert, à faire profiter les autres de ce qui nous appartient, jusqu'au point de nous priver pour eux. Ce qui discrédite souvent la bonté, c'est qu'on la confond avec la faiblesse. Mais elle peut s'accorder avec une manifestation très énergique de la volonté ; seulement elle donne pour objectif à la volonté le bien de tous ; elle pose en principe que « notre vrai moi ne réside pas dans notre seule personne, dans ce phénomène que nous sommes, mais dans tout ce qui vit [1] ». La bonté touche donc de près à l'*abnégation* ; elle est aiguillonnée par le spectacle de la souffrance universelle. « L'homme bon et généreux ne peut plus consentir à ce que la volonté, se méconnaissant elle-même, goûte ici, en tel individu, des joies frivoles, tandis que là, en tel autre, elle endure la privation. Il voit la volonté souffrir elle-même des tourments qu'elle inflige, et, comme Thyeste, dévorer sa propre chair, pleurer ici un mal immérité, et là faire elle-même le mal sans crainte de Némésis : tout cela parce qu'elle ne veut pas se reconnaître, toujours la même, derrière la multiplicité des phénomènes. Avoir percé le voile dont la Mâyâ hindoue couvrait les yeux des mortels, avoir dissipé toute illusion, et agir désormais avec bonté et douceur, c'est tout un. » Il faut que chaque homme puisse se répéter, en présence de chaque être avec lequel il se trouve en rapport, la vieille formule de la

---

1. Livre IV, § 66.

sagesse orientale : « Tu es ceci. » Celui qui comprend tout ce que cette formule implique, est sur la voie de la vertu et du salut.

La *pitié*, « qui fait sienne la misère du monde entier », équivaut à la négation de la volonté au point de vue moral, c'est-à-dire au sacrifice de la volonté individuelle dans les relations de la vie; elle aboutit, en dernière conséquence, à la négation de la volonté au sens métaphysique, c'est-à-dire à l'abstention complète du vouloir.

L'homme en qui la volonté est arrivée à ce dernier degré d'épuration, a une idée nouvelle de la vie. Il n'a plus devant lui cette alternative de biens et de maux dont se forme chaque existence particulière, et à laquelle s'attache uniquement le regard de celui qui est encore esclave de l'égoïsme. Il voit tout à la fois les douleurs dont il souffre, et celles dont souffrent ses semblables, et toutes celles qu'il juge possibles; et toutes dans leur ensemble lui offrent le spectacle d'un effort incessamment stérile et d'un perpétuel écoulement. Il a percé le voile de la Mâyâ ; il n'est plus dupe des apparences. L'aiguillon de la jouissance présente, l'appât des espérances lointaines, ne sont plus pour lui des *motifs*, mais des *quiétifs*, car il en connaît le vide. Alors sa volonté se replie. De même que sa justice est devenue de l'abnégation, maintenant son abnégation devient de *l'ascétisme*.

L'homme entre alors dans le *nirvâna* bouddhique, dans le repos éternel. Par ce mot, faut-il entendre le néant ? Ce serait mal comprendre l'évolution morale dont les étapes successives viennent d'être indiquées. S'il ne s'agissait que d'entrer dans le néant, la voie la plus courte serait le suicide. Mais le suicide, loin d'être une négation de la volonté, en est au contraire l'affirmation la plus énergique. L'homme qui se donne la mort ne demanderait pas mieux que de vivre, si la vie était telle qu'il la désire; il montre même, par sa résolution violente, combien il était attaché à ces biens dont la privation lui est insupportable. Au reste, « il n'y a pas de néant absolu : un néant n'est pensé comme tel que par rapport à un objet positif ; il suppose donc ce rapport et, par conséquent, cet objet. » L'homme qui vit dans le néant, c'est celui qui mène une existence vide, avec le voile de la Mâyâ sur les yeux.

L'ascétisme a plusieurs formes. L'ascétisme monacal, lors même qu'il est entaché de superstition, est un effort courageux vers la sainteté. Mais « le philosophe n'a pas besoin d'être un saint, pas plus que le saint n'a besoin d'être un philosophe ; et d'ailleurs ce serait une étrange prétention d'exiger d'un moraliste qu'il eût toutes les vertus qu'il recommande. » Le philosophe se cloître dans sa pensée, comme le moine dans sa cellule. L'état de quiétude où l'avait élevé momentanément la contemplation artistique, devient maintenant un état permanent. Il vit dans le commerce des Idées ; il n'est plus que pur sujet connaissant. « Nous voilà délivrés de nos agitations inquiètes et tumultueuses, de ces perpétuelles alternatives de désir et de crainte, de joie et de douleur, de ces espérances toujours trompées et toujours renaissantes, dont se compose le rêve de la vie pour l'homme encore soumis à la volonté. Ce qui reste, c'est une paix supérieure à toute raison, une paix profonde, un océan de quiétude, cette sérénité confiante et inaltérable dont le simple reflet sur un visage humain, dans un tableau de Raphaël ou du Corrège, est déjà un complet et sûr évangile. Il ne reste plus que la connaissance ; la volonté est évanouie [1]. »

---

1. Livre IV, § 71.

La dernière partie de la philosophie de Schopenhauer trouve son commentaire naturel dans quelques fragments autobiographiques qu'il écrivit à différentes époques de sa vie, qu'il voulut à la fin soustraire à la publicité, et où il se confessait à lui-même avec une entière franchise [1]. Il avait sa forme de l'ascétisme : c'était l'isolement.

« Il y a eu de tout temps chez les nations civilisées une sorte de moines naturels, des gens qui, dans la conscience de leurs facultés supérieures, ont cherché à cultiver et à exercer ces facultés, de préférence à tout autre bien, et qui ont mené par conséquent une vie contemplative, toute vouée à une activité intellectuelle dont l'humanité a pu ensuite recueillir les fruits. Ils n'ont prétendu ni à la richesse, ni au gain par le travail, ni à la considération mondaine, ni à la possession d'une famille. Tout en constituant la classe la plus distinguée de l'humanité, ils renoncent à la distinction vulgaire, avec une certaine humilité extérieure, assez semblable à celle des moines. Le monde est leur couvent, leur ermitage. Ce qu'un homme peut être à l'autre ne va pas très loin : en fin de compte, chacun est réduit à lui-même. Toute la

---

1. Schopenhauer commença en 1821 un ouvrage autobiographique, qu'il intitula : *Sur lui-même* (Εἰς ἑαυτόν), et qui ne devait paraître qu'après sa mort. Gwinner déclara plus tard avoir reçu de Schopenhauer l'ordre de détruire le manuscrit, qui se composait d'une trentaine de feuillets. Mais il en inséra de longs passages dans sa biographie, se bornant ordinairement à mettre les paroles de Schopenhauer au discours indirect. Grisebach a entrepris de rétablir le texte original. C'est une restitution ingénieuse, où nous n'avons peut-être pas toujours les mots de Schopenhauer, mais sûrement sa pensée. D'ailleurs certaines expressions sont trop caractéristiques pour ne pas venir de lui. — Voir Gwinner, *Schopenhauer und seine Freunde*, Leipzig, 1863 ; et Grisebach, *Schopenhauers Gespräche*, Berlin, 1898.

question est de savoir à quoi l'on est réduit. Si j'étais roi, le commandement que je donnerais le plus souvent et avec le plus d'insistance, en ce qui concerne ma personne, serait celui-ci : « Laissez-moi seul ! » Un être comme moi devrait pouvoir vivre dans cette illusion perpétuelle qu'il est le seul homme placé sur une planète déserte ; il ferait alors de nécessité vertu. Aussi la plupart des gens remarquent, à leur premier contact avec moi, qu'ils ne peuvent rien être pour moi, et que je ne peux rien être pour eux. Me trouvant en possession d'un degré supérieur de conscience, et par conséquent d'une existence supérieure, ma sagesse consiste à me maintenir dans la jouissance pure et tranquille de cette existence, et, pour atteindre ce but, de ne rien demander au delà... »

« L'importance de l'homme intellectuel, de l'homme immortel en moi, m'a toujours paru si infiniment grande, en comparaison de l'individu, que je n'ai jamais hésité à rejeter comme un fardeau inutile toute préoccupation personnelle, dès qu'une pensée philosophique s'annonçait dans mon esprit. Une pensée de cette sorte a toujours été pour moi chose tellement sérieuse, que tout le reste me semblait futile en comparaison. C'est là la lettre de noblesse et de franchise de la nature. Le bonheur des hommes ordinaires consiste dans l'alternative du travail et de la jouissance, qui pour moi sont tout un [1]. C'est pourquoi la vie des hommes de mon espèce est nécessairement un monodrame. Des missionnaires de la vérité, adressés au genre humain, une fois qu'ils se sont compris eux-mêmes, n'entrent pas plus dans la

---

1. Tout effort n'est donc pas une douleur.

familiarité des hommes, — en dehors de ce qui est de leur mission, — que les missionnaires de la Chine ne fraternisent avec les Chinois. Il semble toujours à un homme comme moi, surtout dans la jeunesse, qu'on l'a fourré dans un vêtement qui n'est pas à sa taille. »

« Dans un monde qui est composé, pour les cinq sixièmes au moins, de coquins, de fous et d'imbéciles, chacun de ceux qui appartiennent au sixième restant doit se faire une règle de conduite de se retirer d'autant plus loin qu'il se sent plus différent des autres, et toujours le plus loin possible. Il doit se persuader que le monde est un désert où il sera toujours seul, et cette persuasion doit devenir chez lui un sentiment habituel. Comme les murs d'une chambre rétrécissent le champ du regard, qui ne s'étend que devant la nature, ainsi la société rétrécit mon esprit, et la solitude seule lui ouvre l'espace... »

« Sitôt que j'ai commencé à penser, je me suis senti en état d'hostilité avec le monde. Cela m'a souvent inquiété dans ma jeunesse, car je pensais que la majorité pouvait bien avoir raison. Helvétius m'a d'abord rassuré [1]. Ensuite, après chaque conflit nouveau, le monde a perdu du terrain, et j'en ai gagné. Ma quarantième année révolue, il m'a semblé que mon procès était jugé en dernière instance, et je me suis trouvé à une hauteur à laquelle jusque-là je n'avais pas osé aspirer. Alors le monde m'a paru vide et désert.

---

[1]. Schopenhauer cite ailleurs ce passage d'Helvétius : « Il n'y a que l'esprit qui sente l'esprit ; mais les gens ordinaires ont un instinct prompt et sûr pour connaître et pour fuir les gens d'esprit. » (*Nachlass*, éd. Grisebach : *Neue Paralipomena*, § 661.)

Toute ma vie durant, je me suis senti horriblement seul, et j'ai toujours supplié le sort du fond de ma poitrine : « Donne-moi un homme ! » En vain. Je suis resté seul. Mais je puis dire sincèrement que cela n'a pas été de ma faute. Je n'ai jamais repoussé personne. Je n'ai fui aucun homme qui fût un homme par l'esprit et le cœur. Je n'ai rencontré que de pauvres sires, des têtes bornées, de mauvais cœurs, des esprits bas. Je mets à part Gœthe, Fernow, peut-être Frédéric-Auguste Wolf et un petit nombre d'autres, qui avaient tous de vingt-cinq à quarante ans de plus que moi. Peu à peu, le dépit que me donnaient les individus a fait place à un tranquille mépris pour l'espèce. De bonne heure, je me suis senti différent des hommes ; mais je me disais : « Apprends à en connaître seulement cent, « et tu trouveras ton homme » ; ensuite : « Va jusqu'à « mille » ; puis : « Essaye encore : dans plusieurs « milliers il faudra bien qu'il s'en trouve un. » Et j'ai fini par conclure que la nature était trop chiche de ses dons, et qu'il ne me restait qu'à supporter avec patience et dignité ce que Byron appelle la solitude des rois. »

Or on a souvent établi des parallèles entre la vie de Schopenhauer et sa doctrine. Mais peut-être s'est-on trop facilement autorisé de quelques faits particuliers, plus ou moins exactement rapportés, pour le mettre en contradiction avec lui-même. Vu dans l'ensemble de sa carrière, Schopenhauer est bien l'homme de sa doctrine. Il n'a jamais eu d'autre but que de la formuler, de l'expliquer et de la répandre, et il en a donné la représentation vivante dans sa personne.

XXIV

L'ENSEMBLE DU SYSTÈME

Rien n'est plus aisé que d'opposer Schopenhauer à lui-même, et la critique qui ne lui appliquerait que les lois de la simple logique aurait beau jeu contre lui. Schopenhauer est un poète philosophe; il a plus d'expérience que de raisonnement, et encore plus d'imagination que d'expérience. Il est toujours sous l'empire de l'impression présente. Il ne conçoit pas une idée, il la voit; il la fixe avec une telle intensité, que les idées corrélatives qui pourraient la circonscrire et la nuancer s'effacent devant ses yeux. Il analyse ses idées; mais son analyse s'arrête ordinairement à mi-chemin et se termine par une comparaison. La promptitude et la vivacité de l'impression, et aussi un besoin de prosélytisme qui s'excite et s'aiguillonne, expliquent sa tendance au paradoxe. Il aiguise la vérité, pour mieux l'enfoncer; mais parfois il la fausse, pour vouloir lui donner une pointe trop aiguë. Il n'écrit jamais qu'à l'heure propice. « Mes ouvrages, dit-il, sont formés d'une série d'articles, dont chacun est consacré à la seule pensée qui me remplissait au moment où je l'écrivais; on a mis entre eux un peu de ciment pour les unir. C'est pour cela que mes ouvrages ne sont pas vides et ennuyeux, comme ceux que l'on écrit page par page d'après un plan strictement arrêté[1]. » Une telle manière de composer peut être une condition de variété et d'intérêt, mais il est incontestable qu'un peu plus de ciment aurait consolidé l'édifice.

Schopenhauer dit encore : « Je ne crois pas que ma doctrine eût jamais pu naître, avant que les *Upanishads*, Platon et Kant eussent jeté simultanément leur lumière dans l'esprit d'un homme : il est vrai que, selon le mot de Diderot, autour de la statue de Memnon il y en avait une infinité d'autres, également frappées des rayons du soleil, mais la sienne était la seule qui résonnât[2]. » Il y avait donc, selon Schopenhauer, une sorte de prédestination à ce que ces trois influences, parties des points les plus opposés de l'horizon historique et géographique, se rencontrassent dans la tête d'un Allemand du dix-neuvième siècle. Dans la genèse de la philosophie nouvelle, Kant marque le point de départ. Sa théorie de la connaissance, prudemment limitée aux relations extérieures des choses, et renonçant à percer le mystère de la *chose en soi*, fut une des premières études de Schopenhauer à l'université de Gœttingue. Mais déjà Kant l'effrayait par une rigueur presque mathématique. Une de ses notes manuscrites, qui date de cette époque, contient ces mots caractéristiques : « Les défauts de Kant pourraient se résumer en ceci : il n'a pas connu la contemplation. » La contemplation, ce second facteur de sa philosophie, il la trouva, dès cette même époque, dans Platon, « qui voit partout l'unité, qui approfondit tout, et pour qui les choses ne sont que des signes traduisant les Idées éternelles ». Il ne manquait plus que le lien de ces deux éléments hété-

---

1. *Nachlass*, éd. Grisebach : *Neue Paralipomena*, § 681.
2. Même recueil, § 637.

rogènes. Schopenhauer le trouva en lui-même : c'est sa théorie de la volonté, la partie la plus originale et la plus personnelle de sa doctrine. La volonté est précisément cette chose en soi dont Kant n'avait pas osé soulever le voile; elle est la force créatrice qui produit les êtres dont les Idées platoniciennes sont les types éternels. Dès lors, le système était constitué dans ses parties principales, plus ou moins bien soudées ensemble. Quant aux *Upanishads*, et à la littérature hindoue en général, Schopenhauer y a trouvé surtout des textes à l'appui de sa morale ascétique; ces textes ont pu fournir le couronnement du système, ils n'en ont pas été la source [1].

On voit déjà là une différence fondamentale entre le système de Schopenhauer et les systèmes qui avaient paru avant lui en Europe. Un système, dans le sens ordinaire du mot, est un ensemble de propositions coordonnées d'après un principe. Le philosophe a son point de vue duquel il considère le monde, et qui dépend de la nature de son esprit ou des influences qu'il a subies. C'est à ce point de vue qu'il ramène ses observations, et c'est grâce à l'unité du point de vue que le monde lui apparaît comme un tout. Ce n'est pas ainsi que procède Schopenhauer : il est tantôt

---

1. Les *Upanishads* sont des instructions philosophiques et morales rédigées par les brahmanes, dont Anquetil-Duperron publia une traduction latine, d'après une version persane, en 1801 (*Oupnekhat sive arcanum tegendum*, 2 vol. in-4). Il est probable que Schopenhauer a surtout consulté la dissertation qui est en tête du premier volume. Il a été introduit dans la connaissance de la littérature hindoue, à Weimar, en 1814, par un orientaliste nommé Frédéric Majer, qui publia en 1818 le premier volume d'une histoire des religions (*Brahma oder die Religion der Indier als Brahmaismus*, Leipzig, Reclam), et qui mourut peu de temps après. Ce qu'on sait de Frédéric Majer a été recueilli par Schemann : *Schopenhauer-Briefe*, p. 440.

kantien, tantôt platonicien, et ce n'est que dans sa théorie de la volonté et dans une partie de sa théorie des arts qu'il est tout à fait lui-même. Il n'y aurait pas grand mal à cela, si du moins les éléments dont il compose sa philosophie étaient parfaitement homogènes. Mais comment Kant, qui ignore de parti pris la chose en soi, va-t-il s'entendre avec Platon, pour qui la chose en soi est tout ? Et comment Schopenhauer lui-même, qui fait de l'intelligence l'esclave de la volonté, s'entendra-t-il avec Kant, pour qui l'intelligence, tantôt théorique, tantôt pratique, se guide d'après des principes certains et toujours à elle ? Il est impossible qu'une union fondée sur de telles disparates soit toujours solide.

Mais prenons le système tel qu'il est. Ce qui en forme la base, c'est la volonté, au sens où nous devons prendre ce mot. Schopenhauer, comme tous les philosophes, a cédé à la tentation de ramener tous les phénomènes de la nature, ceux de l'ordre physique comme ceux de l'ordre intellectuel, à un principe unique. Le matérialiste part de ce qu'il a observé hors de l'homme, pour expliquer ce qu'il trouve dans l'homme, et il rapporte tout à l'idée de force. Schopenhauer, par la raison spécieuse qu'il faut procéder du connu à l'inconnu, suit la marche inverse ; il croit pouvoir rendre compte de tout ce qui se passe dans l'homme et hors de l'homme par ce qui se révèle immédiatement à la conscience, et le monde organique et inorganique ne contient plus, à ses yeux, que des phénomènes volontaires. Mais ne dit-il pas lui-même que nous ne connaissons notre volonté que par ses actes, et qu'en elle-même et dans son essence elle est pour nous aussi mystérieuse que les forces de la nature ? L'inconnue, dans la grande algèbre du monde, est donc seulement déplacée ; et tant qu'elle ne sera pas dégagée, tant que l'identité fondamentale de tous les êtres ne sera pas démontrée scientifiquement, il y aura un certain abus de langage à appeler du même nom la force qui attire la pierre vers le sol et le mouvement qui nous intéresse au sort d'un de nos semblables. Gœthe s'est demandé un jour, dans un roman célèbre, si la sympathie qui apparente les âmes n'a pas quelque analogie avec les affinités chimiques des corps ; mais Gœthe se bornait à poser une question et à l'éclairer par un exemple. Nous avons une tendance innée à prêter aux objets de la nature une vie semblable à la nôtre, et tout le monde est poète en ce sens. Nous disons tous les jours que le ruisseau murmure, que le vent gémit, que l'orage gronde et que la pluie menace; mais nous savons, en tenant ce langage, que nous parlons par figures. Si c'est ainsi que la plante et la pierre *veulent*, personne n'y contredira ; mais il sera établi que le système de Schopenhauer repose sur une métaphore [1].

Voilà la volonté à l'œuvre et déployant son activité créatrice dans la série ascendante des êtres. Elle s'exprime d'abord dans les Idées, qui sont les types des espèces. Chaque espèce est adaptée au milieu dans lequel elle doit vivre ; mais, une fois adaptée, elle demeure fixe dans sa forme et dans ses organes. Schopenhauer rejette, comme Hegel, les théories transformistes. Il reproche à Lamarck, tout en le mettant au premier rang des physiologistes, d'avoir fait naître les organes des animaux au fur et à mesure de leurs besoins, dans le cours du temps, de génération en génération,

---

1. « Spinosa dit qu'une pierre lancée dans l'espace, si elle était douée de conscience, pourrait s'imaginer qu'elle ne fait qu'obéir à sa volonté : moi j'ajoute que la pierre aurait raison. » (*Die Welt als Wille und Vorstellung*, livre II, § 24.)

comme si ces organes, dit-il, ne leur avaient pas été nécessaires dès le début [1]. Mais on peut lui demander à lui-même comment l'espèce, si elle est immuable, et si elle doit être adaptée à son milieu, continuera de vivre quand le milieu sera changé. Schopenhauer veut que l'espèce, aussi bien que la volonté dont elle émane, soit placée en dehors du temps. L'individu meurt, l'espèce subsiste. Mais, au fond, il n'y a pas de raison pour que la volonté, toujours présente et indestructible, qui abandonne l'individu, n'abandonne pas aussi l'espèce, et les espèces qui ont disparu de la surface du globe sont là pour le prouver. L'espèce, le genre, l'individu, qu'est-ce autre chose que des catégories de notre esprit ? Mais si l'espèce disparait, l'Idée, n'étant plus représentée par rien, doit disparaître aussi. Il y a là une série d'inconséquences dans la doctrine, et peut-être un certain dédain de la vérité scientifique.

Un autre point qui reste obscur dans la doctrine, quoique Schopenhauer y revienne à plusieurs reprises, c'est le rôle tour à tour actif et passif de l'intelligence. La volonté est le grand démiurge ; elle est l'artisan de l'univers dans sa totalité, et la faculté *primaire* dans chaque individu ; elle est la créatrice du corps qu'elle anime. L'intelligence n'est que la fonction du cerveau, c'est-à-dire d'une partie du corps ; elle est donc elle-même une création de la volonté. Elle n'est que faculté *secondaire*, ou même *tertiaire* : ce sont les expressions de Schopenhauer. Elle sert d'abord à renseigner la vo-

---

1. *Ueber den Willen in der Natur: Vergleichende Anatomie.* C'est pour la même raison que Schopenhauer, qui vante beaucoup la *Théorie des couleurs* de Gœthe, parle avec un certain dédain de ses travaux sur la morphologie des plantes et des animaux, qui sont restés la partie la plus solide de son œuvre scientifique.

lonté sur les besoins du corps et sur les moyens de les satisfaire; elle reçoit les impressions du dehors et se fait une représentation du monde; elle acquiert des idées générales, et elle formule des maximes, qui deviennent des règles de conduite pour la volonté. Son importance grandit, à mesure que ses aptitudes se développent. Enfin la volonté, éclairée par elle sur ses vrais intérêts, lasse de ses efforts stériles et douloureux, cesse de vouloir; elle abdique entre les mains de sa créature, et, presque honteuse des aventures qu'elle a courues, elle se retire dans le *nirvâna*. On se demande, en présence de ces théories, si l'on a réellement devant soi une suite de propositions philosophiques, ou si l'on n'assiste pas plutôt à une scène allégorique, où la maîtresse et la servante échangent leurs rôles pour la variété du spectacle.

Un point de doctrine qui embarrassait beaucoup les premiers disciples, c'était la double face de la chose en soi, qui est un principe métaphysique, et qui pourtant ne se manifeste que par ses effets dans l'ordre physique. Schopenhauer ne se lassait pas de dire qu'il n'entendait pas sortir du domaine de l'expérience, qu'il ne voulait connaître que ce qui est, sans s'inquiéter de savoir pourquoi cela est. Pourtant la volonté, principe de toute existence, cause médiate ou immédiate de tous les phénomènes, n'était-ce pas un grand pourquoi qu'il soulevait, et auquel il se chargeait de répondre? On connaît l'histoire de ces deux élèves d'une école d'artillerie, qui, ayant été mis aux arrêts, charmaient leurs loisirs par la lecture de Schopenhauer, et qui lui posèrent cette question : « Si la volonté est indivisible, si elle est tout entière dans chaque individu, ne s'ensuit-il pas que chacun peut à son gré la détruire, et détruire en même temps le monde dont elle est l'unique soutien, en supprimant la volonté dans sa personne ? » Schopenhauer répondit que la volonté avait deux faces, et que, par l'une de ses faces, c'est-à-dire comme chose en soi, elle échappait aux conditions du temps et de l'espace, par conséquent à toute restriction individuelle. Une autre fois, il écrivit à un de ses « apôtres », toujours au sujet de la chose en soi : « Vous savez que je n'ai pas de réponse pour ces sortes de questions. Je n'ai qu'à répéter, en pareil cas, ce que Goethe répondit un jour à un étudiant, qui, lui aussi, voulait trop savoir : « Le « bon Dieu a bien créé les noix, mais il ne les a pas « cassées lui-même [1]. »

Schopenhauer n'était nullement le docteur inflexible et irréfragable que l'on imagine d'ordinaire. Il avait l'intelligence plus souple que le caractère. Vingt-cinq ans séparent la première et la seconde édition de son principal ouvrage, et dans l'intervalle son esprit s'apaisa et mûrit. Les derniers suppléments de la seconde édition dénotent une pensée moins rigide que certaines parties de la première. Dans un chapitre intitulé *l'Ordre du salut*, il envisage la douleur comme un moyen de purification morale, et il cite l'*Hymne à la Douleur* de Lamartine. Pour la plupart des hommes, c'est la souffrance personnelle qui les éclaire et les sauve ; pour le petit nombre, et sans doute pour les philosophes, c'est le spectacle des douleurs du monde [2]. Une dissertation qui date de la même époque, et qui fut insérée au premier volume des *Parerga et Paralipomena*, a pour titre : *Spéculation transcendante sur l'apparente préméditation qui règne dans la destinée de chacun* [3],

1. Schemann, *Schopenhauer-Briefe*, p. 406 et 240.
2. *Die Welt als Wille und Vorstellung*, suppléments au quatrième livre, chap. XLIX : *Die Heilsordnung*.
3. *Transcendente Spekulation über die anscheinende Absichtlichkeit im Schicksale des Einzelnen.*

et pour épigraphe un mot de Plotin : « Il n'y a pas de hasard dans le monde, il n'y a que de l'ordre et de l'harmonie. » Schopenhauer commence par dire, sans doute pour n'avoir pas l'air de donner un démenti trop formel à ses anciennes théories, qu'il ne faut prendre sa dissertation que comme une fantaisie métaphysique, et il laisse au lecteur le soin de suppléer çà et là les *peut-être* dont la trop fréquente répétition aurait alourdi son style. Il admet une sorte de *fatalisme transcendant*, un accord mystérieux et préparé de longue date entre notre caractère, les expériences qui le modifient et les influences qui le déterminent ; une direction supérieure de notre vie, dont le sens nous échappe aussi longtemps que nous sommes dans le courant des événements, mais qui se révèle à nous quand les événements sont accomplis et que nous pouvons les considérer dans l'ensemble. « Il y a de certaines images appelées anamorphoses, qui ne présentent à l'œil nu qu'un objet défiguré, et qui, vues dans un miroir conique, reprennent leur forme régulière : ce miroir, c'est l'intention secrète du destin à notre égard... A ce point de vue, le dogme de la providence peut être admis, sinon au sens propre et dans sa forme anthropomorphique, mais du moins comme l'expression allégorique et mythique d'une vérité, qui, comme tous les mythes religieux, suffit pour l'usage commun et pour la consolation individuelle. » Nous voilà sur le chemin de l'optimisme, et Schopenhauer est tout près de donner la main à Leibnitz.

Pour goûter Schopenhauer, et pour s'instruire à son école, — car il est instructif, comme tout homme qui a beaucoup vu et beaucoup pensé, — il ne faut pas lui demander une de ces formules générales qu'on puisse appliquer à tous les cas particuliers, et sur lesquelles on se repose. Il avait bien certaines idées qui, dans toutes ses observations, venaient se mettre au premier plan, comme celles de la faiblesse de notre faculté de connaître, de l'énergie des manifestations volontaires dans toute la nature, de la prédominance de l'espèce sur l'individu, de la supériorité de la contemplation idéale; mais il avait aussi appris de Kant que l'esprit dogmatique est le pire ennemi de la vérité et la plus dangereuse illusion du philosophe, et que tout raisonnement qui ne se fonde pas directement sur une expérience peut être infirmé par un raisonnement contraire. Chacune des idées maîtresses de sa philosophie, avec les observations et les exemples qui la confirment, forme un groupe à part; mais le système dans son ensemble, si on l'examine de près, se désagrège par toutes ses jointures, ou plutôt, à vrai dire, il n'y a pas de système. Il y a dans Schopenhauer tout à la fois un penseur, un moraliste, un artiste et un poète; aucun de ces divers personnages qu'il réunit en lui n'est assez puissant pour dominer complètement et absorber les autres; mais à eux tous ils constituent une personnalité complexe, très originale et peut-être unique dans l'histoire de la philosophie moderne. Peut-être même le temps des systèmes est-il passé; peut-être l'extension croissante de la recherche scientifique, la multiplicité des objets qui appellent l'attention du philosophe et dont il est obligé de tenir compte, ne comportent-elles plus ces constructions métaphysiques, trop rigoureuses pour ne pas être un peu arbitraires, et trop étroites pour ne pas exclure une grande partie de la vérité.

XXV

FRANCFORT

Au mois de septembre 1831, Schopenhauer, fuyant devant le choléra, était venu s'établir à Francfort. Il se rapprochait de sa mère et de sa sœur, qui depuis deux ans habitaient Bonn ; mais ce n'était pas là sans doute ce qui le déterminait dans le choix de son séjour. Ce qu'il cherchait, c'était une ville un peu animée, avec un certain mouvement littéraire, et, avant tout, une sécurité momentanée contre le fléau.

Johanna Schopenhauer n'avait plus la petite cour qui l'entourait à Weimar. Elle se dédommageait par l'encens qu'elle recevait de divers côtés, à propos de la première édition de ses œuvres complètes, qu'elle venait de publier en vingt-quatre volumes. Elle était tellement habituée à s'entendre louer, qu'elle se donnait l'air d'être indifférente à l'éloge. Son fils lui ayant signalé, en 1833, un article de revue qui lui était très favorable, elle répondit : « Ainsi un chevalier a rompu une lance pour moi ? Je l'en remercie du fond de mon cœur, mais c'est tout ce que j'en veux savoir. Depuis quatre ans [1], je ne m'occupe plus de la critique, et aucune revue ne franchit mon seuil. *Quand on le sait,*

---

1. C'est-à-dire depuis l'époque où elle avait commencé la publication de ses œuvres complètes.

c'est peu de chose; quand on ne le sait pas, ce n'est rien [1]; et, du reste, on peut facilement se laisser induire en erreur par une sotte critique, et faire plus mal qu'on n'aurait fait sans cela. Je l'ai déjà appris à mes dépens. Mon thermomètre est l'éditeur, et de ce côté-là les choses ne vont pas trop mal. » Si elle était tout à fait sincère, il faut avouer que, sur ce point particulier, elle était plus philosophe que son fils; il est vrai que le thermomètre de son fils était beaucoup plus bas que le sien.

Quant à Adèle Schopenhauer, elle avait toutes sortes de raisons pour regretter Weimar. D'abord, elle était séparée de sa grande amie, Ottilie de Gœthe. Une dame qu'elle connut à Bonn, Sybille Mertens-Schaaffhausen, qui devint sa légatrice universelle, ne la lui remplaçait qu'en partie. Ottilie, c'était pour elle l'influence indirecte, en quelque sorte féminine, de Gœthe, l'ombre protectrice sous laquelle elle cultivait silencieusement son goût pour les arts et même son talent d'écrire; elle publia plus tard des nouvelles et des romans qui eurent quelque succès [2]. A l'inverse de sa mère, elle lisait et appréciait les ouvrages de son frère; il lui arrivait même de les discuter avec lui. Quand il fallut quitter Weimar, en apparence pour cause de santé, en réalité pour des raisons d'économie, elle éprouva une brusque déception. Elle ouvrit les yeux sur le luxe éphémère dont elle avait joui; elle dut même sacrifier une partie de sa fortune, pour payer des prodigalités dont elle n'avait été que le témoin irresponsable. Enfin, l'âge s'annonçait chez elle, sous une de ses formes les moins souriantes, la solitude. Elle avait eu, comme sa

---

1. Ces mots sont en français dans la lettre.
2. *Haus-, Wald- und Feldmärchen*, 2 vol., Leipzig, 1844 : *Anna*, 2 vol., Leipzig, 1845 ; *Eine dänische Geschichte*, Brunswick, 1848.

mère, son rêve de jeunesse ; mais elle y avait renoncé d'un cœur moins léger, et elle en gardait un souvenir d'amertume. Toutes ces secousses qu'elle éprouva coup sur coup la jetèrent dans une crise morale, qu'elle a retracée dans une lettre. Elle arriva, par les accidents de sa vie, et sans doute aussi par l'effet de son tempérament inné, à cette forme d'ascétisme qu'Arthur Schopenhauer décrit dans un de ses fragments : l'isolement. Leurs natures étaient pareilles ; ils avaient le même sang dans les veines : elle le dit à plusieurs reprises, et elle est, pour ainsi dire, la traduction vivante du pessimisme de son frère.

Ce fut Arthur Schopenhauer qui, un mois après son arrivée à Francfort, songea d'abord à reprendre leur correspondance interrompue. Sa sœur, après lui avoir répondu par une première lettre d'un contenu tout général et qui n'était qu'un souhait de bienvenue, lui en écrivit une seconde, où elle s'ouvrait à lui en toute sincérité :

« Peu de gens ont eu une existence aussi heureuse que la mienne. Mais mon bonheur a été brusquement interrompu ; j'ai été amenée à mépriser les personnes qui m'étaient le plus chères, et il m'a semblé un moment qu'il ne me resterait d'autre alternative que la folie ou la mort. Je me suis ressaisie, et j'ai trouvé moyen de supporter la vie, sans être heureuse, mais sans me plaindre. Mon corps est resté malade plus longtemps que mon âme. J'ai trouvé ici une femme qui m'a prise en grande amitié ; elle a fait beaucoup pour moi, et je ne doute pas que ce ne soit elle qui m'ait sauvée. Cependant ce n'est pas pour elle que nous sommes venues ici. Nous vivions sur un trop grand pied à Weimar ; il s'est trouvé des dettes ; j'ai dû faire moi-même de grands sacrifices pour les couvrir ; enfin il a fallu reprendre notre vie autrement, avec d'autres relations, pour des raisons économiques.

« Ici, nous vivons tranquilles. Je veille un peu plus à la dépense. Pourtant j'ai parfois de graves soucis, que tu ne dois partager en aucune façon. Nous habitons pendant six mois de l'année une charmante campagne à Unkel, et nous avons passé ici deux hivers comme des étrangères... Nous resterons ici, et cette perspective me laisse dans un calme indescriptible, ni gaie ni triste, ni sérieuse ni enjouée, mais tranquille. Le premier médecin d'ici m'est cordialement attaché ; nous aurons donc tous les soins nécessaires. Notre installation est raisonnable ; j'espère donc nous tirer d'affaire sans trop de difficulté...

« Nul sentiment passionné ne m'agite plus, aucun espoir, aucun plan d'avenir, à peine un désir ; car mes désirs frisent l'impossible ; je me suis donc habituée à les voir passer et fuir, comme on suit le vol de l'oiseau dans le ciel bleu. Je vis malgré moi ; l'âge m'effraye ; j'ai peur de la solitude qui m'attend sans aucun doute. Je ne veux pas me marier, parce que je trouverais difficilement un homme qui fût fait pour moi. Je n'en sais qu'un que j'aurais pu épouser sans déplaisir, et il est marié [1]. J'ai bien la force de supporter ma solitude, mais je serais profondément reconnaissante au choléra, s'il voulait bien, sans trop de douleur, mettre fin à toute l'histoire. C'est pourquoi ton inquiétude me paraît étrange ; car toi aussi tu te sens malheureux, et il t'est souvent venu à l'esprit de faire faux bond à la vie par un coup de force [2]. Mon avis

---

1. Sur Frédéric Osann, voir plus haut, p. 99.
2. *Dem Leben entspringen durch irgend einen Gewaltschritt.* — On a vu plus haut (p. 242-243) que Schopenhauer rejette le suicide comme conséquence de sa doctrine. Mais il paraît bien que la

est qu'il n'y a qu'à attendre. Je puis très bien vivre ; j'ai même des instants de gaieté ; mais quand ce sera mon tour, eh bien ! soit, aujourd'hui ou demain, n'importe. L'hiver dernier, j'étais d'humeur sombre, je souffrais beaucoup, et je me sentais si bas que je pensais mourir. A la fin, j'ai manqué faire une grosse sottise, un mariage de raison. Par bonheur, il y a eu un empêchement, et ma situation m'est apparue ensuite, claire comme le soleil. L'âge de la passion et de l'amour est passé pour moi ; je puis bien me marier encore, mais seulement avec un homme pour lequel je puisse avoir une estime et une considération particulières, et dont l'intelligence soit supérieure ou du moins égale à la mienne ; car lors même qu'il ne serait que mon égal à ce point de vue, il me serait encore supérieur comme homme. Ce n'est qu'ainsi que je pourrais me décider au mariage en bonne conscience : vois maintenant toi-même si c'est facile. L'homme se trouverait bien, mais serait-ce l'homme fait pour moi ? Presque personne ne me connaît. Mon âme a son costume de cérémonie, comme les Vénitiennes ont leurs voiles et leurs masques. On ne voit presque rien de moi. Pourquoi ennuyer les gens ? Ce qu'ils veulent, ce sont quelques paroles banales, et je les leur donne, quand je vais dans le monde...

« Je suis persuadée que nos caractères, en bien et en mal, se ressemblent beaucoup, et nous nous trouverions facilement des points de contact. Tu n'aimes pas les hommes en général : moi, il en est peu que j'estime ; j'aime à vivre seule, ou avec peu de gens ; je ne fuis pas précisément la société. Tu crois connaître la nature

---

pensée lui en est venue. Il est même permis de croire que, dans ses réflexions sur l'hérédité, la manière dont son père était mort a dû souvent se présenter à son esprit.

humaine : il y a des moments où je le crois aussi ; mais dans d'autres moments je borne mes prétentions à croire que je commence à me connaître moi-même. Tâche que nous nous voyions : s'il est un homme que je désire connaître, c'est toi.

« Je crois que tu pourras rester cet hiver à Francfort. Au printemps, tu fuiras sans doute vers le Midi, c'est-à-dire vers la Suisse française. Donne-moi un rendez-vous dans le voisinage, et, si c'est possible, dans un petit endroit inconnu où je puisse me rendre seule. En attendant, écris-moi ce que tu voudras, parle-moi de toi, des autres, des villes que tu as vues, de livres ou de musique, bref, de ce qu'il te plaira : je te trouverai toujours toi-même dans ce que tu écriras. Ne crains pas que je devienne indiscrète : ce que tu me tairas, je ne chercherai pas à le deviner, par loyauté, et par paresse. Il serait peut-être bon que notre mère n'eût pas l'idée que nous puissions nous écrire ; cependant je suis prête à le lui dire, si tu es de cet avis [1]... »

La correspondance d'Adèle et d'Arthur Schopenhauer, malheureusement incomplète, est un vrai chapitre de philosophie pessimiste. C'est l'histoire de deux êtres également portés à lire au fond de leur âme, qui trouvent dans leur commune origine le secret de leurs natures pareilles, et qui, malgré leur réserve instinctive, se sentent d'autant plus attirés l'un vers l'autre, qu'une défiance invincible les sépare du reste du monde. Dans une autre lettre, Adèle écrit à son frère que, si elle avait connu plus tôt ses observations sur l'hérédité, elle aurait pu les compléter, qu'elle avait recueilli pendant

---

[1]. Gwinner, *Schopenhauers Leben*, p. 385. La lettre est reproduite dans la biographie de Grisebach. — Les lettres de Schopenhauer à sa famille ont été détruites : voir plus haut, p. 19, note 2.

cinq ou six ans, pour un médecin de ses amis, des exemples pris dans le cercle de ses connaissances ou empruntés au passé, et montrant les rapports de grand-père à petit-fils, de grand-oncle à petit-neveu. « J'ai des idées là-dessus, ajoute-t-elle ; il y en a que je ne puis pas écrire, d'autres que je ne puis pas dire, parce que toi-même je te connais trop peu. Ces phénomènes sont, en réalité, très drôles (*drollig*). » Il semble que les deux correspondants cherchent à se connaître l'un par l'autre, que chacun lise dans l'autre sa propre histoire.

Schopenhauer autorisa sa sœur à faire part de leur correspondance à leur mère. Il y eut même quelques lettres échangées entre la mère et le fils, le premier mot qu'ils se disaient depuis dix-huit ans ! On apprend par l'une d'elles que Schopenhauer, pendant le premier hiver qu'il passa à Francfort, tomba gravement malade. « Ta maladie m'inquiète, lui dit sa mère (le 10 mars 1832). Soigne-toi, je t'en supplie. En quoi consiste donc ton mal ? Des cheveux gris, une longue barbe : je ne te vois pas ainsi. Quant au premier point, cela n'est pas grave, et pour le second il y a un remède. Deux mois dans ta chambre, sans voir un homme, cela n'est pas bien, mon fils, et cela m'afflige. L'homme ne doit pas s'isoler ainsi ; il ne le peut pas, sans perdre physiquement et moralement. Et tu dis encore : « Dieu « merci ! »

Il alla finir sa convalescence à Manheim, et revint à Francfort au mois de juin 1833. Le rendez-vous que sa sœur lui avait demandé n'eut pas lieu ; mais ils se virent plus tard, lorsque Adèle passa par Francfort pour se rendre en Italie avec Sybille Mertens et Ottilie de Gœthe : c'est du moins ce qu'on peut inférer d'une lettre qu'elle lui écrivit de Naples (le

30 décembre 1847). Cette lettre témoigne en même temps du goût artistique d'Adèle : « Ta prédiction, mon cher Arthur, que Rome m'ennuierait, ne s'est point réalisée. J'y ai vécu deux ans, avec un intérêt toujours croissant, et même ici je me souviens encore combien Rome est belle... Ottilie prétend que les peintures et les statues me tiennent lieu des hommes : c'est possible. Le sentiment du beau est une douce jouissance, et rien ne le trouble dans l'art. Je ne parlerai sans doute jamais beaucoup de l'Italie ; mais je sens toute l'influence qu'elle a exercée sur mon âme. Elle m'a, pour ainsi dire, détachée de moi-même ; elle a éveillé en moi des intérêts nouveaux, des idées nouvelles. Je ne soupçonnais pas tout ce que l'art pouvait me donner. » Adèle Schopenhauer mourut, au retour de son voyage, le 25 août 1849, dans les bras de son amie Sybille ; elle fut enterrée le jour du centième anniversaire de la naissance de son grand ami Gœthe. Est-ce pousser trop loin le parallélisme que de voir dans les dernières lignes qu'on a conservées d'elle un dernier trait de ressemblance avec son frère, qui trouvait, lui aussi, dans la contemplation artistique un avant-goût du *nirvâna* ?

La vie de Schopenhauer, dans ses premières années de Francfort, était très retirée, même assez monotone, mais nullement inactive. Il consacrait régulièrement la matinée au travail, l'après-midi à une promenade aux environs de la ville, quelque temps qu'il fît. Au retour, il lisait les revues et surtout le *Times*, au casino. Il fuyait la rencontre des gens de lettres et des journalistes. Sa seule société, c'étaient les étrangers de passage à l'hôtel du Cygne, où il prenait alors ses repas, et qu'il quitta plus tard pour l'hôtel d'Angleterre. Il continuait ses « volumes manuscrits » ; il en était alors au huitième. Il avait toujours l'idée de publier une seconde édition du *Monde comme volonté et comme représentation*, avec les suppléments qu'il préparait depuis longtemps ; mais la première était loin d'être épuisée. Dans un projet de préface, il disait : « L'indifférence de mes contemporains a eu cela de bon que, l'éditeur ayant mis au rebut une partie de la première édition, la seconde a pu se faire encore de mon vivant ; j'ai pu ainsi la rédiger moi-même et l'enrichir de tout ce que j'ai encore pensé et trouvé dans le cours d'une vie ignorée et d'autant plus tranquille [1]. » Il ne prenait pas toujours si bien les choses. En 1835, il écrivit à Brockhaus, qui lui répondit que la vente de son livre était *nulle*, qu'il n'en gardait que cinquante exemplaires, et que le reste était converti en maculature. Il publia alors à part les suppléments du deuxième livre, qu'un libraire de Francfort lui prit sans droits d'auteur. Le petit volume avait pour titre : *De la volonté dans la nature*. Le sous-titre en indiquait le contenu : *Exposé des confirmations que la philosophie de l'auteur, depuis son apparition, a reçues des sciences empiriques* [2]. Au-dessous étaient inscrits en épigraphe trois vers du *Promothée enchaîné* d'Eschyle : « Voilà les discours que je leur tenais ; — ils ne daignèrent pas m'écouter ; — mais le temps qui marche fera tout paraître au grand jour. » Le deuxième livre du *Monde comme volonté et comme représentation* traite des manifestations de la volonté : dans l'écrit supplémentaire, Schopenhauer insistait encore une fois sur l'identité de la volonté dans le monde organique et inorganique, « ce fondement de toute vraie philoso-

---

1. *Sämmtliche Werke*, éd. de Grisebach, 6ᵉ vol., p. 200.
2. *Ueber den Willen in der Natur. — Eine Erörterung der Bestätigungen, welche die Philosophie des Verfassers, seit ihrem Auftreten, durch die empirischen Wissenschaften erhalten hat*, Francfort, 1836.

phie », et la préface contenait une sortie vigoureuse contre « la philosophie du non-sens absolu », l'hégélianisme.

En 1837, un comité se forma à Francfort pour ériger un monument à Gœthe dans sa ville natale. Si une gloire était chère à Schopenhauer, outre la sienne, c'était celle de Gœthe. Il ne pouvait donc manquer de donner son avis, ce qu'il fit dans un long rapport adressé au comité. Le monument, disait-il, devra être un simple buste, aussi grand que l'on voudra, fût-il de dimensions colossales, comme le saint Charles Borromée sur le lac Majeur ; mais rien qu'un buste. On dresse des statues en pied à des hommes qui ont agi à la fois par la tête et par le bras, à des chefs d'armée, à des souverains, même à des orateurs ; mais d'un penseur ou d'un poète on ne doit montrer que la tête. Que le socle porte cette inscription : « Au poète des Allemands, sa ville natale. » Pas de nom ; un mot de plus laisserait supposer que le nom n'est pas universellement connu. Enfin, que le monument soit placé, non sur un marché, au milieu d'une foule banale, mais dans une allée solitaire, ombragée de beaux arbres, où le spectateur sérieux viendra se recueillir. On pense bien que ce projet parut à la fois trop sérieux et trop modeste aux habitants de Francfort. Le monument exécuté par Schwanthaler fut une statue en pied, et on l'érigea sur une des places les plus fréquentées de la ville. Schopenhauer disait plus tard à Karl Bæhr, qui venait voir les curiosités de Francfort : « Le monument de Schwanthaler ne représente que le conseiller privé Gœthe ; tout le monde en est mécontent, même mon tailleur, qui trouve la redingote mal boutonnée [1]. »

1. Schemann, *Gespräche und Briefwechsel mit A. Schopenhauer, aus dem Nachlasse von K. Bähr*, Leipzig, 1894, p. 34.

XXVI

LES DEUX MÉMOIRES SUR LA MORALE

La *Volonté dans la nature* fut l'objet d'une courte mention dans le *Répertoire général de littérature*, qui se publiait à Leipzig ; ce fut tout, et Schopenhauer, sans se laisser décourager, commença son neuvième volume manuscrit. Au mois d'avril 1837, il lut dans un journal que la Société Royale de Norvège, siégeant à Drontheim, avait mis au concours la question suivante : « Le libre arbitre peut-il être démontré par le témoignage de la conscience ? » Schopenhauer avait traité du libre arbitre dans le quatrième livre de son grand ouvrage ; il reprit la question à fond, et, en moins d'un an, son travail fut terminé.

A la question posée, il répond par la négative. La conscience peut bien me révéler le pouvoir d'agir qui est en moi. Mais comment ce pouvoir s'exerce-t-il ? En d'autres termes, quelle est la part de spontanéité ou de dépendance, de liberté ou de nécessité, inhérente à chacun de mes actes ? C'est là une question qui porte à la fois sur moi-même et sur mes rapports avec le monde extérieur, et que l'expérience seule peut résoudre. L'acte suit immédiatement la décision de ma volonté ; mais ma volonté obéit à des motifs. De quelle nature sont ces motifs, et qu'est-ce qui me détermine dans la préférence que je donne à un motif sur un autre? « La conscience, telle qu'elle habite au fond de tous les hommes, est chose beaucoup trop simple et trop bornée pour pouvoir émettre un avis sur ces questions... Son témoignage, dépouillé de tout ce qui est accessoire, et réduit à son contenu propre, pourrait s'exprimer à peu près ainsi : Je peux vouloir, et, toutes les fois que je voudrai une action, les membres de mon corps qui sont capables de mouvement l'accompliront aussitôt et tout à fait immanquablement. Cela revient à dire, plus brièvement : *Je peux faire ce que je veux.* Le témoignage de la conscience immédiate ne va pas plus loin [1]. » Mais puis-je, dans un cas donné, vouloir indifféremment telle ou telle chose? Sur ce point, la conscience immédiate reste muette. C'est un problème qui est hors de son domaine et de sa compétence, puisqu'il roule sur le rapport de causalité qui existe entre l'homme et le monde extérieur.

La question posée par la Société pouvait donc être considérée comme résolue. Mais Schopenhauer étend le sujet, et montre comment l'énergie volontaire, consciente ou non, se manifeste dans tous les êtres de la nature, en réagissant contre les sollicitations du dehors. « Car, dit-il, si l'on voulait quitter le domaine de l'expérience pour pénétrer jusqu'à la *chose en soi* de Kant, on pourrait se demander si le principe qui porte les êtres inanimés à réagir contre les causes extérieures n'est pas identique à ce que l'on désigne par le nom de volonté dans l'homme, comme un philosophe contemporain, à tort ou à raison, a essayé de le démontrer [2]. » Ce philosophe n'était autre que l'auteur du *Monde comme*

---

1. Chap. II : *Der Wille vor dem Selbstbewusstsein.*
2. Chap. III : *Der Wille vor dem Bewusstsein anderer Dinge.*

volonté et comme représentation, et si les membres de la Société connaissaient cet ouvrage, ce qui est fort douteux, l'incognito était à peu près dévoilé. La démonstration, les exemples, les termes spéciaux, sont les mêmes de part et d'autre, et la conclusion est que, si le monde matériel vit sous l'empire des causes, les actions morales de l'homme sont déterminées par des motifs, qui découlent nécessairement de son caractère. Le libre arbitre se réduit ainsi à une sorte de nécessité intérieure. « Tout ce qui vit dans la nature a, outre le simple attribut de l'*existence*, une *essence* qui lui est propre, c'est-à-dire certaines qualités fondamentales, qui constituent son caractère, et qui n'attendent qu'une sollicitation du dehors pour se manifester. Il en est ainsi de l'homme. Croire que l'homme, sous des influences identiques, puisse agir tantôt d'une façon, tantôt d'une autre toute contraire, ce serait admettre qu'un arbre qui a porté des cerises cet été pourrait porter des poires l'été prochain. Le libre arbitre, à le considérer de près, impliquerait une *existence sans essence*, c'est-à-dire quelque chose qui *serait* et qui en même temps *ne serait rien*, ou, ce qui revient au même, *ne serait pas* : la contradiction est manifeste. »

La Société Royale de Drontheim, dans sa séance du 29 janvier 1839, décerna une médaille d'or à Schopenhauer, et le consul de Suède et de Norvège à Francfort fut chargé de la lui remettre. Gutzkow, qui épousa plus tard la fille du consul, raconte comment il vit Schopenhauer, vêtu d'une houppelande démodée et la tête couverte d'un chapeau à larges bords, monter presque journellement l'escalier du consulat pour s'informer si sa médaille était arrivée. Elle arriva enfin au mois de juin, et Schopenhauer était en même temps nommé membre de la Société.

Il venait de terminer un autre mémoire, à l'occasion d'un concours ouvert par la Société Royale de Copenhague. Cette fois, le sujet était énoncé dans une longue phrase latine, savamment compliquée :

« Comme l'idée première de la moralité, ou la notion suprême de la loi morale, se manifeste avec une nécessité qui lui est propre (sans le secours de la logique), soit dans la science qui a pour objet la connaissance des mœurs, soit dans la vie, quand nous jugeons nos propres actions à la lumière de notre conscience, ou que nous apprécions les actions des autres selon la loi morale ; — et comme plusieurs autres idées, inséparables de celle-là et dérivées d'elle, toutes également essentielles et ayant rapport aux mœurs, se manifestent avec la même nécessité et se produisent avec la même force (telle l'idée du devoir et celle de la responsabilité) ; — comme néanmoins, à une époque où la recherche philosophique tente des voies si diverses, il importe que la discussion soit ramenée sur ce sujet ; — la Société désire que la question suivante soit examinée et traitée à fond :

« L'origine et le fondement de la morale doivent-ils être cherchés dans l'idée de la moralité qui est fournie directement par la conscience [1], et dans l'analyse des autres notions fondamentales qui dérivent de cette idée, ou bien dans quelque autre principe de connaissance ? »

L'énoncé, pour être long, n'en était pas plus clair, et, en tout cas, la question comportait les réponses les plus diverses. La morale peut être fondée sur la théologie ; elle l'a longtemps été, et sa plus ancienne

---

[1]. *Conscientia :* Schopenhauer traduit : *Bewusstsein (oder Gewissen).* En effet, le mot latin, comme le mot français, s'applique également à la conscience psychologique et à la conscience morale.

forme a été celle d'un commandement divin. Elle peut, à un point de vue plus philosophique, se fonder sur la psychologie, la volonté ayant des rapports étroits avec l'intelligence et avec la sensibilité, ou sur une idée métaphysique, comme celle du souverain bien, ou même sur les sciences de la nature, qui montrent la place de l'homme dans l'univers, les lois de son existence et, par suite, les conditions de son bonheur. Si, au contraire, la morale doit avoir son fondement en elle-même, elle ne peut le trouver que dans les manifestations immédiates de la conscience et dans le sentiment de l'obligation qui les accompagne : c'est le point de vue de Kant. De plus, la morale est à la fois théorique et pratique ; elle est à la fois science des mœurs et art de vivre, et ses distinctions pourraient être considérées comme vaines, si elles n'aboutissaient à une règle de conduite. Au sens pratique, on peut ramener la morale, comme Kant l'a fait, à un principe qui est comme le résumé de tous les devoirs : « Agis toujours de telle sorte que tu puisses désirer que la maxime qui te guide devienne loi universelle. » La Société Royale avait donc raison de dire que, sur l'objet en question comme sur les autres parties de la philosophie, les opinions étaient très divergentes.

Schopenhauer s'attache surtout à la critique de la morale kantienne, qui régnait alors dans les écoles. Il reproche d'abord à Kant d'avoir confondu le *principe* avec ce qu'il convient d'appeler plus spécialement le *fondement* de la morale. Le principe, dit-il, c'est l'expression sommaire des prescriptions de la morale, la formule de la vertu. Le fondement, c'est la source de la vertu, la raison de l'obligation morale. Arrivant ensuite à donner sa solution à lui, et inclinant la question dans le sens de sa doctrine, il assigne comme fondement à la morale ce qu'il appelle « le ressort des actions morales [1] », c'est-à-dire l'impulsion intérieure qui les provoque, et qui part du caractère. Il dresse les actions humaines sur deux échelles comparatives, les unes, dont le ressort est l'égoïsme, ayant pour unique objet la conservation de l'individu, — actions qui ne sont pas nécessairement blâmables, mais qui sont dénuées de valeur morale, — les autres inspirées par l'esprit de charité, et identifiant l'individu avec l'espèce. « La multiplicité et la diversité des individus sont un pur phénomène ; elles n'existent que dans *ma représentation*. Mon être véritable, intérieur, se retrouve dans tout ce qui vit, d'une manière aussi immédiate qu'il se manifeste à moi-même et à moi seul dans ma conscience. C'est cette conviction qui éclate dans la *pitié* ; celle-ci est, par conséquent, le principe de toute vertu désintéressée et vraie, et elle se traduit dans toute action réellement bonne. C'est à cette conviction, en fin de compte, que nous nous adressons, quand nous faisons appel à la douceur, à la charité, quand nous demandons grâce plutôt que justice : nous nous souvenons alors et nous rappelons aux autres que nous ne sommes tous qu'un seul et même être... Pour l'homme bon, les autres ne sont pas un non-moi ; au contraire, il dit d'eux : c'est encore moi. Voilà pourquoi son rapport primitif avec chacun est celui d'un ami ; il se sent intérieurement apparenté à tous les êtres ; il prend une part directe au bien et au mal qui leur arrivent, et, avec confiance, il attend d'eux la même sympathie. De là cette paix profonde qui règne en lui, cet air d'assurance, de tranquillité, de contentement, qui fait que chacun se trouve bien auprès de lui [2]. »

1. *Die moralische Triebfeder*.
2. § 22, *Metaphysische Grundlage*.

A cette peinture de l'identité primitive de tous les êtres, que la sympathie tend à faire entrer dans la pratique, Schopenhauer oppose celle de l'*égoïsme*, qui creuse un fossé entre les individus. L'égoïsme est, de sa nature, sans frein et sans bornes. Si petit que soit son point de départ, il devient gigantesque et déborde l'univers. « Il n'y a pas de plus grand contraste : d'une part, cette attention profonde, exclusive, avec laquelle chacun contemple son moi, et, de l'autre, l'air d'indifférence dont le reste des hommes considèrent ce même moi : le tout à charge de revanche. Le spectacle a même son côté comique, de voir cette foule innombrable d'individus, dont chacun regarde sa seule personne, au moins en pratique, comme existant réellement, et le reste, en somme, comme de purs fantômes... Chacun est, à ses yeux, le tout de tout. Tandis que, vu du dedans, son moi s'offre à lui avec des dimensions colossales, vu du dehors il se ratatine, se réduit presque à rien : c'est à peu près le billionième de l'humanité contemporaine [1]. »

Établir ainsi deux séries d'actions, les unes morales, les autres immorales ou simplement non morales, les opposer les unes aux autres et les expliquer par le ressort intime qui les provoque, tel est, pour Schopenhauer, l'unique objet de la science des mœurs ; et le fondement de la science, c'est précisément l'ensemble de ces ressorts ou de ces mobiles, qui tiennent au caractère de chaque individu. Sa philosophie tout entière, sa morale comme sa psychologie et sa métaphysique, est théorique. Le précepte, selon lui, est impuissant, aussi longtemps qu'il n'est pas accompagné d'une adhésion libre, et dès lors il devient inutile.

---

1. § 14, *Antimoralische Triebfedern*.

Pour corriger un homme, il faudrait changer son caractère, lui arracher le cœur de la poitrine et lui en substituer un autre. Vouloir amener un égoïste à la sympathie, ce serait vouloir transformer le plomb en or. « Tout ce qu'on peut faire, c'est de répandre la lumière dans sa tête, de rectifier son intelligence, de lui faire mieux comprendre la réalité objective, les vraies relations de la vie. Mais tout ce que l'on obtient ainsi, c'est que la nature de sa volonté s'exprime avec plus de logique, de clarté et de décision. Car de même que beaucoup de bonnes actions s'inspirent d'idées fausses, d'illusions respectables en elles-mêmes au sujet de récompenses à obtenir en ce monde ou dans l'autre, de même des actions coupables n'ont souvent d'autre cause qu'une notion erronée des conditions de la vie humaine [1]. » Au fond, ce passage et d'autres pareils prouvent que la théorie de Schopenhauer n'est pas aussi absolue qu'elle paraît ; mais ils montrent aussi, à un point de vue plus général, l'impossibilité de faire abstraction complète de la morale pratique. Si l'intelligence peut guider la volonté, et si l'on peut rectifier l'intelligence, on peut aussi, directement ou indirectement, et dans une mesure quelconque, régler la conduite. Et, ces prémices une fois admises, est-il bien différent de dire que la pitié est la vertu suprême, ou de dire : *sois miséricordieux* ? Une grande partie du mémoire de Schopenhauer est consacrée à la réfutation de l'*impératif catégorique* de Kant ; et, naturellement, à la critique respectueuse de Kant se rattache une critique beaucoup moins respectueuse de ses successeurs. Mais lui-même ne peut s'empêcher de donner sa formule du devoir : « Ne fais de mal à personne,

---

1. § 20, *Vom ethischen Unterschiede der Charaktere.*

aide plutôt chacun selon ton pouvoir », tout en ajoutant que ce n'est pas là le *fondement*, mais le *principe* suprême de la morale, c'est-à-dire l'expression la plus concise de la conduite qu'elle prescrit, ou, si elle n'a pas la forme impérative, de la conduite à laquelle elle reconnaît une vraie valeur morale [1].

La Société Royale jugea le mémoire de Schopenhauer indigne du prix, quoiqu'il n'eût pas de concurrent, et elle donna les raisons de son jugement. Elle lui reprochait d'abord de n'avoir montré que subsidiairement, dans un appendice, le lien entre la morale et la métaphysique. Elle blâmait ensuite la forme de la discussion (*disserendi forma*) : était-ce question de méthode ou question de style? Schopenhauer répliqua que c'était affaire de goût et qu'il s'en rapportait à l'appréciation du public. Enfin, la Société désapprouvait hautement la manière peu convenable (*indecenter*) dont le postulant parlait des plus grands philosophes de l'époque : *summi philosophi*. Cette raison, qui venait la dernière, était la vraie. La Société comptait des hégéliens parmi ses membres ; mais lors même qu'elle eût été absolument désintéressée dans la querelle entre Schopenhauer et ses adversaires, elle aurait sans doute hésité à donner une sorte de sanction à des critiques qui visaient les personnes encore plus que les écrits ; et il y avait un certain aveuglement de la part de Schopenhauer à ne pas le comprendre et même à ne pas le prévoir. Il était tellement sûr de son succès, qu'il mit dans l'enveloppe cachetée qui contenait son nom une lettre, où il priait les « très illustres » membres de la Société de lui faire connaître immédiatement leur décision par la légation danoise de Francfort, afin qu'il publiât « les

---

[1]. § 6, *Vom Fundament der Kantischen Ethik.*

deux mémoires couronnés » sous un titre commun. Lorsqu'il apprit son échec, son indignation ne connut pas de bornes. Il réunit en effet les deux mémoires sous ce titre : *les Deux Problèmes fondamentaux de la morale* [1]. Il eut soin d'indiquer, sur le titre même, que le second mémoire *n'avait pas* été couronné par la Société Royale de Danemark, et, dans une longue préface, il réfuta point par point les motifs sur lesquels s'appuyait le jugement. Vingt ans après, quand parut la seconde édition, son animosité n'était pas encore calmée, et, dans une nouvelle préface, il coiffa du bonnet d'âne les « illustrissimes » membres de la Société, et il voua, une fois de plus, les *summi philosophi* au mépris de la postérité.

1. *Die beiden Grundprobleme der Ethik*, Francfort, 1841.

XXVII

LES PREMIERS DISCIPLES

SCHOPENHAUER n'avait pas abandonné le projet de compléter son grand ouvrage dans une édition nouvelle. Il voulait réunir dans un second volume les suppléments qu'il amassait depuis des années au cours de ses lectures, et en même temps remanier certaines parties du premier. Le 7 mai 1843, il écrivit à Brockhaus :

« Ce qui doit durer se forme lentement. La rédaction définitive de mon livre a été l'œuvre des quatre dernières années. Je l'ai entreprise parce que je voyais qu'il était temps de conclure. Je viens, en effet, de finir ma cinquante-cinquième année ; j'arrive à un âge où la vie commence à devenir plus incertaine, et où, si elle se prolonge, les facultés perdent leur énergie. Ce second volume a de grands avantages sur le premier ; c'est comme un tableau, comparé à une esquisse. Il a la profondeur de pensée et la richesse de connaissance qui ne peuvent être que le fruit d'une vie toute consacrée à l'étude. C'est, en tout cas, ce que j'ai écrit de mieux. Même le premier volume prendra une valeur nouvelle par le second. Je puis parler aujourd'hui plus librement que je ne le pouvais il y a vingt-quatre ans ; l'époque est plus favorable, et le progrès des ans, une entière indépendance, enfin ma rupture définitive avec les universités, donnent de l'autorité à ma parole... »

Schopenhauer ajoute que la décadence de la foi religieuse amènera certainement les esprits vers une philosophie qui, étant dégagée de tout intérêt matériel, peut tenir lieu de religion, et il continue : « On ne sera pas toujours injuste envers moi. Si vous regardiez bien l'histoire littéraire, vous verriez que toutes les œuvres solides et faites pour durer ont d'abord été négligées. Le faux et le mauvais s'étalent brutalement devant le monde ; le bon et le vrai, qui ne trouvent point leur place, sont obligés de lutter, de se frayer un chemin, jusqu'à ce qu'ils arrivent à la lumière. Mon jour viendra, il faut qu'il vienne, et il sera d'autant plus éclatant qu'il se fera attendre davantage... » Il déclare, en finissant, qu'il renonce à tout droit d'auteur, si l'éditeur craint de faire encore « une mauvaise affaire ». « Il est vrai, ajoute-t-il, que dans ce cas vous prendriez pour rien le travail de ma vie entière ; mais aussi ce n'est pas pour de l'argent que je l'ai entrepris et que j'y ai persévéré jusque dans la vieillesse [1]... »

Bonne ou mauvaise, Brockhaus refusa l'affaire. Tout au plus l'accepterait-il, si l'auteur consentait à payer les frais d'impression, soit en totalité, soit au moins par moitié. Schopenhauer répondit : « J'avais bien l'intention de faire au public un cadeau, et un cadeau précieux. Mais de payer encore pour cela, non, je ne le ferai pas... Mon livre restera là, et paraîtra un jour comme ouvrage posthume, quand sera venue la génération qui accueillera chaque ligne de moi avec empressement ; et elle viendra... En attendant, je ne me considère pas encore comme battu. » Il offre alors à Brockhaus de faire

---

1. Grisebach, *Schopenhauers Briefe.*

paraître isolément le volume nouveau, sans toucher à l'ancien : « Celui-là se compose de cinquante chapitres indépendants l'un de l'autre, traitant chacun un sujet différent, dans une langue exempte de toute pédanterie d'école, claire, vive, pittoresque, même populaire. » Enfin il l'engage à relire un article du *Conversationsblatt,* édité chez lui, où le libraire Gœschen se plaint de ce que l'*Iphigénie* et l'*Egmont* de Gœthe se vendent si peu, et le *Wilhelm Meister* pas du tout. « Cependant, termine-t-il, je ne vous accuse pas, car il est certain que ce n'est pas la postérité qui vous fera vivre. »

Une telle assurance chez un auteur qui, à l'exception d'un mémoire couronné, n'avait encore eu que des échecs, aurait de quoi étonner, s'il s'agissait d'un autre que Schopenhauer. Mais on ne peut nier qu'il se jugeait bien. Ce qu'il dit du style de son volume de suppléments est exactement vrai ; c'est le mieux écrit de ses ouvrages. Il reste encore dans le premier volume quelques lourdeurs d'expression, des répétitions, des formes de langage paradoxales, où évidemment la parole dépasse la pensée ; mais ici tout est net, vif, clair et rapide. L'éditeur fut-il convaincu ? ou craignit-il que Schopenhauer ne portât son manuscrit dans une autre librairie ? Un mois après, il lui écrivit qu'il acceptait sa première offre. Schopenhauer répondit : « Je vous avoue sincèrement que vous m'avez causé une grande joie ; mais, sincèrement aussi, je suis convaincu que vous avez fait une bonne affaire, et que le jour viendra où vous rirez vous-même de vos hésitations. Ce qui est sérieux et vrai se fait jour lentement, mais sûrement, et se maintient ensuite. La grande bulle de savon de la philosophie fichte-schelling-hégélienne est en train de crever. D'un autre côté, le besoin de philosophie est plus grand que jamais. Mais ce qu'on demande, c'est une nourriture solide, et on ne peut la trouver que chez moi, l'homme méconnu, parce que je suis le seul qui n'obéisse à aucun autre mobile qu'à sa mission intérieure. »

Le Monde comme volonté et comme représentation eut donc sa seconde édition, en deux volumes, au mois de mars 1844. Un an se passa sans que la critique s'en occupât. Enfin un long article parut dans la *Nouvelle Gazette littéraire d'Iéna*, du mois de juin 1845. L'auteur était un *privatdocent* de l'université d'Iéna, Carl Fortlage, un bon psychologue, fondant la philosophie sur l'observation interne, avec une tendance au panthéisme mystique. Ce qu'il louait surtout dans Schopenhauer, c'était la personnalité, la sincérité, et, comme conséquence, le style. « Sa philosophie, disait-il, n'est pas un système combiné avec d'autres systèmes, c'est le principe de sa vie, le fond de son caractère. » Il donnait, avec des réserves de détail, une analyse complète de l'ouvrage, et il expliquait même assez finement les causes de l'injuste oubli dont se plaignait Schopenhauer. « Cet ouvrage ne peut être apprécié par aucune des écoles qui règnent actuellement dans la philosophie allemande, et l'auteur ne devra pas s'attendre à mieux, tant qu'il n'aura pas changé de langage. Généralement, les injures ne se payent pas par des éloges. Si les ennemis de l'auteur ont pris le parti de l'ignorer, il ne doit s'en prendre qu'à lui-même : les philosophes ne sont pas nécessairement des anges de bonté. »

A défaut des philosophes de profession, c'étaient peu à peu des gens du monde, amateurs de philosophie, qui venaient à lui. Ses premiers disciples furent surtout des magistrats, comme Frédéric Dorguth, Jean-Auguste Becker, Adam de Doss, dont l'adhésion était d'autant plus flatteuse, qu'elle partait d'un libre mouvement et qu'elle était exempte de tout préjugé d'école.

Frédéric Dorguth avait douze ans de plus que Schopenhauer. Conseiller de justice à Magdebourg, il consacrait ses loisirs à des travaux philosophiques. Il avait débuté, en 1837, par une *Critique de l'idéalisme* ; il publia ensuite une série d'opuscules, où il se rapprocha de plus en plus des idées de Schopenhauer. En 1843, il écrivait : « Je ne puis m'empêcher de reconnaître en Schopenhauer le plus grand penseur réaliste qui ait paru dans la littérature allemande. » Enfin il consacra un écrit spécial à la seconde édition du *Monde comme volonté et comme représentation*, et il disait dans la préface : « Schopenhauer ne peut pas être toujours passé sous silence, car il n'enseigne que la claire et éternelle vérité. » Quand Schopenhauer apprit sa mort, en 1854, il écrivit à Doss : « L'école a fait une perte sensible; l'évangéliste primitif (*der Urevangelist*) Dorguth est mort du choléra, à l'âge de soixante-dix-sept ans. Sa dernière lettre, six jours avant sa mort, parle encore de son active propagande : ainsi « fidèle jusqu'à la tombe [1]. »

Jean-Auguste Becker était plus jeune que Dorguth : il avait à peu près quarante ans lorsqu'il se mit en correspondance avec Schopenhauer. Il était alors avocat à Alzey, dans la Hesse rhénane, et il fut plus tard juge à Mayence, sa ville natale. Au mois de juillet 1844, il écrivit à Schopenhauer, auquel il était tout à fait inconnu, une longue lettre où il lui soumettait ses doutes philosophiques. Il avait longtemps et vainement cherché, disait-il, à se familiariser avec les doctrines des philosophes qui étaient venus après Kant et qui régnaient dans les écoles. Un jour *les Deux Problèmes fondamentaux de la morale* lui étaient tombés entre les mains ; en les lisant, il avait repris confiance en lui-même, et

---

1. La correspondance entre Schopenhauer et Dorguth est perdue.

il s'était mis aussitôt à étudier les deux volumes du *Monde comme volonté et comme représentation* et même le traité de *la Quadruple Racine*. Maintenant il sentait en lui comme une vie nouvelle qui commençait, et il demandait à Schopenhauer de l'aider dans cette renaissance. La correspondance qui s'ensuivit amena bientôt la connaissance personnelle et une amitié qui dura jusqu'à la mort de Schopenhauer. La dernière lettre que celui-ci adressa à Becker, le 26 juillet 1860, est une consultation juridique. Il lui demandait « si les chiquenaudes et les soufflets qu'il appliquait sur la joue des académiciens de Copenhague ne l'exposaient pas à des poursuites judiciaires ». Becker lui répondit qu'il ne risquait rien, quoique ses chiquenaudes fussent parfois des coups de massue [1].

Becker était un esprit fin, curieux et investigateur, légèrement humoristique. Tout autre était Doss, nature tendre, extrêmement sensible, mélancolique et rêveuse, d'une santé délicate; Schopenhauer l'appelait son saint Jean. Mais, comme Becker, il chercha d'abord dans Schopenhauer un guide pour la vie, plutôt qu'un maître en philosophie, et presque un directeur de conscience ; sa correspondance ressemble parfois à une confession. Il raconte lui-même que, tout enfant, il lui arrivait souvent de fondre subitement en larmes, et lorsqu'on lui en demandait la cause, il répondait simplement « qu'il était triste ». Pour un esprit comme le sien, lire Schopenhauer, lui écrire, recevoir un mot de lui, c'était une manière de regarder en soi-même, de ramener à des principes ce qui se passait au fond de son âme : le pessimisme était pour lui un miroir. « Votre philoso-

---

1. Gwinner, *Schopenhauers Leben*, p. 486-517; Grisebach, *Schopenhauers Briefe*, p. 91-141.

phie, écrit-il un jour à Schopenhauer, est un miroir où le monde se reflète avec une entière fidélité, et s'il y reste quelques points obscurs, ce n'est pas la faute du miroir, mais des objets qui s'y reflètent [1]. » — « J'avais vingt-six ans, dit-il ailleurs, c'était en 1846, quand je fis connaissance avec vos écrits, et je suis encore effrayé de la masse d'erreurs qui enveloppaient alors mon esprit comme d'un brouillard, et qui portaient précisément sur les choses qu'il importe le plus à l'homme de connaître. Je sens combien il m'eût été difficile de trouver la bonne voie par mes propres forces, que je devais consacrer en partie aux soins de ma profession. » Il débutait alors dans la magistrature ; il fut plus tard assesseur à Munich, et prit sa retraite en 1864 ; il mourut en 1873. Une réserve instinctive l'empêcha toujours de rien publier, malgré les instances de Schopenhauer ; mais il recueillait partout pour lui des renseignements ; c'est lui qui le rendit attentif aux écrits de Léopardi. Comme il n'était pas sans naïveté, il eut, dans le cours de ses relations avec Schopenhauer, quelques étonnements. D'abord, il se maria, contrairement aux principes du maître, et il fut tout surpris d'être heureux. « C'est une anomalie, écrit-il, au point de vue de votre *Métaphysique de l'amour* ; cela contredit même les dernières conclusions de votre philosophie, et si quelque chose pouvait me faire douter de sa vérité, ce serait l'expérience que je viens de faire pendant les six années de mes fiançailles et de mon mariage. »

---

1. Nietzsche exprime la même idée dans son style coloré : « Les écrits de Schopenhauer sont le miroir de son temps ; et ce n'est certes pas la faute du miroir, si l'actualité y apparaît comme une maladie qui déforme l'image, maigreur et pâleur, œil creux et mine affaissée. » (*Schopenhauer als Erzieher : Nietzsche's Werke*, 1ᵉʳ vol., Leipzig, 1895.)

Schopenhauer le félicita : « Votre bonheur me réjouit d'autant plus qu'il est plus rare. Mais, par Bouddha, n'ayez pas beaucoup d'enfants ! » Doss avait remarqué aussi que son maître ne pratiquait pas l'ascétisme philosophique à la façon d'un moine ; mais, loin d'en conclure à une contradiction entre l'homme et le philosophe, il pensa seulement que Schopenhauer avait peint la douleur du monde comme le poète tragique qui se cache derrière son sujet, et que sa peinture était d'autant plus vraie, d'autant plus *objective* [1].

A ces disciples de cœur, qui n'admettaient pas seulement les enseignements du maître, mais qui s'en pénétraient, s'en nourrissaient et en faisaient la substance de leur vie, se joignit un littérateur philosophe, qui fut bientôt le porte-voix plus ou moins fidèle de l'école, et qui se chargea de mettre la doctrine à la portée du grand public. Jules Frauenstædt, né en 1813 dans la Prusse polonaise, terminait ses études à l'université de Berlin, quand la question « du rapport de la psychologie à la métaphysique » fut mise au concours. Il ouvrit, raconte-t-il, l'Encyclopédie d'Ersch et Gruber à l'article *idéalisme*, et, après de longs développements sur Fichte, Schelling et Hegel, il trouva encore quelques mots sur « le spirituel et original auteur du *Monde comme volonté et comme représentation* ». Il n'avait jamais entendu prononcer le nom de Schopenhauer dans les salles de cours. Quel fut son étonnement, lorsqu'il consulta l'ouvrage cité, dont « dix lignes lui apprirent plus que dix volumes de ceux qu'on vantait comme les plus grands maîtres » ! Dans un recueil d'*Études et Critiques*, qu'il publia en 1840, il déclara qu'il était temps d'assigner à Schopenhauer sa place dans l'histoire

---

1. Schemann, *Schopenhauer-Briefe*, p. 227-326.

de la philosophie, et l'année suivante, dans un article des *Hallische Jahrbücher*, il disait : « C'est le sort des penseurs désintéressés, qui cherchent la vérité loin du bruit et de la foule, d'être ignorés de leurs contemporains. N'est-ce pas ce qui arrive au profond et génial Schopenhauer, dont la doctrine pourrait être, pour maint philosophe de profession, une lumière devant laquelle pâlirait sa propre sagesse ? » Frauenstædt vint à Francfort, en juillet 1846, avec les enfants du prince de Wittgenstein dont il était le précepteur, et pendant cinq mois il vit presque journellement Schopenhauer. Leur correspondance commença en décembre 1847 ; elle fut interrompue, en 1856, par une boutade de Schopenhauer. Celui-ci avait dit, à propos d'un livre de Frauenstædt qui contenait des opinions matérialistes [1], dans une lettre d'ailleurs fort amicale : « Qu'il ne m'arrive jamais de dire, avec un vers de Voltaire : *J'ai de plats écoliers et de mauvais critiques*. Abjurez donc le service du diable, c'est-à-dire la morale matérialiste. » Et, se félicitant de la leçon qu'il venait de donner à son disciple, il avait ajouté, avec un mot de Shakespeare : « Bien rugi, lion ! » Frauenstædt répliqua que le lion aurait pu se dispenser de rugir, s'il avait voulu se donner la peine de comprendre. Trois ans après, dans une dernière lettre (du 6 décembre 1859), Schopenhauer remerciait « son vieil ami » de l'intérêt qu'il continuait de porter à sa philosophie [2].

Une grande unité d'esprit régnait dans ce premier

---

[1]. *Ueber den Materialismus, seine Wahrheit und sein Irrtum*, Leipzig, 1856.

[2]. Frauenstædt a réduit la philosophie de Schopenhauer sous forme de lettres ; il en a publié deux séries, l'une en 1854, l'autre après la mort de Schopenhauer, en 1876. — Les lettres que Schopenhauer lui adressa se trouvent chez Grisebach, *Schopenhauers Briefe*, p. 142-355.

groupe qui se formait autour de Schopenhauer et qui contenait le germe d'une école. Parfois un doute métaphysique se produisait chez l'un ou l'autre des disciples ; le maître y répondait, tantôt par une explication sommaire, tantôt par un simple renvoi à telle ou telle partie de ses écrits, et l'on se communiquait sa lettre. Un jour, par exemple, Becker lui objecte très judicieusement que, si la volonté peut se nier, c'est-à-dire se supprimer entièrement, elle doit pouvoir à plus forte raison se modifier ; en d'autres termes, que si un méchant peut devenir, par la suppression de sa volonté, un saint, il n'y a pas de raison pour qu'il ne puisse pas devenir simplement, par une suite d'efforts, un homme juste. Schopenhauer lui répond par une comparaison :

« Supposez un théâtre mécanique, mû par un ressort d'horloge, sur lequel diverses figures apparaissent successivement et jouent leur rôle : le spectacle suit son cours invariable ; mais arrêtez le ressort, et voilà que tout est immobile. Autrement dit : de ce qu'une chose puisse être ou ne pas être, il ne s'ensuit pas qu'elle puisse changer son essence, être autre qu'elle n'est. Ou une chose est, ou elle n'est pas ; mais du moment qu'elle est, elle est telle qu'elle est, et non autrement. L'existence d'un être peut se supprimer, et alors son essence est supprimée du même coup ; mais il ne s'ensuit pas que nous puissions lui laisser l'existence en changeant son essence [1]. »

Schopenhauer avait déjà fait la même distinction dans son mémoire sur le fondement de la morale. Mais la comparaison sur laquelle il l'appuie ici n'est pas juste. Les figures de son théâtre mécanique sont mues par un ressort étranger, tandis que la volonté a

---

1. Lettre du 23 août 1844.

son ressort en elle-même. Becker aurait pu lui répliquer que la volonté n'est pas un automate et que c'est même pour cela qu'on peut lui attribuer une essence.

Sur cette même question de la négation de la volonté, Frauenstædt exprime une fois cette idée que, si la volonté est la chose en soi, elle ne peut jamais cesser d'être. Ici Schopenhauer flaire de l'hégélianisme, et il répond sur un ton plus vif :

« Il faut que je me rappelle tout ce que vous avez fait dans l'intérêt de ma philosophie, pour ne pas bondir d'impatience à la lecture de votre lettre... Vous me reprochez d'attribuer à la chose en soi ce qui est incompatible avec l'idée d'une chose en soi. Oui, avec votre idée à vous, que vous nous faites connaître par cette superbe définition : « La chose en soi, c'est l'être pri« mitif, éternel, qui n'a pas commencé, et qui ne peut « périr. » Ce serait là, de par le diable, la chose en soi ! Ce que c'est que cela, je vais vous le dire, car nous le connaissons bien : c'est l'absolu, la preuve ontologique déguisée, sur laquelle chevauche le Dieu des Juifs. Et vous, vous marchez devant lui, comme le roi David devant l'arche sainte, dansant et chantant, d'un air tout glorieux. Et pourtant, malgré la susdite définition qui devait le rendre inébranlable, il a été bel et bien mis au rebut par Kant ; il m'a été transmis à l'état de corps mort, et quand l'odeur m'en revient, comme dans votre lettre, je suis pris d'impatience. Vous lui avez mis un masque nouveau, tiré de la garde-robe de Kant. Laissez-lui donc le nom que lui donnent vos confrères en philosophie ; appelez-le le suprasensible, le divin, l'infini, l'impensable, ou, mieux que tout cela, l'idée de Hegel [1]. Nous savons bien tout

---

[1]. Schopenhauer écrit, avec un élargissement emphatique des voyelles : *die Uedäh*.

ce qu'il y a derrière : c'est monsieur de l'Absolu ; et lorsqu'on l'interpelle et qu'on lui dit : « D'où viens-tu, « gaillard ? » il répond : « Impertinente question ! Ne « suis-je pas monsieur de l'Absolu, qui ne doit de « compte à personne ? Cela ressort analytiquement de « mon nom... »

« Ma philosophie ne parle jamais de *Wolkenkukuksheim*[1], mais seulement de ce monde : cela veut dire qu'elle n'est pas transcendante, mais immanente. Elle déchiffre le monde qu'elle a devant elle, comme une table d'hiéroglyphes (dont j'ai trouvé la clef, la volonté), et elle en montre le sens et la liaison. Elle enseigne ce qu'est le phénomène, et ce qu'est la chose en soi. Mais celle-ci n'est chose en soi que par rapport au phénomène. Quant à ce qu'elle est encore autrement, je ne l'ai jamais dit, parce que je ne le sais pas. Dans son rapport avec le phénomène, la chose en soi est la volonté. Que celle-ci puisse se supprimer, je l'ai constaté empiriquement[2]... »

Ce que Schopenhauer maintient en toute occasion, ce sont les limites de sa philosophie, qui doit rester expérimentale et ne jamais s'aventurer dans la région de l'inconnaissable. C'est ainsi qu'il écrit à Doss (le 22 juillet 1852) : « Nous avons beau allumer notre flambeau et éclairer l'espace devant nous, notre horizon sera toujours limité par une nuit profonde. Si j'ai réussi à répandre un peu de lumière sur nos environs immédiats, j'aurai beaucoup fait, et je doute fort qu'on fasse jamais davantage. Ne perdez jamais de vue ce qu'est proprement notre intelligence : un simple instrument pour accomplir les fins misérables de nos

---

1. *Wolkenkukuksheim*, la *Néphélococcygie* d'Aristophane, c'est la cité bâtie dans les nuages, où trône l'Idée de Hegel.
2. Lettre du 21 août 1852.

manifestations volontaires ; ce qu'elle fait de plus est presque un abus. Et l'on veut que cette intelligence saisisse, sonde, approfondisse les conditions primordiales de l'être ? Elle en est si peu capable, que si la solution de ces problèmes nous était révélée en effet, nous n'y comprendrions absolument rien, et que nous resterions aussi sages que devant. »

XXVIII

« PARERGA ET PARALIPOMENA »

La seconde édition du *Monde comme volonté et comme représentation* n'avait pas eu plus de succès que la première. Lorsque, au mois d'août 1846, c'est-à-dire près d'un an et demi après la publication, Schopenhauer se fut informé de l'état de la vente, il reçut de l'éditeur la réponse suivante : « A la question que vous me posez, je ne puis, à mon grand regret, répondre qu'une chose : c'est que j'ai fait une mauvaise affaire. J'espère que vous me dispenserez des détails. » Il fallait la foi inébranlable de Schopenhauer en lui-même pour ne pas se décourager. Il ne changea rien à ses habitudes de méditation solitaire. Il n'avait pas dit son dernier mot sur certains points de sa doctrine, sur certaines applications qu'on en pouvait faire, et il tenait à le dire, malgré l'indifférence de ses contemporains et l'hostilité des philosophes de profession.

« Lorsqu'il eut terminé, dit Gwinner, dans l'été de 1850, après six années d'un travail journalier, son dernier ouvrage, *Parerga et Paralipomena*, son crédit littéraire était si bas, que ses éditeurs n'osèrent pas en entreprendre la publication, quoiqu'il fût prêt à renoncer à toute espèce d'honoraires. Et, par surcroît, il avait donné à cet ouvrage, le plus populaire de tous ceux qu'il a écrits, le titre le plus impopulaire, un titre qui semblait fait exprès pour effrayer les libraires. En général, il a toujours été malheureux dans le choix de ses titres, non qu'il s'en fît un moyen pour produire de l'effet, mais il voulait que la première page d'un livre portât l'indication exacte de son contenu. Déjà *la Quadruple Racine* avait fait rire ; cela sentait trop l'officine de l'herboriste. *Le Monde comme volonté et comme représentation* avait, selon le mot de Herbart, un arrière-goût de fichtianisme réchauffé, tandis que *la Volonté dans la nature* rappelait les jeux puérils et déjà démodés de la philosophie de la nature. Enfin, sur le titre des *Deux Problèmes fondamentaux de la morale*, un mémoire « non couronné » neutralisait un mémoire « couronné [1] ».

Après avoir inutilement tâté le terrain à Leipzig, à Francfort, à Gœttingue, Schopenhauer écrivit à Frauenstædt, le 16 septembre 1850, qu'il ne savait plus où s'adresser. « Mon cas est fâcheux, disait-il, sans être humiliant ; car voilà les journaux qui annoncent que Lola Montès a l'intention de publier ses mémoires, et déjà les libraires anglais lui offrent de grosses sommes. Quant à moi, je ne vois pas ce que je puis faire encore. Mes « œuvres mêlées » vont sans doute devenir des « œuvres posthumes », pour lesquelles les éditeurs ne manqueront pas. Peut-être que vous, qui êtes mon Théophraste et mon Métrodore, vous pourriez me trouver un éditeur parmi les nombreux libraires de Berlin. Ce livre est le plus populaire de mes écrits ; je pourrais l'appeler mon « Philosophe pour le monde [2] ».

Un libraire risqua la publication, à un petit nombre d'exemplaires. Schopenhauer répondit à Frauenstædt,

---

1. Gwinner, *Schopenhauers Leben*, p. 551.
2. Allusion au principal ouvrage de Jean-Jacques Engel, *Der Philosoph für die Welt*, (Leipzig, 1775-1777).

qui lui avait annoncé cette nouvelle : « Je suis vraiment heureux d'avoir vécu assez pour mettre au monde mon dernier enfant ; je considère maintenant ma mission sur la terre comme terminée. » L'unique condition qu'il posa, et qui fut acceptée, c'est que l'annonce se fît sans aucun des commentaires élogieux en usage dans la librairie. L'ouvrage parut, en deux volumes, au mois de novembre 1851. Le premier volume contenait les *Parerga* proprement dits, c'est-à-dire des traités supplémentaires, pour ne pas dire accessoires, des développements de la doctrine, se rapportant à la morale, à la psychologie et même à la métaphysique. Le second, les *Paralipomena*, avait pour sous-titre : *Pensées isolées, mais rangées dans un ordre systématique, sur une grande variété de sujets*; c'étaient des articles pour ainsi dire *réservés*, qui, dans l'intention de l'auteur, auraient pu à la rigueur trouver leur place dans son grand ouvrage ; les titres des chapitres répondaient en partie à ceux des suppléments du *Monde comme volonté et comme représentation*.

Dans son dernier écrit, son *opus novissimum*, comme il s'exprime dans une lettre à Becker, Schopenhauer se plaçait encore une fois au centre de son système ; il en éprouvait les fondements, il en considérait les étages, les abords et les dépendances, comme un architecte qui, ayant terminé un édifice, veut s'assurer de la solidité et de la parfaite convenance de son œuvre. Il passait en revue les doctrines anciennes et modernes, philosophiques et religieuses, non pas en historien impartial et désintéressé, mais, comme on doit s'y attendre, pour y trouver des points de contact avec sa propre philosophie. Schopenhauer ne tenait pas à être considéré comme un novateur, bien qu'il le fût à beaucoup d'égards ; il aimait, au contraire, à part ses attaches avec Kant, à se présenter comme le dernier interprète des plus anciens dogmes qui avaient soutenu et consolé l'humanité. Il avait déjà dit, à la fin de son grand ouvrage, après avoir exposé sa théorie de l'ascétisme : « La morale qui résulte des considérations précédentes a beau être neuve et surprenante dans son expression, elle ne l'est nullement dans le fond. Elle s'accorde pleinement avec les dogmes fondamentaux du christianisme; elle y existait déjà; elle y était contenue en substance. Elle s'accorde non moins parfaitement, malgré la diversité des formes, avec les enseignements et les préceptes moraux contenus dans les livres sacrés de l'Inde [1]. » Ailleurs il avait dit : « C'est l'esprit et la tendance morale qui constituent l'essence d'une religion, et non les mythes dont elle les revêt : je ne renonce donc pas à l'opinion que les doctrines chrétiennes doivent être ramenées d'une manière quelconque au brahmanisme et au bouddhisme [2]. » Les mots « d'une manière quelconque » (*irgendwie*) dénotent un esprit peu critique. La pensée qui obsède Schopenhauer, c'est qu'il y a, entre le bouddhisme, le christianisme et le pessimisme, non seulement une analogie morale, mais une filiation régulière. La seule différence est dans la forme, appropriée au temps, mythique d'un côté, purement rationnelle de l'autre. « La tâche de la philosophie est de donner satisfaction à ce noble besoin que j'appelle *le besoin métaphysique*, qui vit au fond de l'humanité à toutes les époques, mais surtout à des époques comme la nôtre, où la foi religieuse baisse de plus en plus. Celle-ci, en effet, étant appropriée à la grande masse des hommes, ne peut donner qu'une

---

1. *Die Welt als Wille und Vorstellung*, livre IV, § 70.
2. Suppléments au quatrième livre, chap. XLVIII.

vérité allégorique; mais elle est obligée de la présenter comme vraie *au sens propre*. Or, l'extension de plus en plus grande des connaissances historiques, physiques et même philosophiques fait que le nombre des hommes à qui le sens allégorique ne suffit plus devient toujours plus considérable ; et ces hommes demandent enfin de plus en plus impérieusement ce qui est réellement vrai au sens propre [1]. »

Schopenhauer rejette en bloc toutes les religions optimistes, « le propre d'une religion étant de persuader à ses fidèles que notre véritable existence n'est pas bornée à la vie actuelle, mais qu'elle est infinie [2] ». Il fait grâce au polythéisme grec, en faveur de l'impulsion qu'il a donnée aux arts. Il blâme le protestantisme d'avoir voulu sanctifier la vie, au lieu de la flétrir : « religion bonne pour des pasteurs mariés, aisés et éclairés [3] ». Mais « le judaïsme est la plus grossière des religions ; il ne connaît ni l'immortalité ni la métempsycose ; il consiste uniquement en un théisme absurde et révoltant. Le Seigneur, qui a créé le monde, veut être honoré ; il est jaloux des autres dieux ; il s'irrite quand on leur sacrifie, et alors, malheur aux Juifs ! Le méchant est puni dans ses descendants jusqu'à la quatrième génération ; la récompense de l'homme juste est de vivre longtemps sur la terre [4]. » Schopenhauer ajoute, il est vrai, — et cette restriction explique jusqu'à un certain point son jugement, — que le véritable judaïsme est contenu « dans la Genèse et dans les

---

1. *Parerga und Paralipomena*: *Ueber die Universitätsphilosophie*.
2. *Parerga und Paralipomena*: *Fragmente zur Geschichte der Philosophie*, § 13, note.
3. *Die Welt als Wille und Vorstellung*, suppléments au quatrième livre, chap. XLVIII.
4. *Fragmente zur Geschichte der Philosophie*, § 13, note.

livres historiques jusqu'à la fin des Chroniques ». Il raye ainsi d'un trait de plume toute une moitié de la littérature hébraïque, et non la moins belle, le Livre de Job, l'Ecclésiaste, les Prophètes, où pourtant il aurait pu trouver des traces nombreuses de pessimisme.

L'histoire se venge toujours des dédains qu'on a pour elle. Schopenhauer considérait l'histoire politique comme indigne de l'attention d'un philosophe ; l'histoire philosophique et religieuse, qui en est inséparable, ne pouvait donc lui offrir que des vues incertaines et incohérentes. Il ne doute pas que la Grèce n'ait reçu sa plus ancienne philosophie de l'Inde, par l'intermédiaire de l'Égypte. Il s'étend sur les systèmes cosmogoniques qui ont précédé Socrate. Le poète philosophe Empédocle lui paraît « un homme complet » (*ein ganzer Mann*) : en expliquant tous les mouvements de la nature par la lutte de deux principes contraires, l'Amour et la Haine, ou, comme nous dirions en langue moderne, l'attraction et la répulsion, il a compris que l'essence du monde n'est pas l'intelligence, mais la volonté. « Il a reconnu aussi la misère de l'existence, et le monde est pour lui, comme pour le chrétien, une vallée de larmes ; il le compare déjà, comme Platon, à une sombre caverne où nous sommes enfermés. Il voit dans cette terre un lieu d'exil, et dans notre corps une prison. Les âmes se sont trouvées autrefois dans une situation infiniment plus heureuse ; le péché les a précipitées dans un état de corruption, et les a entraînées dans le cercle de la métempsycose... Telle est la sagesse primitive des Grecs, qui se confond avec la pensée fondamentale du brahmanisme, du bouddhisme et du vrai christianisme ; et ainsi s'achève le *consensus* universel. »

Selon Schopenhauer, c'est Aristote qui a fourni, dans son système du monde, la base sur laquelle le théisme s'est établi pour des siècles. « Le théisme, s'il veut être logique, doit partager le monde en ciel et terre. Sur la terre courent les hommes, et dans le ciel trône le dieu qui les gouverne. L'astronomie, en supprimant la voûte céleste, supprime aussi le dieu ; elle recule si loin les limites du monde, que la place du dieu disparaît. Mais un être personnel, comme l'est nécessairement un dieu, un être personnel qui n'aurait aucun lieu, qui serait partout et nulle part, peut bien se définir en paroles, mais non s'imaginer. » Il est douteux que Kant eût admis ce raisonnement, et l'histoire montre que le théisme n'a pas vu ses destinées aussi exactement confondues avec celles de l'ancienne astronomie. Au fond, ce que Schopenhauer reproche au théisme, c'est sa tendance à l'optimisme. Le dieu qui crée le monde doit trouver à la fin que « tout est bien », et ses adorateurs ne peuvent qu'abonder dans son sens. Le panthéisme aussi, en déifiant l'univers, et en reconnaissant à chaque chose, selon la place qu'elle occupe, sa valeur dans l'ensemble, ne peut aboutir qu'à l'optimisme, et cela suffit pour que Schopenhauer le condamne. Un reproche particulier qu'il fait à Spinosa, c'est d'être inconséquent avec lui-même dans la manière méprisante dont il parle des bêtes, et il ajoute plaisamment : « Il ne paraît en aucune façon avoir connu les chiens. »

Après avoir passé en revue tous les philosophes anciens et modernes, Schopenhauer revient à son maître Kant, l'objet invariable de son admiration et de sa reconnaissance. « Kant est peut-être la tête la plus originale que la nature ait jamais produite. Penser avec lui et comme lui est une chose qui ne peut se comparer à aucune autre ; car il possédait un genre particulier de réflexion lucide qui n'a été départi au même degré à aucun autre mortel. Pour en jouir avec lui, il faut avoir fait, comme initiation préalable, une étude sérieuse et assidue de ses œuvres. On arrive ensuite, à la lecture de certains chapitres les plus profonds de la *Critique de la raison pure*, et par un abandon complet de soi-même au sujet, à penser réellement avec la tête de Kant, ce qui est une manière de s'élever infiniment au-dessus de soi-même [1]. »

Ces mots sont empruntés à un pamphlet célèbre, placé à la suite des *Fragments sur l'histoire de la philosophie*, et où Schopenhauer, après toutes les épigrammes dont il avait semé ses précédents écrits, surtout ses préfaces, prenait encore une fois et plus vigoureusement à parti « les enfants bâtards de Kant ». Il trouvait lui-même ce pamphlet « très divertissant : c'est la plus belle invective qui ait été écrite depuis les discours de Cicéron contre Verrès », dit-il dans une lettre à Frauenstædt (du 11 mars 1852). Et il ajoute, pour justifier l'éloge qu'il vient de se donner : « Il n'y a que les gueux qui soient modestes. » Tout, cependant, n'est pas sur le ton de l'invective, et tout ne s'explique pas, comme on a voulu le croire, par le dépit de se sentir méconnu ou ignoré. Que Schopenhauer reproche à Fichte, à Schelling, à Hegel, un « manque d'honnêteté », qu'il les accuse de faire de la philosophie un gagne-pain, de vivre *d'elle* et non *pour elle*, il y a là évidemment un excès de langage. On sait que la mesure dans la polémique n'était pas la vertu de Schopenhauer, et l'on sait aussi que Fichte n'a pas hésité un jour à quitter sa chaire pour garder sa liberté. Mais il y a, à côté des sorties violentes contre « les trois sophistes », des considérations d'une portée plus générale et qui trou-

---

1. *Parerga und Paralipomena* : *Ueber die Universitätsphilosophie*.

vaient leur pleine justification dans les derniers écarts de la philosophie hégélienne. L'État n'était-il pas, pour Hegel, « la forme réelle de l'Idée », participant du caractère absolu de celle-ci ? L'État, tel qu'il s'était constitué après la réaction de 1815, devenait ainsi, soit dans l'ensemble de ses institutions, soit dans la personne du souverain, un idéal intangible, une norme aussi tyrannique que l'ancienne théologie.

Schopenhauer part d'une très haute idée de la philosophie et de la liberté qui lui est nécessaire. « J'incline de plus en plus à cette opinion, qu'il vaudrait mieux pour la philosophie ne pas être que d'être un métier et d'être représentée dans la société civile par des professeurs. Elle est semblable à la rose des Alpes, qui ne peut fleurir qu'à l'air libre des montagnes, et qui dégénère dans la culture artificielle. Ces représentants de la philosophie la représentent à peu près comme les comédiens représentent les rois. Les sophistes, que Socrate combattait sans relâche, et que Platon poursuivait de ses railleries, n'étaient-ce pas des professeurs de philosophie et de rhétorique ? Et n'est-ce pas cette vieille guerre, toujours renouvelée, que je continue encore aujourd'hui ? On a beau faire, les plus hautes aspirations de l'esprit humain ne se concilient pas avec le gain ; leur noblesse y répugne. Une philosophie universitaire pourrait tout au plus se justifier, si les maîtres qui seraient chargés de l'enseigner voulaient borner leur mission à transmettre aux jeunes générations le savoir existant et reconnu, comme le font leurs collègues. » Et plus loin : « Le chemin de la vérité est rude et long ; on n'y marche pas avec un boulet au pied ; il y faudrait plutôt des ailes... Tout secours étranger qu'on offre à la philosophie est suspect. Qu'on la laisse à elle-même, sans l'aider, mais aussi sans l'entraver ! La vérité a ses pèlerins, consacrés et équipés par la nature, qui s'acheminent vers son temple auguste : qu'on ne leur adjoigne pas un compagnon qui n'a d'autre souci que de trouver son repas du soir et un gîte pour la nuit ! Il leur mettrait des pierres sur la route, pour les faire marcher du même pas que lui. »

Si le professeur de philosophie est peu apte à philosopher, ou s'il doit s'en abstenir, le vrai philosophe, de son côté, doit-il professer sa philosophie ? On voit que Schopenhauer enferme la question dans un dilemme. « Il y a eu de tout temps peu de philosophes qui aient été des professeurs de philosophie, et encore moins de professeurs de philosophie qui aient été des philosophes. On peut dire que, de même qu'un corps idio-électrique est mauvais conducteur de l'électricité, de même un philosophe est un mauvais professeur de philosophie. Nulle fonction n'est plus gênante pour un penseur original que la charge d'enseigner. La chaire philosophique est une sorte de confessionnal où l'on fait publiquement sa profession de foi. De plus, pour voir au fond des choses, c'est-à-dire pour devenir un vrai sage, c'est un grand obstacle que l'obligation constante de paraître un sage, d'étaler devant l'élève curieux la connaissance qu'on est censé avoir, et de tenir des réponses prêtes pour toutes les questions imaginables. Ce qu'il y a de pis, c'est qu'un homme placé dans cette situation se demande, à chaque pensée qui surgit dans sa tête, si elle est conforme aux intentions de l'autorité supérieure. Son esprit en est paralysé, et les pensées finissent par ne plus surgir. La liberté est l'atmosphère de la vérité. Il y a une exception qui confirme la règle : Kant a été professeur ; mais il tenait le professeur en lui soigneusement séparé du philosophe ; il n'enseignait pas sa propre doctrine dans sa chaire. »

Kant, tour à tour protégé par un roi philosophe et inquiété par un roi dévot, faisant la part de ce qu'il devait dire dans sa chaire ou imprimer dans ses livres, résume, pour ainsi dire, en sa personne, les destinées diverses de l'enseignement philosophique. Mais quoique toute vérité ne soit pas toujours bonne à dire, il est incontestable, et Schopenhauer lui-même en convient, que la philosophie ne saurait être complètement absente d'un corps de disciplines où doivent être représentées toutes les sciences humaines.

XXIX

LA CÉLÉBRITÉ

Les *Parerga et Paralipomena* firent ce que n'avaient pu faire ni *le Monde comme volonté et comme représentation*, ni les deux mémoires sur la morale, l'un « couronné », l'autre « non couronné ». Schopenhauer passa, presque sans transition, de l'obscurité à la gloire. Les hommages lui viennent alors de toutes parts, de près et de loin, par des visites, des lettres, des comptes rendus dans les journaux. Mais, ce qui est à noter, ce sont les littérateurs et les gens du monde qui prennent les devants. Les philosophes suivront, les uns pour discuter, faire des réserves, réchauffer encore une vieille querelle, les autres pour céder enfin à l'entraînement général.

Schopenhauer énumère avec complaisance, dans une lettre à Frauenstædt (du 10 juin 1852), les témoignages d'admiration, de respect ou d'amitié qu'il reçoit : « Je vous écris spécialement pour vous mettre au courant de ce qui concerne ma philosophie : vous qui combattez au premier rang, vous devez être instruit de tout. Vous avez lu sans doute les *Observations mêlées* de Dorguth [1]... Doss m'a écrit une lettre de huit pages,

---

1. *Vermischte Bemerkungen über die Philosophie Schopenhauers, ein Brief an den Meister*, Magdebourg, 1852.

que j'ai lue et relue avec beaucoup d'intérêt et même avec émotion. Vous seriez étonné de voir quelle profonde impression ma philosophie a produite sur ce jeune homme, et comme il prend sérieusement les choses. Sa lettre m'est un gage de l'action que j'aurai sur les générations futures. Becker est venu de Mayence, uniquement pour me voir... La *Didascalia* (feuilleton du *Journal de Francfort*) contient un article sur moi, court, mais très bon, d'une main inconnue. Il y a ici un commis d'une grande maison de commerce, un homme déjà âgé, très littéraire, presque savant, qui, en 1847, après avoir lu ma *Quadruple Racine,* m'avait abordé à la promenade pour me témoigner sa vénération. Je ne l'avais pas revu depuis. Ces jours-ci, il est venu trois fois au cercle, dont il n'est pas membre, pour me trouver. Il lit tous mes écrits, sans en excepter la *Théorie des couleurs*, avec son fils, qui quitte le gymnase pour entrer à l'université, et qui lui traduit les passages grecs et latins [1]. Tout cela me réjouit, car cela est sincère et exempt de toute camaraderie... »

Vauvenargues pense que « les feux de l'aurore ne sont pas si doux que les premiers regards de la gloire ». Qu'est-ce quand ces premiers regards ont été précédés d'une longue nuit d'attente et d'espoir déçu ? Schopenhauer a soixante-deux ans ; il n'a eu jusqu'ici, pour se consoler de ses déboires, que le ferme sentiment de sa valeur. Et voilà qu'à une génération indifférente et oublieuse succède une génération nouvelle, qui est déjà presque une postérité, et qui s'enflamme pour lui d'un bel enthousiasme. Quoi d'étonnant qu'il ait accueilli sa gloire tardive, presque posthume, avec une joie non

---

[1]. Sur Auguste Kilzer, voir Schemann, *Schopenhauer-Briefe*, p. 482.

dissimulée, qu'il en ait savouré une à une les moindres manifestations ? « C'est un vrai réconfort pour ma vieillesse, écrit-il à un de ses nouveaux admirateurs, quand les amis de ma jeunesse ont presque tous disparu, de retrouver des amis jeunes, dont le zèle surpasse celui des anciens. Et ma satisfaction est d'autant plus grande, que ce n'est pas à des circonstances fortuites que je dois ces nouveaux amis, mais à la meilleure et à la plus noble partie de moi-même [1]. »

Ces mots forment le commencement d'une lettre adressée à Ernest-Otto Lindner, rédacteur de la *Gazette de Voss*. Lindner venait d'écrire à Schopenhauer qu'il se proposait de traduire pour la gazette un article qui avait paru dans la *Westminster Review*, au mois d'avril 1853, sous ce titre : *Iconoclasm in German Philosophy*. La même revue avait déjà publié l'année précédente un compte rendu des *Parerga et Paralipomena*. L'auteur était John Oxenford, le traducteur de l'Autobiographie de Gœthe en anglais. L'article de Lindner, après avoir passé dans la *Gazette de Voss*, fut réimprimé en tête des Lettres de Frauenstædt sur la philosophie de Schopenhauer [2].

Ainsi les disciples étaient actifs, et leur nombre augmentait. Au mois d'août 1854, un israélite nommé David Asher, professeur d'anglais à l'École de commerce de Leipzig, vint voir Schopenhauer, et il raconta sa visite dans les *Entretiens au foyer domestique*, que dirigeait Gutzkow. Déjà Gutzkow lui-même avait parlé des *Parerga* comme « d'un livre surprenant, d'une mine de pensées suggestives ». Asher fit paraître l'année suivante une *Lettre ouverte au savant docteur Arthur*

---

1. Grisebach, *Schopenhauers Briefe*, p. 391.
2. *Briefe über die Schopenhauersche Philosophie*, Leipzig, 1854.

Schopenhauer [1], et resta dès lors en correspondance avec lui. Enfin, à Hambourg, un ancien prédicateur de la communauté catholique-allemande, George Weigelt, faisait des conférences sur la philosophie contemporaine, où Schopenhauer tenait la place d'honneur ; il les fit imprimer, et les lui envoya, avec une lettre qui contenait des passages curieux sur l'état des esprits en Allemagne, tel qu'il l'envisageait. « Si de grands événements politiques, disait-il, n'absorbent pas entièrement l'attention publique, votre temps sera bientôt venu, plus tôt que vous ne l'espériez vous-même. Des signes trop évidents annoncent la fin de la fausse métaphysique qui, malgré tous ses éclats (*trotz allen Eklats*), n'a pu se répandre beaucoup au delà des murs de l'École. La voix de la philosophie a bien pu être étouffée pendant quelque temps par le bruit du monde ; mais il faut enfin qu'une nouvelle époque commence pour elle, et elle commencera par vous. Cela est certain, aussi certain que nous sommes arrivés à un moment de crise. Mais ce n'est pas à moi de vous dire cela : vous le savez mieux que personne, et vous en connaissez les causes, que vous avez souvent marquées avec une sûreté extraordinaire. Toutefois, ce que je sens peut-être mieux que vous, c'est l'extension que vous donnerez à la philosophie ; vous la ferez sortir de l'École, vous la ferez pénétrer dans le peuple. Vos œuvres seront un jour entre les mains de tout homme cultivé. Elles donneront satisfaction au besoin métaphysique dont l'Église se joue aujourd'hui. Elles contribueront à relever le goût littéraire et le sens esthétique. Vous ne formerez pas seulement des philosophes, mais encore des poètes

---

1. *Offenes Sendschreiben an den hochgelehrten Herrn D*r *Arthur Schopenhauer*, Leipzig, 1855.

comme il nous les faut. N'y a-t-il pas déjà plus de poésie dans vos écrits que dans toutes les productions de nos beaux esprits actuels [1] ? »

Parmi les philosophes de profession, les avis étaient encore partagés, mais du moins le silence était rompu. Emmanuel-Hermann Fichte défendait de son mieux la mémoire de son père. Dans la revue dont il était l'inspirateur [2], on présentait Schopenhauer tantôt comme un disciple infidèle de Kant ou même de Schelling, tantôt comme un novateur maladroit et déjà démodé. « Les misérables! s'écriait Schopenhauer dans une lettre à Lindner (du 9 mai 1853), pendant trente-cinq ans ils ont voulu m'empêcher de naître, et maintenant que je suis bien de ce monde, ils veulent m'assommer au plus vite, que dis-je? me traiter déjà comme un fossile. Mais gare à eux! ils verront encore que je ne suis pas mort. » Le professeur Erdmann, de Halle, un hégélien du *côté droit*, y mit plus de façons. Il demanda des renseignements biographiques à Schopenhauer, et lui consacra, dans la seconde partie de son *Histoire de la philosophie allemande*, un long article, où il protestait contre l'injuste oubli où on l'avait laissé. « Le sort de Schopenhauer, disait-il, a quelque chose de tragique : ou on l'ignore, ou l'on se croit quitte envers lui par un compliment banal; mais on se dispense d'exposer sa doctrine [3]. » Cependant Schopenhauer ne fut pas tout à fait content de la manière dont il était réhabilité. Il trouvait qu'Erdmann ne le séparait pas assez des philo-

---

1. Gwinner, *Schopenhauers Leben*, p. 566. — Sur George-Christian Weigelt, voir Schemann, *Schopenhauer-Briefe*, p. 478.
2. *Zeitschrift für Philosophie und philosophische Kritik*, alors dirigée par E.-H. Fichte et Ulrici.
3. *Entwickelung der deutschen Spekulation seit Kant*, deuxième partie, Leipzig, 1853, §§ 40-41. — La lettre de Schopenhauer à Erdmann se trouve dans Schemann, p. 331.

sophes du camp opposé : « Je ne suis là que comme un larron parmi les larrons. » Il lui reprochait même *deux mensonges*, c'est-à-dire deux citations inexactes [1].

On a expliqué de diverses manières le « sort tragique » de la philosophie de Schopenhauer et son succès final. D'après le principe que ce qui arrive *doit* arriver, on a pensé que le milieu du siècle était le moment précis où le pessimisme devait triompher en Allemagne. L'échec des réformes politiques après 1830, échec plus complet après les mouvements de 1848, avait paralysé les esprits et engourdi la nation. La porte semblait ouverte à une doctrine qui prêchait le renoncement, et qui, du reste, professait une indifférence complète pour la politique. Il se peut qu'il y ait eu là un de ces entraînements auxquels les sociétés obéissent quelquefois à leur insu ; mais il faut avouer qu'on ne trouve aucune trace de considérations de ce genre dans les correspondances échangées entre Schopenhauer et ses premiers disciples.

On a cité avec plus de vraisemblance le profond discrédit où était tombée la spéculation métaphysique après la dissolution de l'école hégélienne. La philosophie allemande avait parcouru successivement toutes les étapes qui devaient la conduire fatalement au néant. On avait d'abord nié la réalité de l'objet sensible, en ne laissant subsister que la *représentation* ou l'*idée*. Puis, à défaut de l'objet sensible qui se dérobait, on avait spéculé sur l'idée pure, en lui prêtant une réalité transcendante, et, en dépit des enseignements de Kant, on s'était remis à construire des systèmes, plus hardis, plus ambitieux, et aussi plus fragiles que les précédents. Enfin, après avoir cru un instant tenir l'absolu dans sa

---

1. Voir une lettre à Frauenstædt, du 2 novembre 1853.

main, on fut obligé de s'avouer qu'on n'avait fait que jouer avec des formules. Après l'objet sensible, l'objet transcendant se dérobait à son tour. Ce fut alors le pire des scepticismes, celui du désenchantement. L'homme qui a toujours vécu dans le scepticisme finit par s'y habituer et par s'y loger à l'aise; le vrai sceptique, celui en qui le scepticisme atteint toute sa profondeur, c'est le croyant désabusé. Arrivé à ce degré, on est prêt à embrasser toute doctrine nouvelle, et l'on va de préférence à celle qui s'annonce avec le plus d'autorité.

Il se peut donc que le succès définitif de Schopenhauer soit dû en partie à des causes philosophiques et même politiques. Mais il ne faut pas oublier que ce fut d'abord un succès littéraire. La longue querelle de Schopenhauer avec les universités ne fut pas un simple accident dans sa vie, la mésaventure fortuite d'un auteur méconnu ou mécontent ; elle est caractéristique pour la nature de sa doctrine. Les systèmes précédents avaient leur siège dans les écoles, et quand leur influence s'étendait sur le grand public, c'était surtout par l'intermédiaire des écrivains qui s'en inspiraient. La philosophie de Schopenhauer suivit une marche inverse; elle s'appuya d'abord sur le public, et, forte de cet appui, elle finit par forcer les portes de l'École. Mais elle y mit du temps. Pourquoi ses progrès ne furent-ils pas plus rapides ? L'un des biographes allemands de Schopenhauer nous en donne une raison. Gwinner nous fait remarquer qu'un Allemand ne lit guère que les livres qui lui sont recommandés par un juge compétent, que par conséquent un auteur, quel que soit son mérite, a de la peine à se faire jour, s'il n'est porté par la critique ou par une coterie. « En Angleterre et en France, ajoute-t-il, il en est autrement : là, chaque auteur sait ce qu'il peut offrir aux lecteurs, et chaque lecteur sait ce qu'il est en droit d'attendre d'un auteur ; il existe pour toute production littéraire une certaine mesure moyenne, qui est également appliquée et respectée par le producteur et par le consommateur. De là vient que les Anglais et les Français ont beaucoup moins de livres foncièrement mauvais, ou inutiles, et perdent beaucoup moins de temps à des lectures stériles que l'Allemand qui est si fier de sa culture [1]. »

1. *Bildungsstolz* (*Schopenhauers Leben*, p. 480).

XXX

LES DERNIÈRES ANNÉES

Le succès des *Parerga et Paralipomena* entraîna celui des autres ouvrages qui dormaient encore chez les libraires [1]. L'avènement d'une nouvelle philosophie était désormais un fait indéniable : le public prenait parti pour elle, et les philosophes de profession auraient eu mauvaise grâce à vouloir l'ignorer plus longtemps. Les adhésions se multipliaient, soit sous forme de lettres adressées à l'auteur, soit dans les comptes rendus des journaux et des revues. Enfin, un groupe de disciples très zélés et très sincères, ceux qui n'avaient pas attendu le succès pour se déclarer, portaient la parole du maître dans les diverses régions de l'Allemagne, lui gagnaient des lecteurs, étaient à l'affût de tout ce qui paraissait sur lui. Il les appelait, en plaisantant, ses apôtres ; et quand ils écrivaient, ils passaient au rang d'évangélistes. C'était d'abord, pour commencer par le vétéran de l'école, le conseiller Dorguth à Magdebourg, ensuite, parmi les plus influents, Frauenstædt et Lindner à Berlin ; après eux, Asher à Leipzig, Doss à Munich,

---

1. *Ueber den Willen in der Natur*, 2ᵉ éd., avec une préface nouvelle, Francfort, 1854. — *Ueber das Sehn und die Farben*, 2ᵉ éd., avec une préface nouvelle, Leipzig, 1854. — *Die Welt als Wille und Vorstellung*, 3ᵉ éd., Leipzig, 1859. — *Die beiden Grundprobleme der Ethik*, 2ᵉ éd., avec une préface nouvelle, Leipzig, 1860. — Schopenhauer préparait, au moment de sa mort, une nouvelle édition des *Parerga et Paralipomena* ; elle fut donnée par Frauenstædt en 1861.

Becker à Mayence. Ce sont aussi les noms qui reviennent le plus souvent dans la correspondance. A Francfort même, Schopenhauer avait des adhérents ou seulement des amis dans la magistrature et dans le commerce ; et son amitié était d'autant plus recherchée, qu'il ne la prodiguait pas. Il aimait à discuter sa doctrine avec Martin Emden, un avocat distingué, qui devait être son exécuteur testamentaire, mais qui mourut avant lui. En 1854, il entra en relation avec Wilhelm Gwinner, fils d'un sénateur, qui n'admettait pas sans réserve toutes ses idées, mais dont il appréciait le caractère sérieux et indépendant. A la même époque, un étudiant de l'université de Leipzig, encouragé par la lecture des *Parerga et Paralipomena*, venait de se plonger dans une étude complète du système : c'était Karl Bæhr, dont le père, un vieil ami de Schopenhauer, était professeur à l'Académie des beaux-arts de Dresde. Deux ans après, étant de passage à Francfort pour se rendre à Heidelberg, où il devait finir son stage universitaire, Karl Bæhr se présenta chez Schopenhauer avec une lettre d'introduction de son père, et le récit qu'il a laissé de sa première visite est un des documents qui nous font le mieux pénétrer dans l'intimité du philosophe [1] :

« L'ermite de Francfort habitait, en 1856, une des maisons qui s'étendent le long du Mein, en face du pont qui mène au faubourg de Saxenhausen. La maison a été changée depuis ; l'entrée, qui était au milieu, a été reportée sur le côté. L'appartement de Schopenhauer était au rez-de-chaussée ; il se composait d'une chambre d'habitation à deux fenêtres, avec une alcôve, à gauche de l'entrée, et d'une autre chambre à droite, également

---

1. Schemann, *Gespräche und Briefwechsel mit Arthur Schopenhauer, aus dem Nachlasse von Karl Bähr*, Leipzig, 1894.

à deux fenêtres, servant de bibliothèque. Les deux pièces étaient ainsi séparées par un corridor, où passaient tous les habitants de la maison. Au fond du corridor, à gauche de l'escalier, se trouvait une grande chambre, occupée par la vieille servante qui tenait fidèlement le ménage de Schopenhauer; c'était une fervente catholique. Sa chambre à lui était meublée avec une simplicité puritaine. Un secrétaire avec un buste de Kant, un canapé au-dessus duquel était accroché un petit portrait à l'huile de Gœthe, une table ronde devant le canapé, une petite armoire à glace entre les deux fenêtres, et une table carrée en face du secrétaire : c'était à peu près tout. Sur le mur opposé au canapé se voyaient quelques portraits au daguerréotype de Schopenhauer, et dans un coin près du poêle un buste de Wieland posé sur un piédestal. »

Bæhr, dans la revue qu'il fait de l'ermitage, n'oublie qu'un détail. Près d'une fenêtre, à côté du secrétaire, une peau d'ours étendue par terre marquait la place habituelle de celui que Schopenhauer appelait son meilleur ami. Ce fut d'abord un bel épagneul blanc, qui avait nom Atma, c'est-à-dire Ame du monde. Il mourut en 1849. Schopenhauer le remplaça par un chien brun de même race, auquel il donna le même nom, et qu'il coucha plus tard sur son testament. Au mois d'octobre 1850, il écrivait à Frauenstædt, après lui avoir fait part des nouvelles du monde philosophique : « Ce qui est plus important, c'est que mon épagneul brun, qui a maintenant dix-sept mois, a pris tout à fait la taille de son prédécesseur, que vous avez connu ; c'est, avec cela, le chien le plus vif que j'aie jamais vu. »

Bæhr, en entrant chez Schopenhauer, est d'abord frappé de ce qu'il y a d'expressif et en même temps de distingué dans sa parole. C'est le ton d'un vieillard qui enseigne sans le vouloir, par le fait même de sa longue expérience. La conversation porte d'abord sur la philosophie allemande, et en particulier sur celle qui régnait alors à l'université de Leipzig, c'est-à-dire sur le dernier système de Schelling, une sorte de conciliation entre le panthéisme et la révélation chrétienne.

« — A propos de révélation, dit Schopenhauer, il faut que je vous montre quelque chose de très intéressant et de très rare.

« Et il alla chercher, dans un coin de la chambre, une statuette représentant une figure assise, à peu près haute d'un pied, en fer ou en cuivre, mais peinte en noir, assez semblable à une pagode chinoise. Il la posa devant nous sur la table, et me demanda d'un ton mystérieux si je devinais ce que c'était.

« — Quelque chose de chinois, pensai-je.

« — Cette figure, reprit-il, vient probablement du Thibet ; elle a bien cent ans, et représente le Bouddha. C'est une pièce rare, dont vous ne verrez pas de sitôt la pareille, et que je me suis fait envoyer de Paris [1]. Cette figure est pour les bouddhistes ce que le crucifix est pour les chrétiens. Le Bouddha est représenté ici comme un mendiant, assis à la manière asiatique, les yeux baissés, la main droite retombant sur le genou droit, la main gauche ouverte devant la poitrine pour recevoir des dons. C'est la manière strictement orthodoxe de le représenter.

---

1. Il écrit à Frauenstædt, le 13 mai 1856 : « Le Bouddha vient de sortir de son enveloppe noire ; il est de bronze et brillant comme de l'or ; il est installé dans un coin sur une belle console, de sorte que chacun peut voir, en entrant, quel est le dieu qui règne dans ce sanctuaire. » Le 6 juin, il écrit au même : « Je fais dorer mon Bouddha ; il brillera d'un éclat superbe. Je lis dans le *Times* qu'en Birmanie on vient de dorer toute une pagode ; je ne puis pas rester en arrière sur les Birmans. »

« Comme je lui demandai pourquoi le Bouddha était représenté dans l'attitude d'un mendiant, il se mit à raconter la légende, mais d'une manière que je n'oublierai jamais. Ce n'était pas un savant de cabinet, un professeur allemand qui parlait, mais un philosophe par la grâce de Dieu, un sage des temps anciens : je l'écoutais avec recueillement.

« — Oui, disait-il, le Bouddha mendie, le Bouddha est un mendiant. Oh ! elle est belle, la légende qui raconte comment il fut amené au salut. Élevé dans une demeure royale, vaste et somptueuse, il en sort pour la première fois dans sa vingtième année, et il se trouve en présence de la plus splendide nature qui puisse être étalée devant les regards d'un homme. Il est émerveillé, et il déclare que l'existence est belle. Mais voici un vieillard à la tête branlante (et Schopenhauer imitait le geste), qui s'avance vers lui, et qui semble lui dire : « Regarde-moi ! tout cela n'est rien ! » Le prince, consterné, demande à l'un de ses compagnons : « Qu'est ceci ? — C'est la vieillesse, prince : « nous serons tous ainsi. » La marche continue, et l'on rencontre un malade qui se traîne au bord du chemin. Le Bouddha demande aux gens de sa suite : « Ceci aussi peut-il nous frapper ? » Ils lui répondent que oui. Le cortège s'avance encore. On voit passer une bière sur laquelle est couché un mort. Le Bouddha n'a jamais vu un homme dans cet état ; il est épouvanté, et demande d'une voix tremblante si tous les hommes seront ainsi faits. Ses compagnons secouent les épaules. « Personne n'échappe à la mort », dit l'un d'eux. « Que dites-vous ? s'écrie le Bouddha ; si notre « existence mène à la vieillesse, à la maladie, à la « mort, que sommes-nous ? Je ne veux plus vivre ainsi ; « je veux me séparer de vous, aller dans le désert et

« méditer. » Arrivé dans le désert, il congédie encore l'unique serviteur qu'il avait gardé, et il donne la liberté à son cheval, en lui disant : « Toi aussi, tu seras « sauvé un jour. » Puis il change ses vêtements contre ceux d'un mendiant, et il passe le reste de ses jours dans la méditation et l'abstinence. »

La conversation dure deux heures. Après qu'on a épuisé les nouvelles du monde philosophique et littéraire, Schopenhauer parle des visites qu'il reçoit, ou qu'il refuse, et de la singulière idée qu'on se fait quelquefois de sa personne depuis que le grand public s'occupe de lui. Il ne tarit pas de verve, et il peint tout ce qu'il raconte. « Il me cita, continue Bæhr, comme exemple des jugements baroques qu'on portait sur lui, une tirade d'un écrivain français, qui, parlant du séjour de Schopenhauer en Italie, dans un temps où lui-même était encore au berceau, s'exprimait à peu près ainsi : *il jouissait des beautés de la nature italienne, envisageait les monuments de l'antiquité, mais il repoussait les hommes et regardait les femmes avec mépris* [1]. A ces mots, Schopenhauer se renversa sur son canapé

---

1. Le passage auquel Schopenhauer fait allusion, et que Bæhr rapporte de mémoire, est celui-ci : « En voyageant, en méditant au milieu des trésors d'art et des beautés naturelles dont brillent Dresde, Rome et Naples, en évitant partout les hommes avec hauteur, les femmes avec mépris, et cela tandis qu'il faisait consister le lien et le bonheur social dans une mutuelle et universelle commisération, il combinait un système propre. » (Bartholmèss, *Histoire critique des doctrines religieuses de la philosophie moderne*, Paris, 1855 ; livre XIII.) En général, Schopenhauer n'était pas content de la critique française du temps. Il traite de « pur bavardage » un article de la *Revue des Deux Mondes* (1ᵉʳ août 1856), où Saint-René Taillandier, après avoir accordé « qu'il y avait de bonnes inspirations dans les premiers travaux de M. Schopenhauer », et avoir donné un court aperçu de sa philosophie, concluait en ces mots : « Est-ce assez d'extravagances ? » (Lettre à Frauenstædt, du 14 août 1856.)

en riant aux éclats, et à ce moment il me parut tout à fait jeune. « Moi repousser les hommes ! s'écria-t-il. Mais « songez donc que j'avais trente ans, et que la vie me « souriait. Et quant aux femmes, si seulement elles « avaient voulu de moi ! »

Schopenhauer trouva, en 1854, un admirateur inattendu et très enthousiaste dans le compositeur Richard Wagner. Sans faire de Wagner un pessimiste par nature, on peut dire qu'à aucune autre époque de sa vie il n'était mieux préparé à comprendre et à s'approprier les théories de Schopenhauer. Il était alors occupé de sa trilogie des *Nibelungen*, dont l'exécution fut souvent interrompue, dont le plan changea plusieurs fois, mais qui devait montrer, sous quelque forme que ce fût, l'extinction d'une race de dieux, c'est-à-dire la fin d'un monde. La réaction qui avait suivi le mouvement révolutionnaire de 1848, l'avait forcé à s'exiler. Il vivait à Zurich, au milieu d'un petit groupe d'amis, tels que le poète Herwegh, le romancier Gottfried Keller, le philologue Ettmüller, le journaliste Wille, mais loin de ses relations et de ses intérêts d'artiste. *Tannhæuser* et *Lohengrin* se jouaient en Allemagne sans lui, et souvent autrement qu'il ne l'aurait voulu. Il avait des moments de découragement, de désespoir. Au mois de mars 1853, il écrivait à Liszt : « Je ne vis guère qu'auprès de toi et loin du lieu que j'habite. Ma vie n'est qu'un rêve, et quand je me réveille, c'est pour souffrir. Rien ne me tente ni ne m'attache, ou ce qui me tente et m'attache est loin de moi. Comment ne tomberais-je pas dans la plus profonde mélancolie ? » Et un peu plus tard : « Aucune des dernières années n'a passé sur ma tête, sans que je me sois vu plus d'une fois face à face avec la résolution suprême d'en finir. Tout dans mon existence n'est qu'effondrement et ruine... Je n'ai plus la foi, et quant à l'espérance, il ne m'en reste qu'une, celle de dormir d'un sommeil si profond, si profond que tout sentiment de la misère humaine soit anéanti en moi. Ce sommeil, je devrais bien pouvoir me le procurer : cela n'est pas bien difficile... On ne peut considérer le monde qu'avec mépris ; il ne mérite que cela. Gardons-nous de fonder sur lui aucun espoir, de lui demander aucune illusion pour notre cœur ! Il est mauvais, mauvais, foncièrement mauvais [1]... »

C'est dans cette disposition d'esprit que Wagner reçut des mains de Herwegh *le Monde comme volonté et comme représentation*, où il trouverait, disait son ami, des idées analogues à celles qui faisaient le fond de sa trilogie. Il rend compte, dans une lettre à Liszt, de l'impression que le livre lui produisit : « Je suis pour l'instant exclusivement occupé d'un homme qui m'est apparu dans ma solitude comme un envoyé du ciel : c'est Arthur Schopenhauer, notre plus grand philosophe depuis Kant, dont il a le premier, selon son expression, développé la pensée jusqu'au bout. Les professeurs allemands l'ont prudemment ignoré pendant quarante ans, et il vient seulement d'être découvert, à la honte de l'Allemagne, par un critique anglais [2]. A côté de lui, quels charlatans que les Hegel et consorts ! Sa pensée maîtresse, la négation finale du *vouloir vivre*, est d'un sérieux terrible ; mais c'est l'unique voie du salut. Naturellement, cette pensée n'a pas été nouvelle pour moi, et, en général, on ne saurait la concevoir,

---

1. *Briefwechsel zwischen Richard Wagner und Liszt*, 2 vol., Leipzig, 1887 ; 2ᵉ éd., 1900. Voir les lettres du 30 mars 1853, du 15 janvier 1854, et la lettre non datée nº 165.

2. Il s'agit des deux articles publiés par la *Westminster Review*, en 1852 et 1853.

si on ne l'a déjà portée en soi-même. Mais c'est ce philosophe qui me l'a d'abord révélée avec une entière clarté. Quand je me reporte aux orages qui m'ont secoué, aux efforts convulsifs avec lesquels je me cramponnais malgré moi à l'espérance de vivre, quand aujourd'hui encore la tempête se déchaîne dans mon sein, j'ai pourtant un *quiétif* qui, dans mes nuits d'insomnie, m'aide à trouver le repos : c'est l'aspiration sincère et profonde vers la mort, vers la pleine inconscience, le non-être absolu, l'évanouissement de tous les rêves, l'unique et suprême délivrance [1]. »

Ces derniers mots semblent détachés du drame de *Tristan et Iseult*. C'est, en effet, en 1854 et sous l'influence de Schopenhauer que ce drame fut conçu. Sur un point seulement Wagner différait de Schopenhauer : il pensait que l'amour, dans sa forme héroïque, tel qu'il le représentait dans ses deux personnages principaux, loin d'être une expression de l'énergie volontaire, pouvait mener, par le mépris de tous les autres biens de la vie, à la négation du *vouloir vivre*. Il songea même plus tard à développer son idée dans une lettre qu'il destinait à Schopenhauer, et qui aurait pu devenir le point de départ d'une correspondance intéressante, mais qui n'a jamais été envoyée [2].

Au reste, si des relations plus étroites avaient pu s'établir entre ces deux hommes, on pourrait dire entre ces deux volontés également absolues, ils se seraient trouvés en désaccord sur d'autres points encore. Quand Richard Wagner chargea, en 1854, un de ses amis de remettre en son nom un exemplaire de *l'Anneau du Nibelung*, « comme témoignage d'admiration et de

---

1. Lettre n° 168.
2. Un fragment de ce projet de lettre a été publié par les *Bayrische Blätter* de 1886, p. 101.

reconnaissance, au grand philosophe », celui-ci lui fit répondre : « Faites part de mes remerciements à votre ami, et dites-lui en même temps de laisser là la musique : il a plus de talent pour la poésie. Moi, Schopenhauer, je reste fidèle à Rossini et à Mozart. » Schopenhauer, en musique comme en poésie, était un classique à la manière de Gœthe. Au reste, il ne connaissait probablement de Wagner que *le Vaisseau-Fantôme*, qu'il avait vu jouer, peut-être imparfaitement, à Francfort. Wagner ne lui garda pas rancune, comme le prouve la lettre qu'il écrivit au peintre Lenbach, quand celui-ci lui envoya le portrait de Schopenhauer pour sa villa de Bayreuth : « Le voilà vivant devant nous, source d'idées profondes et claires. J'espère, pour l'avenir de la civilisation, que le temps viendra où Schopenhauer sera la loi de notre pensée et de notre connaissance [1]. »

1. Schemann, *Schopenhauer-Briefe*, p. 510. — Wagner fait souvent allusion à la philosophie de Schopenhauer. Voir surtout : *Beethoven 1870*, et le supplément de *Religion und Kunst* (*Gesammelte Schriften und Dichtungen*, 3ᵉ éd., 10 vol., Leipzig, 1897-1898 : IX, p. 66, et X, p. 257). — Un disciple de Wagner, le baron Robert de Hornstein, possesseur d'un domaine aux environs de Bingen, passait régulièrement, de 1855 à 1860, deux mois de l'année à Francfort, où il était reçu par Schopenhauer. Il a publié plus tard, dans la *Neue Freie Presse* (1883), ses Souvenirs, qui sont intéressants à consulter pour les jugements de Schopenhauer sur la musique. « J'admire et j'aime Mozart, disait-il, et je vais à tous les concerts où l'on joue des symphonies de Beethoven; mais quand on a beaucoup entendu Rossini, tout le reste paraît lourd. » Quand il parlait de Rossini, il levait les yeux au ciel. Il n'avait pas beaucoup de sympathie pour Weber. « Le *Freischütz* est fort gentil, mais c'est un tout petit opéra. » Il possédait tous les opéras de Rossini, arrangés pour la flûte ; il les jouait l'un après l'autre une fois par an, chaque jour de midi à une heure. Il estimait beaucoup les *lieder* de Reichardt ; mais il critiquait fort la manière dont Schubert avait interprété *le Roi des Aulnes* de Gœthe, faisant des éclats de voix sur des passages qui contenaient un sens mystérieux. « Les compositions de Mendelssohn, disait-il, sont jolies, mais sans

En 1854, les écrits de Schopenhauer étaient répandus dans toutes les classes de la société. Même les femmes le lisaient, peut-être à cause du mal qu'il disait d'elles [1]. De tous côtés, on lui demandait son portrait, et les artistes s'empressaient de satisfaire la curiosité du public. On a deux portraits de lui, qui datent de ce temps, mais qui ne sont pas les meilleurs. L'un est d'un artiste français qui venait de s'établir à Francfort, Jules Lunteschütz; l'autre avait pour auteur un jeune Francfortois, Jules Hamel. Schopenhauer n'était content ni de l'un ni de l'autre; il avouait, du reste, qu'il était difficile à peindre, à cause de l'extrême mobilité de sa physionomie. Il reprochait à Lunteschütz de l'avoir trop idéalisé, et il disait à Hamel, selon le propre témoignage de celui-ci : « Votre portrait est bien peint, et il est d'une ressemblance effrayante, mais ce n'est pas moi. Vous avez fait de moi un bourgmestre de village. Remarquez bien ceci, jeune homme : un portrait n'est pas un reflet de miroir; autrement, un daguerréotype serait supérieur à une peinture. Un portrait est un poème, dans lequel s'exprime une personnalité complète, avec sa manière de penser, de sentir et de vouloir. En général, toute peinture est une conception poétique; elle doit agir sur nous à la manière d'une poésie;

---

génie. Gluck m'a toujours ennuyé; sa musique ne peut se séparer des paroles, et il y a là une erreur. La musique doit agir par elle-même; les paroles sont chose accessoire. La musique est beaucoup plus puissante que la parole; les unir, c'est marier un prince avec une mendiante. Le sujet, dans un opéra, est indifférent; il n'est là que pour amuser l'esprit, quand le cœur est ému. Rossini a poussé jusqu'à l'extrême le dédain des paroles... Je dois à mon père, le prosaïque négociant de Dantzig, d'avoir appris la flûte : on ne sait pas, disait-il, à quoi cela peut servir. Ma poétique mère, le bel esprit de Weimar, était opposée à mon désir. J'espère être un jour assez riche pour me donner des concerts de flûte. »

1. Voir Karl Bæhr, p. 13.

elle doit pouvoir se traduire en poésie : car la poésie est la mère de tous les arts [1]. »

En 1857, la philosophie de Schopenhauer était enseignée dans trois universités. A Bonn et à Breslau, elle faisait l'objet d'un cours spécial. A Iéna, Kuno Fischer, parlant de Kant, donnait une grande place au plus récent de ses disciples. La même année mit Schopenhauer en relation avec l'un des poètes les plus considérables de l'époque, Frédéric Hebbel, qui, par tous les événements de sa vie et tous les traits de son caractère, était fait pour le comprendre. Hebbel était un enfant de la misère, qui, par une série d'efforts héroïques, avait fini par conquérir sa place dans le monde. Mais il avait gardé de sa lutte contre la destinée un fonds d'amertume et de dureté, que ses derniers succès adoucirent à peine. Depuis son mariage avec Christine Enghaus, une des artistes les plus distinguées du théâtre de la Hofburg, il habitait Vienne, et c'est de là que, le 29 mars 1857, au milieu d'une lecture des *Parerga et Paralipomena*, il écrivait à son ami Émile Kuh, qui devint plus tard son biographe et qui fut le premier éditeur de ses œuvres :

« Je lis en ce moment un écrivain tout à fait remarquable, le philosophe Schopenhauer. Je suis honteux de ne pas l'avoir connu plus tôt, et je me trouverais presque coupable, si je n'avais pour excuse le silence obstiné et malveillant que les sectes philosophiques ont

---

[1]. Grisebach, *Schopenhauers Gespräche*, p. 69. — Lunteschütz a fait trois portraits de Schopenhauer, en 1854, 1858 et 1859 ; le premier se trouve aujourd'hui au musée de Nuremberg, le second au musée Stædel à Francfort ; le troisième appartient à l'hôtel d'Angleterre, et décore la salle où Schopenhauer prenait ses repas. Le tableau de Hamel, qui montre Schopenhauer de profil, a été acquis par la Société des artistes de Francfort. — Sur les autres portraits de Schopenhauer, voir plus haut, p. 33-34.

longtemps observé à son égard, et dont lui-même se plaint amèrement. C'est par hasard que son ouvrage m'est tombé entre les mains. Je sortais d'un travail fatigant, et j'avais demandé à la bibliothèque quelques livres pour me distraire. Quel fut mon étonnement de me trouver en présence d'un des esprits les plus éminents de notre littérature! Quand on lit d'abord, dans un auteur inconnu, le passage suivant : « J'ai appris à l'humanité beaucoup de choses qu'elle ne devra jamais oublier, c'est pourquoi mes écrits ne périront pas »; et quand, après un moment de surprise, on est obligé de s'écrier : « Cet homme a raison! » on a fait une expérience qui n'est pas banale. Schopenhauer a près de soixante-dix ans; il a beaucoup de points de contact avec moi; il y a seulement entre nous cette différence, que lui, le philosophe, fait de certaines idées le pivot de l'univers, tandis que moi poète je cherche à incorporer ces mêmes idées dans des personnages. »

Hebbel était alors occupé de sa trilogie des *Nibelungen*, qu'il mit encore cinq ans à terminer, et qui fut son dernier ouvrage. Six semaines après, il passa par Francfort, où demeurait aussi le poète Wilhelm Jordan, qui devait bientôt s'attaquer au même sujet. Ils allèrent ensemble voir Schopenhauer, et, le 6 mai, Hebbel écrivit à Christine Enghaus : « Schopenhauer passe pour grossier et inabordable, comme je le suis moi-même. On me l'avait déjà dit à Berlin, et Jordan me le confirma, m'avertissant même d'être sur mes gardes. Mais je connaissais trop bien par ma propre expérience la valetaille qui répand ces sortes de bruits, pour me laisser effrayer. Ce sont des êtres creux, qui pourraient tout aussi bien envoyer à un homme supérieur leur défroque empaillée que d'aller le voir; et quand celui-ci, n'ayant pu réveiller en eux une étincelle de vie, finit par leur montrer la porte, ils s'en prennent naturellement à lui et non à eux-mêmes. Je trouvai un vieillard extrêmement jovial. Il se comparait à un homme qui se serait attardé sur un théâtre au milieu des préparatifs de la mise en scène, et qui, au lever du rideau, se sauverait tout confus. « La comédie de ma célébrité commence, « ajoutait-il : que faire là avec ma tête grise? » Je suis sûr que, si je vivais à Francfort, nous deviendrions amis. Pour cette fois, je ne voulais que remplir un devoir; car, pour un homme qui a commencé à écrire quand je vins au monde, je suis un héraut de la postérité [1]. »

Le soixante-dixième anniversaire de la naissance de Schopenhauer fut célébré avec éclat par ses adhérents, et il en fut de même des deux anniversaires suivants. Les hommages en vers et en prose, les cadeaux, les envois de fleurs, lui arrivaient de toutes parts. Les étrangers de passage à Francfort demandaient à le voir, et il était particulièrement accueillant pour les Anglais et les Français; il reçut encore, en 1859, la visite de Foucher de Careil et de Challemel-Lacour [2]. Vers la

---

1. *Friedrich Hebbels Briefwechsel*, herausgegeben von Felix Bamberg, 2 vol., Berlin, 1890-1892; 2⁰ vol., p. 118 et 591. — Jordan rapporte plus explicitement, et sans doute plus exactement, les dernières paroles de Schopenhauer : « C'est une singulière chose que ma célébrité. Je suppose que, comme poète dramatique, vous allez souvent au théâtre. Vous avez donc pu être témoin du fait suivant : la toile se lève, mais le lampiste n'a pas encore fini d'éclairer la rampe; alors, au milieu des éclats de rire et des applaudissements de l'honorable public, le propagateur de lumière (*der Aufklärungsbesorger*) fait une fuite comique et disparaît derrière les coulisses, le plus vite qu'il peut. Voyez-vous, c'est ainsi que je me trouve encore sur la scène où se joue la farce du monde, un attardé, quand la toile se lève sur la comédie de ma gloire. » (*Episteln und Vorträge von* Wilhelm Jordan, Francfort, 1891.)

2. Voir Foucher de Careil, *Hegel et Schopenhauer*, Paris, 1862, p. 173; et Challemel-Lacour, *Un Bouddhiste contempo-*

fin de la même année, une artiste de Berlin, Élisabeth Ney, petite-nièce du maréchal, vint lui offrir de faire son buste. « Elle a vingt-quatre ans, écrit-il un peu plus tard à Doss ; elle est fort jolie et extraordinairement aimable. Elle a travaillé pendant un mois, sans perdre un jour, dans une chambre à part que je lui avais fait arranger dans mon appartement. Elle faisait venir ses repas du restaurant voisin, et quand je rentrais de l'hôtel, nous prenions le café ensemble. Elle m'a accompagné plusieurs fois dans mes promenades, et nous courions à travers champs le long du Mein. Nous nous entendions très bien. Le buste a été exposé pendant quinze jours, et tout le monde l'a trouvé très ressemblant. Elle l'a emporté à Berlin, pour le vendre et en surveiller la reproduction [1]. »

La visite de Mlle Ney fut le dernier rajeunissement de l'ermite philosophe. Il ne croyait pas vieillir. Il se comptait parmi les privilégiés de la fortune, non seulement pour les dons de l'esprit, mais aussi pour la force du corps. Il sentait en lui, comme il le disait souvent, la vigoureuse ardeur, le *igneus vigor*, que Virgile prête aux ancêtres de son héros. Il fait un jour allusion devant Bæhr à cette sorte d'apologue qui termine les *Aphorismes sur la sagesse*, où il montre les différents âges de la vie sous l'influence des planètes, depuis Mercure qui se meut avec la légèreté de l'enfance dans son orbite étroite, jusqu'à Saturne qui marche avec lenteur sur sa route allongée, et à Uranus, qui tire son nom du ciel, le terme

---

rain en Allemagne, dans la *Revue des Deux Mondes* du 15 mars 1870 (réimprimé dans les *Études et Réflexions d'un pessimiste*, Paris, 1901).

1. Lettre du 1ᵉʳ mars 1860. — Voir aussi une lettre à Lindner, du 21 novembre 1859.

final. Il venait de quitter le cercle de Jupiter, l'astre dominateur, et il comptait bien prolonger le voyage de la vie jusqu'aux confins extrêmes où le froid Neptune est encore effleuré par le rayonnement du feu central. « Voyez-vous, continuait-il devant Bæhr, quand un homme a soixante-quatorze ou soixante-quinze ans, on parle d'un grand âge. Peu d'hommes passent la soixante-quinzième année. D'après cela, j'aurais encore cinq ans à vivre. Bah ! nous verrons bien. Chacun peut se tromper, mais il me semble que j'ai encore vingt ans devant moi [1]. »

Il disait cela en 1858. L'année précédente, il avait eu une syncope à table et était tombé par terre. Mais il s'était remis aussitôt, et n'avait rien changé à ses habitudes. Dans les derniers jours d'avril 1860, il fut pris de suffocations et de battements de cœur ; les accidents devinrent plus fréquents au mois de septembre, et il dut renoncer à ses promenades. Le 18 de ce mois, après un nouvel accès, Gwinner alla le voir. Il causait encore avec la même animation, le même ton de voix énergique, le même feu dans le regard. A propos d'un volume des œuvres de Baader, qui venait de paraître, il disait : « Il y a diverses espèces de philosophes : les philosophes abstraits et les philosophes concrets, les philosophes théoriques et les philosophes pratiques ; mais pour Baader il faut faire une classe à part, celle des philosophes insupportables. » Il parla de son dernier ouvrage. « Ce serait fâcheux, dit-il, si je mourais maintenant : j'ai encore d'importantes additions à faire aux *Paralipomena*. » Gwinner était rassuré en le quittant. Le 21 au matin, son médecin, en entrant chez lui, le trouva assis sur son canapé,

---

1. Schemann, *Gespräche und Briefwechsel*, p. 22 (mai 1858).

inanimé, sans que ses traits trahissent la moindre altération.

Dans son testament [1], daté du 26 juin 1852, et augmenté d'un codicille du 4 février 1859, après avoir pourvu quelques parents éloignés, les seuls qui lui restaient, il instituait comme légataire universel le « Fonds de secours pour les soldats blessés dans les combats de 1848 et 1849, et pour les femmes et les enfants de ceux qui avaient succombé ». Il léguait à Frauenstædt ses manuscrits, les exemplaires annotés de ses œuvres, et il lui transmettait tous ses droits sur les éditions futures. Il nommait Gwinner son exécuteur testamentaire, en lui laissant sa bibliothèque et ses objets d'art. Enfin, il assurait le sort de son fidèle Atma et celui de sa vieille gouvernante, Marguerite Schnepp. Celle-ci disait de lui : « Il crie parfois terriblement sur moi, mais il n'est pas méchant. On prétend que c'est un impie, et qu'il adore une vilaine idole nommée le Bouddha ; mais je n'en crois rien, car un jour, en époussetant ses livres, j'en ai trouvé un ayant pour titre *la Vie des Saints* ; il faut donc qu'il soit bon chrétien [2]. »

Dans un de ses fragments autobiographiques, il se rend ce témoignage que, si la durée de sa vieillesse est incertaine, sa mission du moins est remplie ; et, jetant un regard en arrière sur sa vie, il fait le départ de ce qu'elle contenait d'essentiel et d'accidentel : « Quand parfois je suis tenté d'être mécontent de mon sort, je me dis quelle chose importante c'est pour un homme comme moi de pouvoir consacrer toute son existence à cultiver ses dons naturels et à poursuivre la

---

1. Schemann, *Schopenhauer-Briefe*, p. 547.
2. Grisebach, *Schopenhauer*, p. 323.

tâche qui lui a été dévolue à sa naissance. Il y avait plus de mille à parier contre un que cela ne fût pas possible et que ma carrière fût manquée. Dans les rares moments où je me croyais malheureux, c'était, pour ainsi dire, par suite d'une méprise, d'une erreur de personne. Je me prenais pour un autre, par exemple pour un professeur libre qui ne peut obtenir une chaire et qui n'a pas d'auditeurs, ou pour un original livré en pâture à la médisance des philistins et au caquetage des commères, ou pour un amoureux éconduit par sa belle, ou pour un malade cloué sur son fauteuil, ou pour telle ou telle autre personne affligée de pareille misère. Tout cela, ce n'était pas moi, c'était tout au plus l'étoffe dont était fait le vêtement que je portais alors et que je changeais l'instant d'après pour un autre. Mais qui suis-je donc ? Je suis celui qui a écrit *le Monde comme volonté et comme représentation*, et qui a donné du grand problème de l'existence une solution qui remplacera peut-être les solutions antérieures et en tout cas occupera les penseurs des siècles à venir [1]. »

1. Grisebach, *Schopenhauers Gespräche und Selbstgespräche*, p. 108.

XXXI

L'ÉCRIVAIN

Nietzsche, qui était nourri de la lecture de Schopenhauer, qui « avait appris par lui à se connaître soi-même », a bien marqué les traits caractéristiques de son style : la franchise, le naturel, et une certaine sérénité, qu'il garde même dans les réflexions les plus graves, et qui tient à une tournure d'esprit habituellement haute.

« Je suis, dit Nietzsche, un de ces lecteurs de Schopenhauer qui, après avoir lu la première page de lui, savent avec certitude qu'ils iront jusqu'à la dernière, et qu'ils écouteront chaque parole sortie de sa bouche. Ma confiance lui a été acquise dès l'abord, et après neuf ans écoulés elle est encore la même. Pour tout dire en un mot et avec un sentiment peut-être outrecuidant, je le compris comme s'il avait écrit pour moi. De là vient que j'ai bien pu trouver chez lui çà et là une petite erreur, mais jamais un paradoxe : car qu'est-ce qu'un paradoxe, sinon une affirmation qui n'inspire pas confiance, parce que l'auteur lui-même l'a exprimée sans confiance, parce qu'il s'en est servi pour briller, pour séduire et, d'une manière générale, pour paraître? Schopenhauer ne cherche jamais à paraître, car il écrit d'abord pour lui, et personne n'aime à être trompé, pas même un philosophe...

« Schopenhauer s'entretient avec lui-même. Si l'on veut absolument lui supposer un auditeur, ce sera un fils recevant les enseignements de son père. Sa parole est franche et honnête, pleine de bonhomie : on ne parle ainsi qu'à un auditeur qui écoute avec amour. Au premier son de sa voix, on est gagné par une certaine vigueur aisée et sûre d'elle-même. On croit entrer dans un bois de haute futaie ; on respire à pleins poumons ; on éprouve un bien-être soudain. On se sent dans une atmosphère fortifiante et toujours égale ; on est en présence de je ne sais quelle simplicité inimitable, toute naturelle et presque ingénue, comme elle est propre à un homme qui est maître dans sa maison, et dans une maison opulente ; une simplicité inconnue à ces écrivains que leur inquiétude pousse toujours hors du naturel, et qui s'étonnent eux-mêmes quand il leur arrive une fois d'avoir de l'esprit...

« Je ne connais aucun écrivain allemand à qui Schopenhauer puisse être comparé pour le style, si ce n'est peut-être Gœthe. Il sait dire simplement des choses profondes, il sait émouvoir sans déclamer, être strictement scientifique sans pédanterie. Il ne donne pas non plus dans la subtilité captieuse et mobile et — qu'on me permette de le dire — assez peu allemande de Lessing : ce qui est un grand mérite dans un pays où la prose de Lessing exerce une si grande séduction. Je ne saurais mieux exprimer tout le bien que je pense du style de Schopenhauer qu'en lui appliquant une parole de lui : « Il faut qu'un philosophe soit très honnête ; « il faut qu'il se prive de toutes les ressources que « pourraient lui offrir la poésie et la rhétorique... »

« Schopenhauer est honnête, dans son style comme dans sa pensée. Il y a si peu d'écrivains qui le soient, qu'il faudrait, à vrai dire, se défier de tout homme qui écrit. Je n'en connais qu'un qui, pour l'honnêteté, soit égal et même supérieur à Schopenhauer : c'est Montaigne... Ces deux hommes ont encore un autre trait commun, une sérénité d'un genre particulier, qui se communique au lecteur.

« Il y a, en effet, deux sortes de sérénité. Le vrai penseur égaye et réconforte toujours, que son discours soit sérieux ou plaisant, qu'il fasse parler son intelligence humaine ou sa divine indulgence. Il n'a besoin ni de gestes moroses, ni de tremblements fiévreux, ni de regards mouillés de larmes ; il procède sûrement et simplement, se confiant en sa force et en son courage, peut-être avec des attitudes un peu chevaleresques et rudes, mais de toute façon comme un vainqueur ; et c'est précisément ce qui nous remplit d'une sérénité si intime et si profonde, de voir le dieu vainqueur à côté des monstres qu'il a abattus.

« Tout autre est la sérénité qu'on rencontre parfois chez les écrivains médiocres et chez les penseurs à courte vue, et qui nous rend misérables à la lecture... Il n'y a de sérénité vraie que là où il y a victoire, et cela s'applique aux grandes œuvres de la pensée comme aux grandes œuvres de l'art. Qu'importe que le contenu soit sérieux et même terrible, comme l'est le problème de l'existence ? L'œuvre ne devient accablante qu'entre les mains du demi-penseur ou du demi-artiste, qui a répandu sur elle la brume de son insuffisance. Au contraire, quelle joie et quel bonheur de s'approcher d'un de ces génies victorieux qui, ayant pensé ce qu'il y a de plus profond, ne peuvent aimer que ce qu'il y a de plus vivant, et qui, ayant commencé par la sagesse, finissent par la beauté [1] ! »

1. Nietzsche, *Schopenhauer als Erzieher*, au 1er volume des Œuvres complètes, Leipzig, 1895.

Nietzsche compare Schopenhauer à Montaigne et à Gœthe. Schopenhauer a de commun avec Montaigne la franchise et la « bonne foi » ; il est, comme Montaigne, « la matière de son livre ». « La plupart des livres, dit-il un jour à Frauenstædt, sont condamnés à l'oubli ; ceux-là seuls subsistent, où l'auteur s'est mis lui-même. Je me suis fourré tout entier dans mon œuvre [1] : il faut qu'un homme soit le martyr de sa propre cause. » Montaigne disait de même : « Je n'ai pas plus fait mon livre que mon livre ne m'a fait : livre consubstantiel à son auteur, d'une occupation propre, membre de ma vie, non d'une occupation et fin tierce et étrangère, comme tous autres livres [2]. » Schopenhauer peut encore se comparer à Montaigne par un autre trait de son esprit, une certaine manière de formuler une vérité générale, de la dégager de l'ensemble d'un raisonnement et de lui donner ainsi une valeur propre, indépendante du système auquel elle se rattache. En cela, il est de l'école de tous les grands moralistes.

Schopenhauer ressemble à Gœthe par son style périodique, et c'est là un trait essentiellement allemand. La langue française est une langue analytique ; elle juxtapose de préférence des idées simples, et quand elle subordonne une idée à une autre, la subordination va rarement audelà du second degré. L'allemand est, par excellence, une langue synthétique ; elle aime à présenter une idée dans toute sa complexité naturelle, à montrer, par la structure même de la phrase, les éléments dont l'idée est formée ; et la variété des conjonctions dont elle dispose lui rend cette opération facile. Le danger du style périodique, un danger auquel

---

1. *In meinem Werke stecke ich selbst ganz* (Grisebach, *Schopenhauer's Gespräche*, p. 13).
2. *Essais*, livre II, chap. xviii.

de grands écrivains allemands n'ont pas échappé, c'est d'abord l'obscurité, résultant d'une subordination inexacte, où les compartiments de la phrase ne répondent pas aux divisions logiques de l'idée; c'est ensuite la surabondance, la tentation de vouloir tout dire, de vouloir exprimer les moindres nuances. Une période bien faite est comme un édifice bien distribué dans ses parties ; elle a son corps principal et ses dépendances ; elle a aussi son rythme, qui la rapproche du style poétique. Telle est la période de Gœthe, et celle de Schopenhauer. Les phrases de Schopenhauer sont parfois longues; elles se lisent néanmoins sans embarras et sans fatigue. Les incidentes s'adaptent l'une sur l'autre et rayonnent autour de leur axe, comme une végétation naturelle ; le rameau se greffe sur la branche, la branche sur le tronc, et l'air et le soleil circulent au travers [1].

Les idées de Schopenhauer sur le style sont surtout formulées dans un chapitre spécial des *Parerga et Paralipomena*. Le premier devoir de l'homme qui écrit est de se rendre intelligible, et le philosophe, malgré la difficulté des matières qu'il traite, n'en est pas plus dispensé que l'historien ou le romancier. Pourquoi prend-il la plume, si ce n'est pour amener les autres à sa pensée, et comment les y amènera-t-il, s'il s'entoure d'abord d'un mur de ténèbres ? « L'obscurité du style est toujours un symptôme fâcheux, car elle est le signe d'une pensée vague, qui est elle-même le résultat d'une réflexion débile et incohérente. Ce qui est nettement

---

1. On peut citer comme exemple, dans l'introduction de *la Volonté dans la nature*, la phrase qui commence par ces mots *Die nun hier anzuführenden fremden und empirischen Bestätigungen ;* elle a plus de cinquante lignes, et il n'y règne pas la moindre obscurité. Voir aussi plus haut, p. 159.

conçu trouve toujours son expression appropriée. Tout ce qui peut entrer dans le cerveau d'un homme peut aussi se traduire en termes clairs et non équivoques. Ceux qui parlent en phrases obscures et enchevêtrées prouvent seulement qu'ils ne savent pas bien ce qu'ils veulent dire ; ils n'ont qu'une conscience obtuse d'une pensée qu'ils voudraient atteindre. Souvent aussi ils ne cherchent qu'à se dissimuler à eux-mêmes et à dissimuler aux autres qu'ils n'ont, au fond, rien à dire [1]. »

Une langue est une œuvre d'art : il faut la manier en artiste. Elle est un bien national, un héritage des ancêtres : il faut l'aborder avec respect, la toucher avec précaution. Le soin du style était la vertu des anciens ; on dit que Platon a écrit sept fois le commencement de *la République*. Les Français et les Anglais ont imité en cela les anciens. L'Allemand montre la même négligence, le même laisser-aller (*Schlumperei*) dans sa toilette et dans son langage. « Un défaut commun des écrivains allemands est ce qu'on peut appeler la *subjectivité* du style. Elle consiste en ce que l'auteur se contente de savoir ce qu'il veut dire. Quant au lecteur, il devinera, s'il peut. On fait un monologue de ce qui devrait être un dialogue, et un dialogue où il faudrait s'exprimer avec d'autant plus de clarté qu'on n'entend pas les questions de l'interlocuteur. Tout style doit être *objectif*, c'est-à-dire que les mots doivent être placés dans un ordre tel que le lecteur soit amené à penser ce que l'auteur a pensé d'abord. Pour y réussir, il faut se souvenir que les mots obéissent, comme toute chose matérielle, à la loi de la pesanteur ; ils tombent

---

[1]. *Parerga und Paralipomena*, deuxième partie, chap. XXIII : *Ueber Schriftstellerei und Stil*, § 283.

plus facilement de la tête sur le papier qu'ils ne remontent du papier à une autre tête [1]. »

Ce que la langue est à une nation, le style l'est à l'homme qui pense. « Le style est la physionomie de l'esprit, plus infaillible que celle du corps. Imiter un style étranger, c'est mettre un masque sur son visage. Quelque beau que soit le masque, il devient insipide par son manque de vie; un visage laid vaudrait encore mieux [2]. » Le style ou le manque de style ne sont que la marque extérieure d'un génie original ou d'un esprit banal. « Jetons le livre qui nous mènerait dans une région plus obscure que la nôtre, à moins que nous n'y cherchions seulement des faits, et non des idées. Les seuls écrivains qui puissent nous profiter sont ceux qui ont l'intelligence plus pénétrante et plus lucide que nous, et qui activent notre pensée. Fuyons les têtes creuses qui nous entravent, qui voudraient nous forcer à régler nos pas sur leur marche de tortue. Penser avec les premiers est un soulagement et un progrès; on se sent porté là où l'on ne pourrait pas aller seul. Gœthe me disait un jour que, chaque fois qu'il lisait une page de Kant, il croyait entrer dans une chambre bien claire. Un esprit mal fait n'est pas seulement tel parce que, voyant de travers, il juge faux, mais parce que sa pensée est confuse dans son ensemble : ainsi, lorsqu'on regarde par un mauvais télescope, les contours se mêlent et s'effacent, et les objets se brouillent et se confondent [3]. »

Les livres à lire sont en petit nombre. Schopenhauer n'était pas un savant; même dans celui de ses écrits

---

1. Même chapitre, § 285.
2. Même chapitre, § 282.
3. *Die Welt als Wille und Vorstellung*, suppléments au premier livre, chap. xv.

pour lequel il a fait le plus de recherches, *la Volonté dans la nature*, le naturaliste trouverait sans peine des faits inexacts. Il n'était pas non plus, comme Gœthe, un de ces hommes « qui ont tout lu ». Mais ses auteurs étaient de ceux qu'on relit; c'étaient ses familiers de l'après-midi, quand il avait consacré la matinée au travail personnel : Gœthe d'abord, ensuite Shakespeare, Calderon et les moralistes français, sans parler de Kant et de Platon, où s'alimentait sa philosophie. « La lecture, dit-il, n'est qu'un succédané de la pensée. On laisse mener son esprit à la lisière par un autre. Beaucoup de livres servent seulement à montrer combien il y a de chemins de traverse où l'on peut s'égarer. Il ne faut lire que quand la source vive de la pensée cesse de jaillir, ce qui peut arriver aux meilleures têtes. Mais chasser une pensée personnelle et originale pour prendre un livre, c'est un péché contre le Saint-Esprit; c'est tourner le dos à la nature, pour considérer un herbier ou un paysage en gravure [1]. »

Les poètes et les moralistes dont Schopenhauer recommande la lecture, et que l'on peut considérer comme ses modèles, appartiennent à cette classe d'écrivains qu'il appelle objectifs, ou encore naïfs, qui mettent leur unique ambition à être les interprètes de la nature. Leur expression est tellement juste, que le lecteur croit voir par leurs yeux. Le mot disparaît, il ne reste que la chose même. « La naïveté, dit Schopenhauer, est le vêtement d'honneur du génie, comme la nudité est celui de la beauté [2]. » Elle rejette tous les faux ornements qui ne sont faits que pour voiler la maigreur de l'idée ou même pour suppléer à l'idée

---

1. *Parerga und Paralipomena*, deuxième partie, chap. XXII : *Selbstdenken*, §§ 260, 261.
2. Chap. XXIII : *Ueber Schriftstellerei und Stil*, § 283.

absente. Lui-même est un de ces naïfs. Il n'admet qu'un genre d'ornement, l'image ; ou plutôt, comme toute observation repose sur une intuition, c'est-à-dire sur la vue immédiate d'une chose, traduire une idée en image c'est simplement la ramener à son origine. « Toute pensée originale procède par images : c'est pourquoi l'imagination est un instrument si nécessaire à la pensée. Une tête sans imagination ne produira jamais rien de grand, à moins que ce ne soit dans les mathématiques. Des pensées purement abstraites, sans aucun fond intuitif, sont comme des figures tracées dans les nuages. Tout ce qui s'écrit, tout ce qui se dit, a pour but final d'amener le lecteur à l'intuition même d'où l'auteur est parti [1]. »

Schopenhauer rejette l'abstraction creuse, non seulement au nom de l'esprit philosophique, mais au nom de l'art d'écrire, dont la première règle est de ne faire voir au lecteur qu'une chose à la fois et de la lui faire voir sous une forme aussi frappante que possible. Lui-même pense et parle par images. L'image se présente souvent au milieu d'un raisonnement, et presque toujours à la fin. Quand elle n'accompagne pas la pensée, elle l'achève. Parfois elle se développe en apologue, et termine une explication philosophique par un aperçu poétique.

En voici un seul exemple. Comme tout notre savoir est fait d'apparences, on peut se demander si notre vie est autre chose qu'un long rêve. Kant répond que ce qui distingue le rêve, c'est que les images qu'il nous présente ne sont pas reliées entre elles par la loi de causalité. Schopenhauer lui objecte que les détails d'un

---

1. *Die Welt als Wille und Vorstellung*, suppléments au premier livre, chap. VII.

rêve peuvent être parfaitement suivis, et que l'enchaînement causal n'est rompu qu'au moment où l'on passe du sommeil à la veille, en d'autres termes, quand on passe du rêve court au long rêve qu'est la vie ; et il termine en disant :

« La vie et le rêve sont des feuillets d'un livre unique. La lecture suivie de ce livre est ce qu'on nomme la vie réelle. Mais quand le temps accoutumé de la lecture, le jour, est passé, quand est venue l'heure du repos, nous continuons à feuilleter négligemment le livre, l'ouvrant au hasard à tel ou tel endroit, et tombant tantôt sur une page déjà lue, tantôt sur une autre que nous ne connaissions pas encore ; mais c'est toujours le même livre que nous lisons. Sans doute, la lecture distraite d'un feuillet isolé n'a aucun rapport direct avec une lecture suivie. Pourtant elle n'en diffère pas essentiellement, si l'on veut bien considérer que la lecture suivie commence, elle aussi, à l'improviste, et qu'elle finit de même, de sorte qu'on peut la regarder elle-même comme une page isolée, seulement un peu plus longue [1]. »

Dans des passages de ce genre, Schopenhauer s'inspire de Platon, le premier maître qui lui apparut dans sa jeunesse, avant même qu'il fût entré dans l'intimité de Kant. En ramenant la recherche philosophique à l'observation précise, à l'étude positive du fait, au raisonnement ferme et lucide, et aussi au soin de l'expression et au respect du lecteur, en un mot, en renouant le lien entre la philosophie et la littérature, il a rendu un immense service à la pensée allemande. Il faut avoir lu certaines pages de Hegel pour avoir une idée du degré de barbarie auquel peut conduire le

---

1. *Die Welt als Will^e und Vorstellung*, livre II, § 5.

mépris de la langue. On a pu dire d'Auguste Comte que, tout en pensant fortement, il écrivait mal; mais Comte, comme écrivain, est un dieu à côté de Hegel. Quel que soit, dans l'avenir, le sort de la philosophie de Schopenhauer, ses titres comme réformateur de la langue philosophique sont impérissables. Il a montré qu'on pouvait être clair sans cesser d'être profond. Certes, il y aura toujours une sorte de clarté qui est le signe d'une pensée superficielle; mais il y a aussi un degré d'obscurité qui exclut toute profondeur. Il s'est trouvé encore, en Allemagne, après Schopenhauer, des philosophes plus ou moins abordables, et son propre disciple Bahnsen en est un exemple; mais du moins il n'a plus été permis d'être tout à fait inintelligible.

XXXII

LES SUCCESSEURS

Jules Bahnsen a été peut-être le disciple le plus original de Schopenhauer. Il a puisé son pessimisme à la fois dans la lecture du maître et dans les dures expériences de sa propre vie. Né à Tondern dans le Schleswig, en 1830, il fit ses études à Kiel, à Tubingue et à Heidelberg. Il fut ensuite professeur au gymnase de la petite ville d'Anklam, près de Stettin, et à l'école municipale de Lauenbourg, dans la partie la plus reculée de la Poméranie, voisine de la Vieille-Prusse. L'unique ambition de sa vie, qui était d'enseigner la philosophie de Schopenhauer du haut d'une chaire universitaire, ne fut point réalisée. Son meilleur ouvrage est sa *Caractérologie*, en deux volumes [1]. Ce sont les *Caractères* de La Bruyère, avec un titre plus ambitieux et une forme de raisonnement plus scientifique. Il y a bien encore une autre différence, celle du style, et Bahnsen s'en rendait compte. « J'aurais pu mieux faire, dit-il dans la préface, si je n'avais été l'esclave du pain quotidien. » Son style est extraordinairement diffus, souvent obscur, parfois guindé et prétentieux, et, de plus, hérissé de mots étrangers. Son dernier ouvrage, également en deux volumes, dont le second ne parut qu'après sa mort, est obscur

---

[1]. *Beiträge zur Charakterologie, mit besonderer Berücksichtigung pädagogischer Fragen*, 2 vol., Leipzig, 1867.

jusque dans le titre : *la Contradiction dans le savoir et dans l'essence du monde* [1]. Bahnsen attachait une grande importance à ce livre, par lequel il prétendait fonder une science nouvelle, la *Realdialektik*. A l'inverse de la dialectique ordinaire, qui cherche à résoudre les contradictions et à les concilier dans une vérité supérieure, la *dialectique réelle*, se fondant uniquement sur l'expérience et s'attachant strictement à la réalité, fait ressortir partout la contradiction inhérente aux choses, fatale et inévitable, et se traduisant dans tous les ordres de phénomènes. Un profond déchirement traverse l'univers : la science ne peut que le constater, et nul raisonnement ne le fera disparaître. Bahnsen ne laisse même pas au monde et à l'humanité, sans cesse tiraillés par des forces contraires, l'espoir de se reposer un jour dans le néant. Une « volonté qui se nie » lui paraît un non-sens. L'homme veut, il souffre de vouloir, il le sait, et néanmoins il ne peut s'empêcher de vouloir encore. « Le monde n'a pas besoin de finir ; il porte à chaque instant sa fin en lui-même ; sa fin est sa souffrance, dont aucune éternité ne le délivrera [2]. » Ce qui reste surtout de Bahnsen, malgré les ténèbres de son style que traversent des éclairs de pensée géniale, ce sont les digressions pédagogiques de sa *Caractérologie* ; car cet apôtre de la désespérance était un vrai pédagogue, plein de bon sens dans les choses simples et pratiques, et scrupuleux dans l'accomplissement de ses moindres devoirs. La tâche de l'enseignement public, comme de toute éducation, est, selon lui, de susciter l'individualité de l'élève,

---

1. *Der Widerspruch im Wissen und Wesen der Welt, Princip und Einzelbewahrung der Realdialektik*, 2 vol., Leipzig, 1880-1882.
2. Voir le dernier chapitre, *Die Eschatologie der Realdialektik*.

de stimuler son intelligence et de fortifier sa raison ; la pire méthode est celle qui se borne à remplir la mémoire et qui a pour contrôle des examens. « De même qu'on trouve sur tous les grands chemins des touristes qui comparent ce qu'ils voient avec ce qu'ils ont lu dans leur Bædeker, de même notre expérience n'est le plus souvent qu'une comparaison de ce qu'on nous a appris avec ce que nous offre la vie ; encore bien des gens se contentent-ils de relire éternellement leur guide [1]. » Bahnsen mourut à Lauenbourg, en 1881, très aimé de ses élèves, très estimé de ses concitoyens ; la meilleure part de son activité fut celle qu'il exerça dans son entourage immédiat [2].

Bahnsen représente, avec Frauenstædt, la pure tradition de Schopenhauer. Édouard de Hartmann prétend, au contraire, réconcilier les deux frères ennemis, Schopenhauer et Hegel, le théoricien de la volonté et celui de l'Idée ; et, à l'exemple de Schelling, il imagine une nouvelle doctrine de l'Identité, en vertu de laquelle les deux termes opposés doivent se fondre dans une unité supérieure [3].

1. *Charakterologie*, 1ᵉʳ vol., chap. XIII. — Bahnsen caractérise l'enseignement courant par un jeu de mots : *Die Köpfe werden als Töpfe behandelt, und das Resultat sind Tröpfe.*
2. Bahnsen a appliqué sa doctrine à la tragédie. Une volonté divisée en elle-même, c'est-à-dire partagée entre deux devoirs inconciliables, est tragique : or tel est le fond de la vie humaine. L'humour tourne le tragique en dérision ; il dégage l'ironie des choses et les dépouille pour un instant de leur amertume : c'est une délivrance. Tel est le contenu de l'opuscule de Bahnsen : *Das Tragische als Weltgesetz und der Humor als ästhetische Gestalt des Metaphysischen*, Lauenbourg, 1877. — Voir un article de A. Burdeau, dans la *Revue philosophique*, juin 1878.
3. Édouard de Hartmann a combattu la philosophie de Bahnsen du point de vue de sa propre doctrine. Deux de ses articles, tirés de la revue *Unsere Zeit* (1876, nᵒˢ 21 et 22), ont été traduits dans la *Revue philosophique* (janvier et février 1877). Il a fait une critique spéciale de la *Realdialektik* (*Philosophische Monatshefte*,

Schopenhauer avait subordonné l'intelligence à la volonté ; il avait même fait de l'intelligence une création de la volonté. Mais, dit Édouard de Hartmann, tout acte volontaire a un but, et ce but ne peut être exprimé que par une idée. « L'observation de nous-mêmes nous apprend à chaque instant que l'objet de la volonté, avant d'être réalisé, n'est autre chose qu'une idée. Ce rapport de la volonté et de l'idée nous paraît si naturel, qu'il s'entend de soi-même : ce sont les deux pôles autour desquels se meut toute l'activité de l'esprit. Il est impossible de placer ailleurs que dans l'idée le contenu de la volonté, c'est-à-dire la détermination immatérielle et non encore réalisée du vouloir. Nous devons donc admettre que le contenu de la volonté est toujours une idée, qu'il s'agisse de volonté ou d'idée conscientes ou inconscientes. On ne peut parler de la volonté sans parler en même temps de l'idée, comme du contenu qui la détermine et la distingue [1]. » Donc la volonté est inséparable de l'intelligence ; les deux facultés vont de pair ; à elles deux, elles constituent les attributs essentiels de l'Inconscient, qui est le principe de l'univers.

L'Inconscient dirige tous les êtres vers une fin déterminée, avec autant de sûreté et de précision que le ferait une Providence qui se rendrait compte des moyens qu'elle emploie et des ressorts qu'elle fait agir. L'Inconscient « ne connaît ni la fatigue, ni la maladie ; il n'hésite jamais, ne se trompe jamais ; il a la sagesse absolue ». Il a créé, entre tous les mondes que sa

---

1881, t. XVII, p. 227-260). Bahnsen a répondu dans la préface de son second volume.

1. *Philosophie des Unbewussten*, Berlin, 1869 ; 10ᵉ édit. augmentée, 3 vol., Leipzig, 1890 ; première partie, chap. IV. — Traduction française, par D. Nolen, 2 vol., Paris, 1877.

pensée embrassait, le meilleur monde possible ; mais ce monde, tel qu'il est, est encore mauvais ; il doit disparaître, et il vaudrait mieux qu'il n'eût jamais été.

Ainsi Édouard de Hartmann, après avoir essayé de concilier ensemble Hegel et Schopenhauer, semble encore vouloir accorder Schopenhauer avec Leibnitz. Ce qu'il ne nous explique pas, c'est que l'Inconscient, dans sa suprême sagesse, voyant que le monde qu'il créait ne pouvait être que mauvais, sachant même qu'il vaudrait mieux que ce monde n'existât pas, n'ait pas refoulé en lui-même sa velléité créatrice et ne soit pas resté plongé dans l'éternel repos. Ce qu'il ne nous explique pas davantage, ce qu'il avoue même ne pouvoir expliquer, c'est comment la conscience peut sortir de l'Inconscient [1]. Car il est impossible de nier qu'il y a un moment où la conscience apparaît dans le monde organique. Il est même nécessaire qu'elle y apparaisse, pour que les êtres intelligents se rendent compte de la perversité fondamentale du monde et coopèrent à sa destruction finale. Ici, Édouard de Hartmann prétend compléter la solution dernière de la philosophie de Schopenhauer, solution qu'il prend à la lettre. Qu'importe que tel ou tel individu renonce au *vouloir vivre* ? L'espèce ne s'en perpétuera pas moins dans d'autres individus. Il faut que le renoncement soit universel, et « il faut pour cela que tous les peuples de la terre communiquent assez facilement entre eux pour pouvoir prendre en même temps une résolution commune : sur ce point, dont l'exécution dépend du perfectionnement et de l'application de plus en plus

---

1. Le III⁰ chapitre de la troisième partie, *Die Entstehung des Bewusstseins*, est un des plus vagues de l'ouvrage.

ingénieuse des inventions de notre industrie, l'imagination peut se donner carrière [1] ».

L'industrie humaine, qui jusqu'ici s'est donné pour mission de rendre la planète de plus en plus habitable, se résoudra difficilement à n'être que le machiniste chargé de préparer la mise en scène de la grande catastrophe finale. Mais si, par le plus invraisemblable des hasards, l'hypothèse d'Édouard de Hartmann doit jamais se réaliser, l'humanité aura été la seule espèce créée qui ait disparu de la surface du globe par voie de suicide collectif.

Après Édouard de Hartmann, la tradition pessimiste dévie de plus en plus. Frédéric Nietzsche, tout en se réclamant de Schopenhauer, n'est plus qu'un disciple infidèle ; ou plutôt, il avait trop d'originalité pour se résigner au rôle d'un disciple. Son premier ouvrage important, *la Naissance de la Tragédie* [2], est écrit sous l'influence de Schopenhauer. Il s'agit de la tragédie grecque, et le contraste entre un tel sujet et la doctrine au nom de laquelle on prétendait l'expliquer montre déjà un esprit qui ne reculera pas devant les plus hardis paradoxes. Déjà le sous-titre, *Hellénisme et Pessimisme,* contient un rapprochement paradoxal ; car si Nietzsche met ces deux mots l'un à côté de l'autre, ce n'est pas pour les opposer, mais pour les unir. On peut bien accorder à Nietzsche que les Grecs ont connu, comme nous, le côté tragique de la vie, puisqu'ils l'ont exprimé en des œuvres immortelles ; mais il est difficile d'admettre que l'art n'ait été pour eux qu'un moyen de se consoler de la « douleur de vivre » :

---

1. Troisième partie, chap. xiv.
2. *Die Geburt der Tragödie, oder Griechenthum und Pessimismus,* Leipzig, 1872 ; au Ier volume des Œuvres complètes (12 vol., Leipzig, 1895-1897).

ce mot même aurait été pour eux un contresens. Tout ce qu'ils nous ont transmis, leur religion, leur poésie, leur philosophie, leur architecture même, tout porte la marque de l'optimisme qui faisait le fond de leur civilisation. Ils aimaient la vie, ils en jouissaient, et leur art n'était qu'une conception idéale de la vie, qui leur permettait d'en jouir une seconde fois, d'une manière plus noble et plus pure. Au reste, Nietzsche n'a sans doute jamais eu l'intention de se mettre simplement sous l'influence du génie grec, pour le comprendre et le juger avec un cœur naïf : un tel détachement était tout au plus possible à un Gœthe. Il parle quelque part de « l'amour ardent qui porte l'homme du Nord vers le Midi ». C'est à un entraînement de ce genre qu'il obéissait ; mais la Grèce n'était pour lui qu'un refuge momentané, et, revenu de son voyage imaginaire, il ne retomba que plus profondément dans son pessimisme septentrional.

Dans ses ouvrages suivants, écrits en partie pendant les intervalles de sa longue maladie, Nietzsche, tout en outrant le pessimisme de Schopenhauer, marche de plus en plus dans ses propres voies. Le *vouloir vivre*, qui ne demande qu'à se conserver et à se perpétuer, devient la *volonté de puissance*, c'est-à-dire l'instinct de domination et d'envahissement, qui empiète et dévore et considère comme acquisition légitime tout ce qu'il dérobe aux êtres vivants qui sont à sa portée. Quant à la justice et à la compassion, que Schopenhauer présente comme les remèdes les plus efficaces contre le mal social, ce ne sont pour Nietzsche que des vertus séniles, fragiles appuis d'une société en décadence. Elles contrarient même la loi de l'évolution, qui condamne les faibles, afin que la race se perpétue dans les forts. La dernière ressource qui reste à l'humanité épuisée, si elle veut durer encore, c'est de tirer de son sein un type supérieur, l'homme surhumain ou le *surhomme*, qui sera en réalité ce que l'imagination se représentait autrefois sous la figure des dieux. La philosophie de Nietzsche se couronne ainsi d'un rêve poétique : car il n'est pas probable qu'il ait cru lui-même à la possibilité de faire sortir d'une humanité dégénérée, par une sélection artificielle, une race supérieure capable de la rajeunir.

Trois hommes, selon Nietzsche, ont été les éducateurs de la société contemporaine : Rousseau, Gœthe et Schopenhauer [1]. Ils nous ont laissé chacun un certain idéal de la vie, auquel, selon la nature de notre esprit, nous nous comparons encore. L'idéal de Rousseau est fait de « feu communicatif » ; il enflamme et soulève les masses. Celui de Gœthe est l'apanage d'une élite de « contemplatifs dans le grand style ». Celui de Schopenhauer exige un contrôle incessant sur soi-même ; il effraye les masses, et il lasse les contemplatifs. L'homme de Rousseau remonte le cours des âges, dans le chimérique espoir de faire renaître ce qui n'a jamais existé, un état parfait ; à chaque commotion sociale, c'est lui qui s'agite, comme le vieux Typhon, le géant aux cent têtes, enseveli sous l'Etna. L'homme de Gœthe a son image dans Faust, qui est lui-même un enfant de Rousseau. Faust est un voyageur à travers les périodes de l'histoire et les régions du globe ; mais il ne fait que passer au vol ; rien ne saurait le fixer, pas même Hélène. Puis, tout à coup, son aile retombe ; il s'arrête : c'est l'heure que Méphistophélès attendait. « Quand un Allemand cesse d'être Faust, il court grand risque de devenir un

---

[1]. *Schopenhauer als Erzieher*, au 1ᵉʳ volume des Œuvres complètes.

philistin et de tomber en partage au diable, à moins que les puissances célestes ne descendent pour le sauver. » Pour l'homme de Schopenhauer, la vertu suprême est la véracité. Il veut se connaître et connaître en même temps l'essence du monde. Il ne se contente pas du spectacle aveuglant des choses qui passent; il regarde en lui-même, pour surprendre dans la profondeur de sa conscience le secret de la vie. Et qu'y trouve-t-il? L'universelle aspiration vers un idéal insaisissable; car il sait que son désir à lui et sa souffrance à lui sont le désir et la souffrance de toutes les créatures intelligentes. Alors il prend pour règle la parole du maître : « Une vie heureuse est impossible ; ce que l'homme peut réaliser de plus beau, c'est une vie héroïque : elle consiste à lutter sans relâche, dans une sphère d'activité quelconque, pour le bien commun, et à triompher à la fin, sauf à être mal récompensé de ses efforts [1]. »

Il importe, pour bien comprendre Schopenhauer, de ne pas s'en tenir à la forme parfois paradoxale qu'il donne à ses idées. Ici plus que partout ailleurs il ne faut pas juger de l'édifice par la façade. Ce qui lui répugne et ce qu'il ne manque aucune occasion de flétrir, c'est ce « plat optimisme » qui prend la vie telle qu'elle est, qui s'en contente, et dont le dernier mot, quand on l'aura dépouillé de tous ses voiles, ne sera jamais que l'égoïsme. Mais pour peu qu'on se soit familiarisé avec le tour de sa pensée, on trouvera chez lui les éléments d'un optimisme plus noble, plus généreux, plus vraiment philosophique. Que demande-t-il, en effet, et quelle est, pour lui, la vraie forme de la

---

1. *Parerga und Paralipomena*, deuxième partie, § 172 bis. — Comp. Gwinner, *Schopenhauers Leben*, p. 412.

vie morale ? C'est le renoncement au *vouloir vivre* individuel, l'abdication de l'égoïsme, l'immolation du moi, la mort volontaire, au sens spirituel du mot, avec l'attente calme et résignée de la mort réelle. Que cette règle de conduite devienne, selon l'expression de Kant, loi universelle, qu'en résultera-t-il ? Une société où il n'y aura plus ni moi ni non-moi, et où chacun considérera son sort comme intimement lié à celui de ses semblables, une société dont tous les membres ne vivront, pour ainsi dire, que d'une vie collective. Qui voudrait souhaiter un monde meilleur ? Mais ce n'est pas, contrairement à Leibnitz, le monde qui existe, c'est celui qui est proposé comme fin dernière à l'activité, à l'intelligence, à la bonté humaine, — la bonté qui, selon Schopenhauer, est supérieure même au génie.

TABLE DES MATIERES

Préface	v
I. — Les parents	1
II. — L'éducation	5
III. — Le comptoir	13
IV. — Les études classiques	24
V. — L'université	30
VI. — La thèse de doctorat	36
VII. — Schopenhauer et Gœthe	45
VIII. — La théorie des couleurs	58
IX. — Dresde	76
X. — L'Italie	85
XI. — Berlin	96
XII. — Schopenhauer et Kant	110
XIII. — Le monde comme représentation	124
XIV. — L'intelligence et la raison	135
XV. — Le monde comme volonté	152
XVI. — La primauté de la volonté	164
XVII. — Les Idées platoniciennes. Le beau	175
XVIII. — Les arts	186
XIX. — L'histoire et la poésie	199
XX. — La liberté. Le caractère	214
XXI. — La douleur de vivre	249

XXII. — L'individu et l'espèce.	227
XXIII. — L'affirmation et la négation de la volonté.	237
XXIV. — L'ensemble du système	248
XXV. — Francfort	258
XXVI. — Les deux mémoires sur la morale	268
XXVII. — Les premiers disciples	278
XXVIII. — *Parerga et Paralipomena.*	294
XXIX. — La célébrité.	302
XXX. — Les dernières années.	310
XXXI. — L'écrivain	328
XXXII. — Les successeurs	339

FIN

Imp. J. Dumoulin, rue des Grands-Augustins, 5, Paris

www.ingramcontent.com/pod-product-compliance
Lightning Source LLC
Chambersburg PA
CBHW050744170426
43202CB00013B/2302